Erläuterungen und Dokumente

Johann Wolfgang Goethe
Die Wahlverwandtschaften

HERAUSGEGEBEN VON
URSULA RITZENHOFF

PHILIPP RECLAM JUN. STUTTGART

Goethes Roman »Die Wahlverwandtschaften« liegt unter Nr.
7835 [3] in Reclams Universal-Bibliothek vor. Die Seiten- und
Zeilenangaben in den Erläuterungen beziehen sich auf diese Ausgabe.

Universal-Bibliothek Nr. 8156 [3]
Alle Rechte vorbehalten. © 1982 Philipp Reclam jun., Stuttgart
Gesamtherstellung: Reclam, Ditzingen. Printed in Germany 1982
ISBN 3-15-008156-4

Inhalt

Der Kommentar ist der fachwissenschaftlichen Literatur über die »Wahlverwandtschaften« verpflichtet und Nachschlagewerken wie dem »Deutschen Wörterbuch« von Grimm (Gr), dem »Etymologischen Wörterbuch der deutschen Sprache« von Kluge (Kl), dem »Großen Deutschen Wörterbuch« von Wahrig (Wg) sowie verschiedenen Konversationslexika (Brockhaus, Meyers usw.). Wahrigs Wörterbuch diente u. a. zur Abgrenzung gegen heute nicht mehr gebräuchliche Wendungen. Die Quellen sind nicht immer angegeben.

Manchen Hinweis und Rat verdankt die Herausgeberin Frau Professor Dr. I. Rüttenauer, Frau Studiendirektorin A. Schulze-Weslarn und ihrem Kollegen an der Universität Tennessee, Herrn Professor Dr. John C. Osborne, der auch das Manuskript durchgesehen hat. Stud. phil. A. R. Ross, z. Z. Augsburg, besorgte Informationen, die in den USA nicht erhältlich waren. Gedankt sei hier auch allen, die meinen Aufenthalt in Weimar ermöglichten.

I. Wort- und Sacherklärungen

Die Wahlverwandtschaften: Goethe erklärt den Titel seines Romans in der Selbstanzeige vom 4. 9. 1809 im »Morgenblatt für gebildete Stände« wie folgt:

»Es scheint, daß den Verfasser seine fortgesetzten physikalischen Arbeiten zu diesem seltsamen Titel veranlaßten. Er mochte bemerkt haben, daß man in der Naturlehre sich sehr oft ethischer Gleichnisse bedient, um etwas von dem Kreise menschlichen Wissens weit Entferntes näher heranzubringen, und so hat er auch wohl in einem sittlichen Falle eine chemische Gleichnisrede zu ihrem geistigen Ursprunge zurückführen mögen, um so mehr, als doch überall nur *eine* Natur ist und auch durch das Reich der heitern Vernunftfreiheit die Spuren trüber, leidenschaftlicher Notwendigkeit sich unaufhaltsam hindurchziehen, die nur durch eine höhere Hand und vielleicht auch nicht in diesem Leben völlig auszulöschen sind« (Goethes Werke, Hamburger Ausgabe in 14 Bänden, Bd. 6, Hamburg ⁶1965, S. 621. [Zit. als: HA VI.]).
Zur Herkunft des Wortes ›Wahlverwandtschaft‹ s. Anm. zu 33,22–39,3 und Kap. II, S. 102 f.

Erster Teil. Erstes Kapitel

3,3 *Eduard:* Die Hauptfiguren des Romans haben nur Vornamen, die zudem fast gleich lauten: Eduard, Taufname Otto (s. S. 20,22–35), Otto (der Hauptmann), Otto (das Kind), Charlotte und Ottilie. Schon dadurch ist Wahlverwandtschaft angezeigt. Daß Goethe Eduard und den Hauptmann im Geschehen dennoch nicht mit ihren Taufnamen auftreten läßt, ist ein Indiz für die sorgfältige Planung der Grundkonstellation: es schließt eine Wahlverwandtschaft zwischen diesen Figuren aus. Zur Benennung der Nebenfiguren s. Anm. zu 15,34–17,37.
3,3 f. – *so nennen wir ... Mannesalter –* : Mit dieser Bemer-

kung unterstreicht Goethe sofort das Fiktive der Geschichte, die er zu erzählen beginnt. Er distanziert sich
und uns auf solche Weise von dem Stoff. Diese stets
überlegen und zuweilen auch ironisch wirkende Erzähl-
haltung ist konsequent durchgehalten. Vgl. auch Anm. zu
126,3–9.

3,3 *Baron:* ein erst im 17. Jh. aus dem Frz., baron ›streitba-
rer Mann‹, ins Deutsche übernommenes Wort (Gr 1139).

3,4 f. *die schönste Stunde eines Aprilnachmittags:* Der
Roman beginnt in einem Frühjahr und endet im Herbst
eineinhalb Jahre später, d. h., die erzählte Zeit beträgt
etwa achtzehn Monate. Innere und äußere Handlungen
verlaufen parallel zum Geschehen in der Natur. Damit
erweist sich der gewählte Zeitabschnitt als ein erzähltechnisches Mittel. Siehe dazu vor allem Fink, S. 438–483.

3,6 *Pfropfreiser auf junge Stämme zu bringen:* ein Reis
einzusetzen; Methode zum Veredeln von Bäumen und
Sträuchern. Vgl. dazu Beutler im »Nachwort«, S. 264.

3,8 *Futteral:* Schutzhülle oder Behälter.

3,14 *Mooshütte:* Hütte und Haus sind bei Goethe oft bildli-
cher Ausdruck der weiblichen Suche nach Geborgenheit.
Siehe auch Emmel, »Weltklage und Bild der Welt in der
Dichtung Goethes«, S. 162 f.

3,16 *Euer Gnaden:* an verschiedenen Stellen des Romans
erscheinende, früher von Untergebenen benutzte Anrede.
Siehe auch 25,19 *meine Gnädige.*

3,17–19 *unten … die Gärten:* Der Raum, in dem sich das
Geschehen vorwiegend abspielt, ist hier kurz skizziert.
Wie Goethe auch die Raumdarstellung als Hilfsmittel für
den Ausdruck innerer Vorgänge benutzt, ist nachzulesen
bei Dickson, S. 325–349.

3,24 *Stieg:* Steig, schmaler und steiler Weg.

3,31 *Terrassen:* waagerechte Stufen im Gelände; aus frz.
terrasse ›Stufe, Absatz‹.

3,34–4,4 *Den einen, der über den Kirchhof … hinging, ließ
er liegen … hinaufwand:* Hier setzt bereits die Todessymbolik ein. Sie zieht sich in verschiedenen Gruppierungen,

die oft miteinander verflochten sind, durch den ganzen Roman und ist im zweiten Teil besonders dicht gestaltet. Siehe dazu z. B. die folgenden Stellen: 1. Kirchhof, Grabmale und Kapelle: 3,34–4,4; 15,19–33; 74,37–75,8; 126,3–142,16 (einschließlich *Ottiliens Tagebuch*); 146,14–148,8; 195,16–21; 223,19–21; 255,19–27; 261,9–14. 2. Wassertod: 30,1–27; 101,22–102,12; 207,23–209,1; 225,27–227,10. 3. Astern und Ottilies Sterben: 116,9 *(die späteren Blumen)*; 193,23–29; 249,6–13; 249,36–250,3; 250,25 f.; 255,28–34. 4. Eduards Todeswunsch und Tod: 125,17–20; 215,34–216,5; 254,26 f.; 259,24–260,26. Siehe auch Lockemann, S. 37–61, und Anm. zu 20,16–24.

4,10 *dergestalt ..., daß:* so ... daß; die hier und an zahlreichen anderen Stellen erscheinende Form gilt heute als veraltet.

4,14 *habe ich zu erinnern:* habe ich zu bemerken (Gr 859); vgl. 23,27 *so wäre nichts zu erinnern* und 57,11 f. *Charlotte selbst konnte als gute Haushälterin nicht viel dagegen erinnern.*

5,16 *geschäftlos:* ohne Arbeit, ohne berufliche Tätigkeit. Von Goethe häufiger in dieser Bedeutung gebraucht (Gr 3824).

5,26 *geschehen:* gemacht worden.

6,16 *Güter:* größere ländliche Grundbesitzungen; vgl. auch ›Rittergut, Gutsbesitzer‹.

6,20 *Landleute:* Bauern, ihre Familie sowie Landarbeiter.

6,22 *konfus:* verworren, unklar.

6,26 *Verhältnisse:* relativ junges Wort, zuerst im 18. Jh. nachzuweisen; es bezeichnet 1. wie hier und an zahlreichen anderen Stellen des Romans einen Zustand, worin sich etwas oder jemand befindet (Gr 515); 2. meßbare oder vergleichbare Beziehung, Proportion; 3. Art der Beziehungen zweier oder mehrerer Menschen oder Staaten zueinander (Wg 3806 f.).

6,30 *umständlich:* hier und an anderen Stellen des Romans im Sinne von ›ausführlich‹; zur Zeit Goethes hat dieses

Wort im Unterschied zum heutigen Gebrauch noch durchaus positive Bedeutung.

6,35 *Weiber:* Frauen; bis ins 18. Jh. wurde ›Weib‹ noch ohne abwertende Bedeutung als Gattungsname im Gegensatz zu ›Mann‹ gebraucht.

7,6 *unsern Planen:* unsern Plänen; bei Goethe häufig in der nicht umgelauteten Form.

7,8–8,1 *Mag ich doch so gern ... geht:* Hier wird der Leser mit der Vorgeschichte von Eduards und Charlottes Ehe aus der Sicht Charlottes bekannt gemacht. Dies Wiederaufrollen einer Geschichte, die die beteiligten Figuren kennen, ist als Formfehler Goethes bewertet worden. Der Beginn des 2. Kapitels, der Ergänzendes dazu bringt, sowie weitere Stellen im Roman zeigen jedoch, daß dieser Teil sinnvoll in das Romangeschehen integriert ist. 75,21 ff. bringt dann die Vorgeschichte noch einmal, aber aus dem Blickwinkel des Grafen, einer nicht unmittelbar beteiligten Figur. Dort wird dem Leser gleichsam ein neutraler Maßstab zu jenen Vorgängen gegeben. Vgl. auch Anm. zu 10,27–11,6; 14,30–15,4 und 75,21–77,5.

7,26 f. *des Lebens genießen:* das Leben genießen; ›genießen‹, ahd. giniozan, wurde bis ins 18. Jh. vorwiegend mit Gen.-Objekt benutzt; im Nhd. überwiegt der Gebrauch mit Akk.-Objekt. Daß zu Anfang des 19. Jh.s beide Formen nebeneinander üblich waren, beweist ein Vergleich von 75,19 und 75,20 f. sowie 192,37 f. und 199,25.

7,30 *Ottilien:* schwache Akk.-Flexion. Im 18. Jh. erhalten Namen im Gen., Dat. und Akk. noch häufig Flexionsendungen. Goethe benutzt diese Formen in den »Wahlverwandtschaften« durchgehend.

7,31 *Gehülfin:* Gehilfin; Goethe gebraucht hier und in zahlreichen anderen Fällen die urspr., von Luther eingeführte und noch bis ins 19. Jh. übliche Form (Gr 2556).

8,1 *Meine Einrichtung:* mein Plan.

8,3 f. *miteinander ausreichen:* miteinander auskommen.

8,25 *artig:* Modewort des 18. Jh.s mit unterschiedlicher Bedeutung; hier soviel wie ›angenehm‹.

heimlich: hier noch in der positiven Bedeutung von ›vertraut‹ im Gegensatz zu ›fremd‹ (Gr 874).

9,2 f. *hat ... sich angemerkt:* hat ... bemerkt.

9,19 f. *bedeutender:* in der urspr. Bedeutung von.lat. significans ein Lieblingswort Goethes; vor allem in seinen späten Werken und besonders in den »Wahlverwandtschaften« sehr häufig zu finden. Vgl. Fischer, S. 83 f.

Zweites Kapitel

10,13–20 *Eduard ... ausdachte:* s. Anm. zu 7,8–8,1.

10,15 *Charlottens:* schwache Gen.-Flexion; vgl. Anm. zu 7,30.

10,17 *aufgeregt:* von Goethe hier und an anderen Stellen dem schwächeren ›anregen‹ vorgezogen; verschiedentlich in der Bedeutung von ›in Tätigkeit setzen‹ (Gr 707).

10,27–11,6 *Sich etwas zu versagen ... hatte:* Die Vorgeschichte Eduards wird hier aus der Perspektive des Erzählers teils wiederholt und teils fortgesetzt. Vgl. Anm. zu 7,8–8,1.

11,2 *im Fall:* im Gefahren-, im Notfall.

11,6 *romanenhafte:* Nebenform zu ›romanhaft, wunderbar, der Wirklichkeit nicht entsprechend, wie in einem Roman‹ (Gr 1154).

11,20 *des andern Tags:* am nächsten Tag; s. auch 44,16.

11,25 *Eduarden:* schwache Dat.-Flexion; vgl. Anm. zu 7,30.

11,28 *ward:* wurde; die hier und an zahlreichen anderen Stellen erscheinende Form des 3. Sing. Prät. von ›werden‹ gilt heute als veraltet und wird nur noch dichterisch verwendet.

12,14–35 *Wenn Luciane ..., wenn sie ...; wenn ... sie ...; wenn sie ...; wenn die Vorsteherin ...; wenn die ersten Seiten ihrer Briefe ... nur Hymnen sind ...: so ist dagegen, was sie ... von Ottilien erwähnt, ... Entschuldigung ..., daß ein ... Mädchen sich nicht entwickeln ... wolle:* sog. elliptischer Stil; diese syntaktische Form ist besonders dem Werk des jungen Goethe eigentümlich. Herder kritisierte den Gebrauch dieser dem klassischen Latein nachgebildeten Satzperiode als Predigtstil, der den Mangel an Gedanken verbergen soll. Diese Art von Periodenbildung stand jedoch Ende des 18. Jh.s durch die Oden Klopstocks in gutem Ansehen und mag von daher auf Goethe gekommen sein. Vgl. dazu Johann Gottfried Herder, »Über die neuere Deutsche Litteratur«, Dritte Sammlung, III,6, Riga 1767.

12,29 *Hymnen:* Lobgesänge; aus griech. ὕμνος (Wg 1848).

13,34 *durchnetzte:* alte Nebenform von ›durchnäßte‹ (Gr 1651).

14,9 *rätlich:* ratsam, empfehlenswert.

14,25 *ob ... gleich:* hier und an vielen anderen Stellen von Goethe bevorzugte Form von ›obgleich‹.

14,28 f. *deshalb:* hier in der Bedeutung: weshalb (Gr 1029).

14,30–15,4 *Charlotte ... werden:* Hier ergänzt der Erzähler Charlottes Vorgeschichte. Vgl. Anm. zu 7,8–8,1.

15,9–18 *Herr Mittler ist in den Schloßhof gesprengt ... gleich:* Die wichtige Rolle der ersten hinzukommenden Nebenfigur wird im Verlauf der Handlung und besonders am Schluß des Romans voll erkennbar. Siehe Anm. zu 15,34–17,37.

15,24 *vergleichen:* hier: ausgleichen, einebnen.

15,25 f. *Einbildungskraft:* von Kant als das Vermögen definiert, sich einen Gegenstand (oder Menschen) auch ohne dessen Gegenwart in der Anschauung vorzustellen; vgl. ›Imagination‹ von lat. imago (engl. image) ›Bild‹. Hier und an anderen Stellen des Romans würde man heute ›Vorstellungskraft‹ benutzen.

15,34–17,37 *Aber der närrische Gast verscheuchte sie gleich ... vorher:* Diese Stelle bringt die Vorgeschichte und das erste Auftreten Mittlers sowie den verwirrenden Eindruck, den er hinterläßt. Von der Namengebung im Roman her gesehen nimmt Mittler eine Sonderstellung zwischen den Haupt- und Nebenfiguren ein. Jenen sind nur Vornamen gegeben (s. Anm. zu 3,3 *Eduard*), diese sind

(ausgenommen Luciane und Nanny) nach ihren gesellschaftlichen oder beruflichen Merkmalen benannt: Graf
und Baronesse, Lord und Begleiter, Vorsteherin, Gehilfe
und Architekt, Chirurg, Geistlicher und Bettler sowie
verschiedene Besucher und die Bediensteten. Mittler hat
als einziger einen Nachnamen, und dieser fällt mit seiner
Berufsbezeichnung zusammen.

16,21 *früherhin:* früher, in früherer Zeit (Gr 290).

16,33 *Residenz:* früher der Ort, besonders die Stadt, in der
ein Landesfürst seinen dauernden Aufenthalt hatte
(Gr 819).

16,35 *Lotteriegewinst:* Lotteriegewinn; ›Gewinst‹ ist heute
veraltet.

17,22 *starblind:* völlig blind (Gr 918). Star = Augenkrank-
heit, abgeleitet von ahd. starên ›starr blicken‹.

17,35 *Gegenwärtig:* jetzt.

18,33 *gewöhnlich:* hier: eigen.

19,9–24 *Sie bat um Aufschub … sollten:* Zu Charlottes und
Eduards Musizieren s. Anm. zu 60,16–61,6.

19,12 *bequem:* leicht, im Sinne von lat. facilis (Gr 1481 ff.);
vgl. auch 33,29 und 114,16.

Drittes Kapitel

19,26 *Der Hauptmann kam:* Mit diesem kurzen Satz ist der
Hauptmann schon bei seinem ersten Erscheinen gleichsam
durch Klarheit und Ruhe charakterisiert. Vgl. die Ankunft Ottilies 44,2.

20,2 *Der Hauptmann gefiel sich sehr in der Gegend:* Dem
Hauptmann gefiel die Gegend sehr; ›sich gefallen‹ in der
Bedeutung von ›etwas gern haben, schätzen‹; wohl frz. se
plaire nachgebildet, von Wieland ins Deutsche eingeführt
und auch bei Goethe häufiger zu finden (Gr 2113 f.).

20,4 *sichtbar und genießbar geworden:* sichtbar und genießbar geworden war; im 18. Jh. wurde das Hilfsverb, wenn
nicht unbedingt erforderlich, oft ausgelassen.

20,8 *einen üblen Humor:* Humor war in der Naturlehre des

Mittelalters auch auf die Feuchtigkeit (lat. humor ›Feuchtigkeit‹), den Saft im Innern des Menschen bezogen, der nach damaliger Vorstellung die Wesensart des Menschen bestimmte. Als Überbleibsel tritt diese Bedeutung bei Goethe auf, wenn er das Wort in festen Formeln wie guter, bester, schlimmer oder übler Humor gebraucht (Gr 1906).

20,16–24 *Obschon mein Mann nicht liebt ... andere?:* Hier setzt die Motivkette der verschiedenen Geburtstagsfeiern ein, die im Verlauf der Handlung mehr und mehr mit der der Todessymbolik verknüpft wird. Siehe Anm. zu 3,34–4,4 und auch die folgenden Stellen 59,10–16 (Plan für die Grundsteinlegung des neuen Hauses an Charlottes Geburtstag); 62,15–66,37 (Charlottes Geburtstag und Grundsteinlegung); 92,17f. (Plan für das Richtfest an Ottilies Geburtstag); 97,34–99,22 (Vorbereitungen dazu); 99,24–105,10 (Ottilies Geburtstag und Richtfest); 116,8–15 (Ottilies Vorbereitungen zu Eduards Geburtstag); 140,15–35 (Ottilies Betrachtungen am Vorabend zu Eduards Geburtstag); 145,4–15 und 156,10–14 (stellen dagegen Lucianes Weise dar, Geburts- und Namenstage gesellschaftlich zu begehen); 169,31ff. (auch die schlichte szenische Bilddarstellung der Geburt Jesu am Weihnachtsabend gehört in das Sinngefüge dieser doppelten Motivreihe); 187,33–190,12 (der einzige wirkliche Geburtstag, der des Kindes, vereinigt beide Motivketten zum erstenmal sehr deutlich); 249,29–250,3 (stille Vorbereitung zu Eduards Geburtstag); 251,26–254,34 (Ottilies Tod am Vorabend zu Eduards Geburtstag); 254,35ff. (Ottilies Bestattung an Eduards Geburtstag).

20,30 *lakonischen Namen:* kurzen Namen: ›kurz, treffend‹, aus lat. laconice dicere ›nach Art der Lakonier sprechen‹, Lakonien, griech. Landschaft mit der Hauptstadt Sparta (Gr 80).

21,4 *Waldhörner:* urspr. auf der Jagd gebrauchte gewundene Blasinstrumente, auch Jagdhörner genannt (Gr 1149).

21,10–37 *Eduard unterbrach die Pause zuerst ... aus:* Zu

Goethes Gestaltung des Raumes in diesem Roman s. Anm. zu 54,3–56,20.

21,23 *hinterwärts:* rückwärts (Wg 1785).

21,33 *den füllereichsten Anblick:* füllereich oder füllreich ›reich an Fülle, großen Überfluß in sich vereinigend, großen Überfluß darbietend‹ (Gr 514); heute verschwundenes Adj.

21,35–22,9 *Besonders zeichnete ... sich eine Masse Pappeln und Platanen zunächst an dem Rande des mittleren Teiches vorteilhaft aus ... hervortun:* Pappeln, Platanen und die Teiche, die später zu einem einzigen See verbunden sind, gehören zu den wichtigen Dingsymbolen des Romans; ihre volle Bedeutung wird erst im Verlauf der Handlung feststellbar. Siehe Anm. zu 67,16–23, zu 98,36–99,22 und 101,3–103,16 sowie zu 225,32–227,10.

21,36 *zunächst:* ganz nahe.

22,21 *daß ich die Gegend mit der Magnetnadel aufnähme:* einfache, früher während militärischer Operationen übliche Form der Geländevermessung.

22,33 *Schraffieren:* (ital.) Stricheln; dient auf Landkarten zur Bezeichnung von Bodenerhebungen.

22,34 *laviert:* mit Wasserfarbe schattiert oder mit Tusche nachgezogen; aus frz. laver ›tuschen‹.
illuminiert: farbig ausgemalt.

25,4 *indes:* temporales Adv.; hier und an anderen Stellen soviel wie ›währenddessen, unterdessen‹.

25,7 *als:* wie.

25,18–26,7 *Nachschrift der Vorsteherin:* Die meisten Ottilie leitmotivisch begleitenden und für die weitere Handlung wichtigen Dinge, wie ihre Dienstbarkeit, Bescheidenheit in Kleidung, Mäßigkeit im Essen und Trinken und ihr Kopfweh, erscheinen hier erstmalig, noch bevor sie selbst auftritt. Vgl. auch Anm. zu 46,23 f. und zu 234,1–9, 240,9–22, 250,5–17 und 259,26–260,10.

25,25 *verschiedene Zeuge:* verschiedene Stoffe; aus ahd. giziug, Sammelwort für sächliche Konkreta wie Geräte, Werkzeuge, Vorräte und Kleiderstoffe (Gr 8250 ff.).

25,34 f. *sie macht sich irgend ein Geschäft:* sie beschäftigt
sich irgendwie.

26,32 *stöckisch:* steif, verstockt.

27,8–12 *Man hat über ihre Handschrift geklagt ... unge-
stalt:* Hier erscheint ein weiteres für die spätere Handlung
bedeutsames Ottilie begleitendes Motiv zum erstenmal.
Vgl. Anm. zu 25,18–26,7; 46,23 f. und vor allem
87,33–88,5.

28,2 f. *genugsam:* veraltet für ›genügend‹; vgl. auch 28,17;
28,32 f., 67,3 und 97,29.

Viertes Kapitel

28,7 *topographische Karte:* Lagekarte; aus griech. τόπος
›Ort, Stelle‹ und γράφειν ›schreiben‹. –

28,10 f. *trigonometrische Messungen:* Feldvermessungen,
bei denen die Berechnungen durch Aufteilung in Drei-
ecke (griech. τρία ›drei‹ und γωνία ›Winkel, Ecke‹) er-
folgt.

28,22 *Folge:* Folgerichtigkeit.

29,2 *Sonderung:* Trennung, Absonderung; vgl. 71,33.

29,4 f. *Repositur:* Ablage, Registratur.

29,9 *rubriziert:* eingeordnet.

29,11 *Hiebei:* hierbei; die hier und an zahlreichen anderen
Stellen des Romans erscheinende Form ist heute veraltet.
Vgl. auch 30,17: hiezu.

29,30 *Anstalten:* Einrichtungen; vgl. Anm. zu 47,31.

30,1 *dessenungeachtet:* trotzdem (Wg 878).

30,8 f. *daß ein solcher Fall in dem Leben seines Freundes auf
die seltsamste Weise Epoche gemacht:* s. dazu die Novelle
Die wunderlichen Nachbarskinder, S. 202,24–210,24 und
210,30–211,5.

30,13 *hinausging:* hinwegging.

30,17 f. *Feldchirurgus:* Arzt, der eine soldatische Einheit auf
einem Feldzug betreut. Siehe weiterhin Anm. zu 102,15.

30,24 *dieser wurde sogleich verschrieben:* die Anordnungen
für sein Kommen wurden sogleich gegeben; ›verschrei-

ben‹ wird heute in diesem Sinne nur noch bei ärztlichen Verordnungen für ein Medikament benutzt.

30,33 *Bleiglasur:* Verbindung, die sich zum Glasieren von Töpfen, Krügen, Tonwaren usw. verwenden läßt; solche sind u. U. giftig oder können es durch Kontakt mit anderen Chemikalien oder durch Witterungseinflüsse o. ä. werden.

30,34 *Grünspan:* chem. Kupferazetat; entsteht durch Oxydation des Kupfers; an der Oberfläche *kupferner Gefäße* z. B. durch Verbindung mit Sauerstoff aus der Luft.

31,8 *vorzüglich:* hier: hauptsächlich.

31,10–32,3 *Eine seiner besondern Eigenheiten ... würde:* Hier erscheint ein für die weitere Handlung bedeutsames Eduard begleitendes Motiv (sein Vorlesen) zum erstenmal. Zu seiner Bedeutung s. Anm. zu 60,1–11 und 249,15–23 sowie zu 87,33–88,5.

31,12 *fiel:* war.

32,19–21 *aber der Mensch ist ein wahrer Narziß ... unter:* Anspielung auf Narziß, den schönen und eitlen Jüngling einer griechischen Sage, der sich am Wasser in sein eigenes Spiegelbild verliebte. Zur Deutung dieses Bildes s. Stopp, S. 72 ff.

32,28 *kürzlich:* erweitertes ›kurz‹, vorwiegend adv. Gebrauch (Gr 2850).

33,6–8 *denn es macht in der Gesellschaft nichts lächerlicher, als wenn man ein fremdes, ein Kunstwort falsch anwendet:* ›Kunstwort‹ ist hier als Terminus technicus, als Fachausdruck einer Wissenschaft, der Chemie, zu verstehen (Gr 2738). Vgl. auch 35,15 *Kunstausdrücke;* 37,33 f. *das Kunstwort Wahlverwandtschaften;* 38,2 f. *Jetzt müßte ich Sie mit schrecklichen Kunstworten hinhalten;* 38,14 f. *die seltsamen Kunstwörter.* Die beiden letzten Beispiele zeigen, daß die heutige Unterscheidung im Plural ›Worte‹ bzw. ›Wörter‹ für Goethe noch keine Rolle spielt.

33,12 f. *vereinigen:* einigen.

33,22–39,3 *Und so begann der Hauptmann ... darfst:* An dieser Stelle läßt Goethe die Figuren das Konzept disku-

tieren, das er dem Roman zugrunde legt. Hildegard
Emmel erläutert es wie folgt:
»Das Naturphänomen, das unter dem Gleichnis der
Wahlverwandtschaft erfaßt werden soll, bildet mit seiner
Entsprechung im vernunftmäßig nicht zu meisternden
Spiel der menschlichen Beziehungen eine Einheit, und es
kommt nicht darauf an, ob die Natur oder der Mensch
zum Ausgang der Betrachtung dient. Das Phänomen,
gleichgültig von welcher Seite her man es ansieht, durch-
greift und durchwaltet den gesamten Roman als das alles
bewegende und formende Element. Goethe führt es ge-
nauso ein, wie es historisch in das Bewußtsein der Menschen kam. Das Bild von der Wahlverwandtschaft würde
in der Chemie geprägt. Von *affinitas* bei chemischen
Körpern sprach als erster Albertus Magnus, später auch
Galilei. Der Ausdruck Wahlverwandtschaften erscheint
im 18. Jahrhundert im Titel eines Werkes, das der Schwe-
de Tobern Bergmann 1775 herausbrachte: *De attractio-
nibus electivis,* den Hein Tabor mit *Wahlverwandtschaften*
übersetzte (1782). Mit dem gleichen deutschen Wort be-
nannte schon vor Tabors Übersetzung Christian Ehren-
fried Weigel die Sache, die Bergmann mit seiner Formulierung bezeichnete: ›Wenn zween Stoffe miteinander ver-
einiget sind und ein dritter, der hinzukömmt, einen derselben aus seiner Verbindung trennt und ihn zu sich
nimmt, so wird solches eine einfache Wahlverwandtschaft
(enkel frändskap), attractio electiva simplex genannt.‹ Gewiß seit 1796 hat Goethe sich mit dem Phänomen der
Wahlverwandtschaft beschäftigt, zunächst vom naturwis-
senschaftlichen Standpunkt, sehr bald dann auch im er-
weiterten Sinn, ohne übrigens sogleich das Wort selbst zu
benutzen. So sagt er über die Mineralkörper: ›Sie haben
nach ihrer Grundbestimmung gewisse stärkere oder
schwächere Verhältnisse, die ... wie eine Art von Neigung aussehn, deswegen die Chemiker auch ihnen die
Ehre einer Wahl bei solchen Verwandtschaften zuschrei-
ben‹ (1796). Die Rückbeziehung des chemischen Gleich-

nisses auf die menschliche Welt findet in jenem abendlichen Gespräch des Romans von Anfang an statt. Bei aller Sorgfalt, mit der die Vorgänge der anorganischen Natur dargelegt werden, die Parallelen aus dem Leben der Menschen sind immer sogleich zur Hand. Jeder der drei Gesprächspartner trägt das Seine zur Ausgestaltung der Modellvorstellung bei, die, wie sich erweisen wird, grundlegend für das weitere Geschehen ist. Der Hauptmann formuliert das wissenschaftliche Thema; Charlotte unterstreicht und wertet die Analogien zur Gesellschaft; Eduard, zwischen beiden pendelnd, stellt scherzend die Verbindung zu der gegenwärtigen Situation der drei Partner her und beweist, inwiefern es ›billig‹ sei, Ottilie nicht länger fern zu halten, damit für Charlotte gesorgt wäre, da er selbst ihr ›für diesmal‹ durch den Hauptmann ›einigermaßen‹ entzogen würde.

Der Leser täuscht sich, wenn er annimmt, durch das chemische Gleichnis würden die Vorgänge des Romans erklärt. Das Gleichnis bringt gerade keine rationale Analyse, sondern enthält im Gegenteil den Hinweis darauf, daß der Kern der Vorgänge rätselhaft und undeutbar ist. Die Erfahrungstatsache, die Charlotte im Sinne ihres frühen Widerstandes gegen die Einladung des Hauptmannes noch einmal hervorhebt, daß ›eine innige, unauflöslich scheinende Verbindung zweier Wesen durch gelegentliche Zugesellung eines dritten aufgehoben und eins der erst so schön verbundenen ins lose Weite hinausgetrieben‹ werden kann, diese Erfahrungstatsache aus dem Bereich des Menschen wird bestätigt durch den Naturvorgang, der sich steigert bei Hinzutreten des vierten. ›Jawohl! – versetzte der Hauptmann – diese Fälle sind allerdings die bedeutendsten und merkwürdigsten, wo man das Anziehen, das Verwandtsein, dieses Verlassen, dieses Vereinigen gleichsam übers Kreuz wirklich darstellen kann, wo vier bisher je zwei zu zwei verbundene Wesen, in Berührung gebracht, ihre bisherige Vereinigung verlassen und sich aufs neue verbinden. In diesem Fahrenlassen und

Ergreifen, in diesem Fliehen und Suchen glaubt man
wirklich eine höhere Bestimmung zu sehen; man traut
solchen Wesen eine Art von Wollen und Wählen zu und
hält das Kunstwort „Wahlverwandtschaften" für vollkommen gerechtfertigt.‹ ›Bedeutend‹ und ›merkwürdig‹,
›eine höhere Bestimmung‹, ›eine Art von Wollen und
Wählen‹, man ›glaubt‹, ›traut zu‹, dies sind die Worte, mit
denen der Naturvorgang beschrieben wird. Eine Erklärung ergibt sich nicht, weder für den Vorgang selbst noch
für das Romangeschehen. Zwischen den vier Menschen
auf Eduards Landgut spielt sich etwas ab, das sich unter
den gegebenen gesellschaftlichen und psychischen Vor-
aussetzungen besonders rein entfalten kann, das seinem
Wesen nach aber ein Urvorgang ist – bedeutend und
merkwürdig – und in der anorganischen Natur vielfach zu
beobachten« (Emmel, »Geschichte des deutschen Romans«, Bd. 1, Bern: Francke, 1972, S. 322–324).
Siehe auch Kreutzer, S. 248–259.

33,28 *Ich dächte:* regelmäßiger, jedoch meist vermiedener
Konjunktiv.

33,31 *Einung:* heute veraltete Form von ›Einigung‹; hier
besser ›Verbindung‹.

34,19 *den Augenblick:* im Augenblick, sofort.

34,23 *Sozietäten:* von lat. societas ›Gemeinschaft‹; hier besser ›Gesellschaftskreise‹.

35,12 *chemisches Kabinett:* aus frz. cabinet ›kleines Neben-
zimmer‹; seit dem 16. Jh. auch für einen kleinen Schrank
mit vielen Fächern und Schubladen; hier wohl eine Sammlung von Chemikalien und Experimentiergerät für private
Versuche und zur Unterhaltung der Gesellschaft. Siehe
auch 184,8 *Naturalienkabinett.*

37,7 f. *einen refraktären Gips:* refraktär: ›unempfänglich, un-
empfindlich‹. Im 18. Jh. wird der Ausdruck in den Natur-
wissenschaften im Sinne von Reaktionsträgheit gebraucht.

38,31 *Gleichnisrede:* seit dem 16. Jh. synonym zu ›Gleichnis‹, bildliche, vergleichende Rede (Gr 8205), heute jedoch verschwunden.

39,10 *zu berufen:* kommen zu lassen.
39,10 f. *Beschließerin:* Wirtschafterin, Verwalterin.

Fünftes Kapitel

39,24 f. *Ihre Fräulein Tochter:* Im 18. und 19. Jh. erscheint
›Fräulein‹ wie hier und an anderen Stellen des Romans
noch in der urspr. Bedeutung für ein ›unverheiratetes
adliges Mädchen‹ (hier für Luciane, Charlottes Tochter
aus erster Ehe); weibliche und sächliche Formen waren
nebeneinander anzutreffen; heute im Schriftdeutschen nur
in sächlicher Form für jede unverheiratete junge Frau
(Gr 88 f.).

39,27 *die ihr geworden sind:* die sie bekommen hat.

39,32 *Frauenzimmer:* bezeichnete urspr. den Aufenthalts-
raum vornehmer Frauen am Hof, dann kollektiv die dort
wohnenden Frauen, später allgemein ›vornehme Frauen‹,
schließlich, wie hier und an zahlreichen anderen Stellen,
das Individuum ›feine, gebildete Frau‹; heute hat das
Wort, wie ›Weib‹ (s. Anm. zu 6,35), abwertende Bedeutung.

40,16 *auf den Schein:* um Kenntnisse vorzutäuschen.

40,19–21 *Im Schreiben ... viel freiere Züge:* Wie schon bei
der ersten Erwähnung des Handschrift-Motivs, so wird
auch hier das Steife und Unfreie von Ottilies Schrift
betont. Vgl. Anm. zu 44,35–45,2 und 87,33–88,5.

40,23 f. *Im Französischen überparlierten und überexponier-
ten sie manche:* Im Sprechen und im Erklären des Französischen übertrafen sie manche (Gr 195 und 443).

41,24–26 *die wie ein guter Hirte auch nicht eins von ihren
Schäfchen verloren ... sehen möchte:* Hier ist angespielt
auf das biblische Gleichnis vom Guten Hirten und verlo-
renen Schaf (Matth. 18,12–14 und Luk. 15,4–7).

41,32 f. *ich habe gerade heute wieder mein Kopfweh:* Hier
ist der Leser an Ottilies *Kopfweh auf der linken Seite*
(26,5) erinnert, bevor wenig später die Bedeutung dieses
Motivs zum erstenmal näher bestimmbar wird. Siehe auch

Anm. zu 43,16–22; 211,36–213,32 sowie vor allem 240,9–22.

42,1 *nach dem Schlafe:* nach der Schläfe; die nicht umgelautete Form ist bei Goethe und Wieland noch meist zu finden; die heute gebräuchliche kommt im 18. Jh. auf.

42,23 f. *Bestimmen Sie sich hiezu:* entschließen Sie sich hierzu; ›sich bestimmen‹ wird von Goethe häufiger in der angegebenen Bedeutung von ›sich entschließen, sich entscheiden‹ benutzt, die heute aus dem Sprachgebrauch verschwunden ist (Gr 1679).

42,32–43,1 *Sie tut das mit einer Gebärde ... möchte:* Ottilies hier nur beschriebene Gebärde der Ablehnung erlebt der Leser direkt an entscheidender Stelle im 2. Teil des Romans, wo sie den Beginn der letzten Phase von Ottilies Verhältnis zu Eduard kennzeichnet (243,22–26). Zum fragwürdigen Gehalt dieser stummen Gebärde s. Benjamin, S. 175 f.

43,16–22 *Es ist doch recht zuvorkommend ... geben:* Ottilies *Kopfweh auf der linken Seite* (26,5) ist hier erstmals mit demjenigen in Verbindung gebracht, das Eduard zuweilen auf der rechten plagt. Goethe läßt ihn daraus folgern, daß es sich um etwas Gegensätzliches handelt. Siehe dagegen Anm. zu 240,9–22.

Sechstes Kapitel

44,2 *Ein Wagen, der Ottilien brachte, war angefahren:* Auch beim ersten Auftreten der zweiten wichtigen hinzukommenden Figur gibt Goethe sofort Hinweise auf deren Rolle für den weiteren Verlauf des Geschehens. Schon hier läßt sich ablesen, daß die folgenden Ereignisse sich um Ottilie drehen werden. Sie ist nicht Subjekt, aber gleichsam Achse des sie einführenden Satzes.

44,4 und 44,9 *Kniee:* Knie; heute nicht mehr gebräuchliche und auch früher nach Möglichkeit vermiedene Pl.-Form, die jedoch von Goethe (vgl. »Faust« 1808: »fast sinken mir die Kniee nieder«) und Schiller (»Bürgschaft«: »und

von der unendlichen Mühe ermattet sinken die Kniee«)
wohl wegen der für den Vers benötigten Silbenzahl gern
benutzt wurde.

44,16–21 *Den andern Morgen ... wunderbar:* Im Gesamtgefüge des Romans betrachtet erweist sich dieser Einfall
Goethes als ein erzähltechnisches Mittel, um den Anfang
und das Ende von Eduards und Ottilies Bekanntschaft zu
kontrastieren. Siehe dazu 254,24–34.

44,16 f. *Es ist ein angenehmes unterhaltendes Mädchen:*
Wieland soll diesen Einfall Goethes mit der Bemerkung
kommentiert haben, daß er, wäre er der Herzog, Goethe
allein dafür mit einem Rittergut belohnen würde (s.
S. 148).

44,32 *Sie arbeitete das Vorgesetzte:* Sie arbeitete das, was sie
zu tun hatte.

44,35–45,2 *So schob sie ihr manchmal abgeschriebene
Federn unter ... geschnitten:* In der dritten zum Handschrift-Motiv gehörenden Stelle ist gezeigt, daß Charlottes Versuche, Ottilie durch ein äußeres Mittel *auf einen
freieren Zug der Handschrift zu leiten*, vergeblich bleiben.
Siehe dagegen 87,33–88,5 und die Anm. dazu.

45,24–35 *Ottiliens Mäßigkeit im Essen und Trinken ... mit-
teilt:* vgl. 25,18–26,7, die Anm. dazu und zu 46,23 f.

45,30 f. *sich ... anzupassen:* sich ... passend zu machen;
hier noch in der wörtlichen und nicht in der heute üblichen Bedeutung.

46,1 *Smaragd:* grüner Edelstein, Mineral; aus lat. smarag-
dus, wahrscheinlich urspr. ein indisches Wort (Gr
1334 ff.).

46,12 *billig:* hier in der urspr. Bedeutung von ›angemessen,
vernünftig‹, wie z. B. heute noch in der Wendung ›recht
und billig‹; bei Goethe häufig zu finden.

46,23 f. *Dienstbeflissenheit Ottiliens:* Ein Vergleich von
25,18–26,7 (Ottilies Dienstbarkeit, Bescheidenheit in der
Kleidung, Mäßigkeit im Essen und Trinken, Kopfweh)
und 27,8 (Handschrift) mit 40,19–21 (Handschrift),
41,32 f. (Kopfweh), 45,24 f. (Mäßigkeit im Essen und

Trinken), 45,26–35 (Bescheidenheit in der Kleidung) und
der hier vorliegenden Stelle (Dienstbeflissenheit) macht
eins der von Goethe zum Aufbau dieses Romans gewähl-
ten Prinzipien gut sichtbar. Die anfangs erwähnten Ottilie
leitmotivisch begleitenden Charakteristika sind in spiegel-
bildlicher Reihenfolge wiederaufgenommen. Einige davon
– z. B. Kopfweh, Handschrift – werden im Verlauf der
Handlung in sichtbare Zeichen der inneren Nähe, der
Wahlverwandtschaft zwischen Ottilie und Eduard ver-
wandelt; andere – z. B. ihre Dienstbeflissenheit oder Bescheidenheit in der Kleidung – stehen dieser deutlich
entgegen. Siehe auch die Anm. zu den zitierten Stellen.

47,18–30 *Als Karl der Erste ... zurückhalten:* Karl I. von
England (1600–49), König seit 1625, versuchte absoluti-
stisch, d. h. ohne oder gegen das Parlament zu regieren;
im daraus entstandenen Bürgerkrieg fiel er in die Hände
seiner Gegner; das von Cromwell beherrschte Parlament
verurteilte ihn zum Tode. Zur inhaltlichen Bedeutung
dieser Ottilies Dienstbeflissenheit illustrierenden Anekdote s. Stöcklein, »Stil und Sinn der ›Wahlverwandtschaften‹«, S. 17.

47,27 *darnach:* danach.

47,31 f. *Indessen hatten die guten Anstalten ... ununterbrochenen Fortgang:* Indessen machten die Projekte ... ununterbrochen Fortschritt; ›Anstalt‹ ist heute in dem von
Goethe benutzten Sinn ungebräuchlich. Es läßt sich meist
durch Wörter wie ›Projekt, Einrichtung, Vorhaben, An-
ordnung‹ oder dergl. ersetzen.

48,1 *die Kostbarkeit des Raums:* der Wert des wenigen
vorhandenen Raums.

48,11 *im Halbzirkel:* im Halbkreis.

48,31–49,8 *Wie schwer ist es ... werden:* Hier sind die
Aufgaben eines Landedelmannes gegenüber der Gemeinschaft genannt, wie sie im ständischen Denken der Figuren erscheinen. Da Bürgern und Bauern die notwendige
Einsicht in die größeren Zusammenhänge fehlen, ist es das
von Gott verliehene Recht *(Majestätsrecht)* des Herr-

schenden, das *gemeinsame Gute* zu fördern. Diese Aussage sollte nicht einfach als Meinung Goethes aufgefaßt werden. Da der Roman zwanzig Jahre nach der Französischen Revolution entstand, ist eher anzunehmen, daß der Autor den aufgezeigten Tatbestand hier in Frage stellt bzw. vorsichtig ironisiert. Siehe auch Anm. zu 49,9–50,4.

49,2 *zu pflegen:* zu geben.

49,9–50,4 *Indem sie standen und sprachen, bettelte sie ein Mensch an … abgetan:* Das soeben angeschnittene Thema von Rechten und Pflichten des Landedelmannes wird hier erweitert. Der am untersten Ende der ständischen Skala lebende Bettler ist – hier noch ganz allgemein – als extreme Kontrastfigur zu Eduard in den Roman eingefügt. Im weiteren Verlauf der Handlung erscheint er wiederholt konkret als solche. In Ottilies Tagebuch (194,12–21) erhält das Bettler-Motiv eine Auflösung, bzw. es mündet wieder in einen theoretischen Gedankengang, der als Reformvorstellung Goethes verstanden werden kann: auch der bettelnde Mensch könnte ein nützliches Mitglied der Gemeinschaft werden, gäbe man ihm ein Tätigkeitsfeld. Siehe auch 98,32–34; 103,37–104,9; 110,13–23 und 194,12–21.

49,20 *Polizei:* hier allgemein: Aufsicht über Ordnung und Sitte; s. auch Anm. zu 48,31–49,8.

50,14 *trutzt:* veraltete Form von ›trotzen, Widerstand bieten‹.

50,22 *mit Kupfern:* mit Kupferstichen; die Kupferstechkunst besteht darin, mit dem Grabstichel eine Zeichnung in eine Kupferplatte zu ritzen, einzufärben und auf Papier abzudrucken; das Ergebnis ist der Kupferstich. Goethe selbst war bekanntlich ein eifriger Sammler von Kupferstichen.

50,24 *problematisch:* wie ein Rätsel, wie zur Lösung vorgelegt; hier in der urspr. Bedeutung des griech. πρόβλημα ›eine zum Lösen vorgelegte, unentschiedene, zweifelhafte Aufgabe oder Streitfrage‹ (Gr 2154).

50,30 *welche die Kunst daran vorgenommen:* welche der

Mensch durch Veränderung des Naturzustandes daran vorgenommen hat. Vgl. auch 20,3 f.

50,35 *zum Grunde:* von Goethe noch für ›zugrunde‹ benutzt; vgl. auch 113,28 f. *was zum Grunde künftiger Ausbildung liegen mußte,* ›was künftiger Ausbildung zugrunde liegen mußte‹.

51,3 *oberwärts:* oberhalb; heute veraltet (Gr 1106); s. auch 101,14.

51,3 f. *vor einem angenehmen Hölzchen:* vor einem anmutigen Hölzchen; im 18. Jh. wird ›angenehm‹ bei Anwendung auf Landschaften im Sinne von ›anmutig‹ verstanden.

51,4 *ein Lustgebäude:* eine Art Sommerresidenz, zum Vergnügen, nicht zu irgendeinem Nutzen geplant. Vgl. auch 58,23–29 *Das Schloß haben die Alten mit Vernunft … gebaut … es liegt geschützt vor den Winden, und nah an allen täglichen Bedürfnissen; ein Gebäude hingegen, mehr zum geselligen Aufenthalt als zur Wohnung, wird sich dorthin recht wohl schicken und in der guten Jahreszeit die angenehmsten Stunden gewähren.*

51,7 *bestreichen:* hier im Sinne von ›ins Auge haben, mit den Blicken erreichen‹; urspr. ›mit Geschossen treffen‹.

51,13 *wohlfeiler:* billiger, preiswerter.

51,15 f. *Notwendig muß etwas Bestimmtes ausgesetzt werden:* Es ist notwendig, sich an eine bestimmte Summe zu halten, d. h. eine solche zu veranschlagen und einzuhalten.

51,19 *Beschluß:* hier: Verwahrung.

51,19 f. *ich zahle die Zettel, und die Rechnung führe ich selbst:* Ich zahle die Rechnungen, und die Bücher führe ich selbst.

Siebentes Kapitel

52,19 *befördern:* fördern, unterstützen.

53,9 *bestellten:* begaben.

53,10 *Kopisten:* Schreiber, vorwiegend jemand, der etwas abschreibt.

53,18–22 *Da zeigte sich denn ... daß die Zeit anfange ihnen gleichgültig zu werden:* Wie Goethe u. a. das Zeitempfinden der Figuren als Spiegel für den inneren Verlauf ihrer Liebe benutzt, ist nachzulesen bei Fink, S. 438–483.

53,19 *chronometrische Sekundenuhr:* eine die Zeit sehr genau messende Uhr; aus griech. χρόνος ›Zeit‹ (nach Kronos, dem Gott der Zeit und Vater des Zeus) und μέτρον ›Maß‹.

53,29 f. *Ingrediens:* Bestandteil einer Mischung oder Verbindung; aus lat. ingredentia ›das Hinzukommende‹.

54,3–56,20 *Ihre Spaziergänge dehnten sich weiter aus ... befand:* Goethes Verwendung der landschaftlichen Motive in diesem Roman als Hilfsmittel zur Darstellung innerer Vorgänge behandelt Dickson, S. 325–349 (zur Bedeutung der *Mühle* s. S. 348). Siehe auch Emmel, »Weltklage und Bild der Welt in der Dichtung Goethes«, S. 168 f.

54,8 *geruhig:* geruhsam.

55,13 *Miniaturbild:* kleines, gezeichnetes oder gemaltes Bild; aus ital. miniatura und lat. miniare ›mit Mennige färben‹ (Wg 2437).

55,29–36 *Ottilie schwieg ... weiß:* Mit der Übergabe des Bildes ist ausgedrückt, daß Ottilie den Bereich des Väterlichen verläßt und in denjenigen Eduards eintritt. Siehe auch Anm. zu 63,5–65,33.

56,12 f. *ein abwechselndes Gehölz:* wohl ein kleiner Wald mit verschiedenen Baumarten.

56,14 *Meiereien:* Landgüter oder Pachthöfe, die vorwiegend Milchwirtschaft betreiben.

56,15 *Vorwerk:* hier in der urspr. Bedeutung ›vor einem Herrenhof gelegener, dienst- oder zinspflichtiger bäuerlicher Kleinbetrieb‹; zur Geschichte dieses Begriffs s. Gr 1927 ff.

56,16 *vertraulich:* anheimelnd; bei Goethe häufig in der heute verschwundenen Bedeutung zu finden (Gr 1962).

56,21 *daselbst:* veraltet für ›dort‹; s. auch 100,5.

57,7 *Interessen:* veraltet für ›Zinsen‹; jedoch heute noch

gelegentlich in dieser Bedeutung zu finden (Wg 1896); vgl. auch engl. interest ›Zinsen‹.

57,11 f. *Charlotte ... konnte ... nicht viel dagegen erinnern:* s. Anm. zu 4,14.

57,16 *Pachter:* Pächter; bei Goethe und Schiller mehrfach in der nicht umgelauteten Form (Gr 1396).

57,20 *Einrichtung:* Plan.

57,32 *gegen dem Schloß über:* dem Schloß gegenüber; bei Goethe findet sich der abhängige Dat. noch meist zwischen dieser zweiteiligen Präposition; s. auch 60,3; 63,21; 105,29; 111,6 f.; 225,32 f.; 228,34; s. dagegen 243,13 f. *Sind wir nur Schatten, die einander gegenüber stehen?*

57,34–58,4 *Ottilie hatte zu dem allen geschwiegen ... bauen:* Schelling-Schär bemerkt zu dieser Stelle: »In dem ›Fingerzeig‹ Ottilies liegt noch so etwas wie ein Anklang an Heiligenlegenden, wo der Bauplatz einer Kirche, eines Klosters, einer Andachtstätte durch höhere Eingebung, deren Werkzeug eben der Heilige ist, bestimmt wird. Tatsächlich gibt es eine alte Tapisserie, die Goethe gesehen haben dürfte und die zeigt, wie der heilige Johannes, sichtbar nur für die Heilige Ottilie, ihr mit dem Finger bedeutet, wo ein Kloster gegründet werden soll« (S. 50).

57,35 f. *vor sie hinwandte:* vor sie hinlegte.

58,31 *nicht bergen:* nicht verbergen.

Achtes Kapitel

59,5 *Riß:* Zeichnung. Urspr. Bedeutung von ›reißen‹: einritzen, Linien ziehen (Furchen, Schriftzeichen).

59,10 *Der Hauptmann machte Eduarden bemerklich:* Der Hauptmann machte Eduard darauf aufmerksam.

59,10–16 *Der Hauptmann ... begehen:* Zum Geburtstagsmotiv s. Anm. zu 20,16–24 und zu 61,25–35.

60,1–11 *Gewöhnlich saßen sie abends ... gekommen:* An dieser Stelle wird deutlich, wie das Motiv von Eduards Vorlesen zu verstehen ist: Eduard gibt für Ottilie aus innerem Antrieb *eine seiner besondern Eigenheiten*

(31,10) auf, d. h., seine veränderte äußere Haltung beim Vorlesen ist von nun an zeichenhaft für seine innere Nähe zu Ottilie. Das Vorlesen wird dazu als ergänzendes Gegenmotiv zu Ottilies Handschrift erkennbar: dort paßt sich Ottilie, hier Eduard an den Partner an. Zusammengenommen ergeben beide Motive ein Zeichen für ihre Wahlverwandtschaft. Vgl. Anm. zu 31,10–32,3.

60,10 *zu Ende:* zum Ende.

60,16–61,6 *An einem Abende ... sehen:* Eduards seltsames Musizieren mit Ottilie hebt sich einerseits von seinem Spielen mit Charlotte ab (19,9–24); andererseits steht es in Kontrast zum Zusammenspiel von Charlotte und dem Hauptmann (61,36–62,13). Goethe benutzt das Musizieren des zuletzt genannten Paares als ein Mittel, um ihre vollkommene Wahlverwandtschaft auszudrücken. Er macht auf diese Weise auch auf das Mangelhafte einer solchen in den beiden anderen genannten Fällen aufmerksam.

61,9 *kindische Handlungen:* kindliche Handlungen. Im 18. und frühen 19. Jh. hat ›kindisch‹ noch nicht die heute gültige abwertende Bedeutung, d. h., es wurde nicht zwischen ›kindisch‹ und ›kindlich‹ unterschieden.

61,12–24 *Denn eigentlich war die Neigung dieser beiden eben so gut im Wachsen als jene ... mehr:* Im Gegensatz zur Neigung von Eduard und Ottilie ist diejenige von Charlotte und dem Hauptmann – so zeigt diese Stelle – von Anfang an auf beiderseitiges Entsagen hin angelegt. Zur Fragwürdigkeit dieses Entsagens s. Emmel, »Weltklage und Bild der Welt in der Dichtung Goethes«, S. 176 f.

61,25–35 *Vermied nun der Hauptmann ... zugehauen:* Die Vorbereitungen, die der Hauptmann zur Feier von Charlottes Geburtstag trifft, sind Teil des von allen geplanten Arbeitsprojekts und stehen von daher in starkem Kontrast zu denjenigen, die Eduard für den Geburtstag Ottilies macht (s. S. 98,11–28). Zum Motivkreis der Geburtstagsfeiern s. Anm. zu 20,16–24.

61,36–62,13 *Die äußere Tätigkeit ... freuen:* Zum harmoni-

schen Zusammenspiel von Charlotte und dem Hauptmann s. Anm. zu 60,16–61,6.

62,11 *mehrere:* Goethe benutzt bei ›mehr‹ zuweilen eine
doppelte Komparativbildung; s. auch 159,8 f. *mit noch*
mehrerem Eifer und 189,13 f. *mit mehrerem als der ge-*
wöhnlichen Liturgie sowie 259,6 *mehrere Menschen.*

Neuntes Kapitel

62,15–66,37 *Der Geburtstag war herbeigekommen ... wor-*
den: Zum Motivkreis der Geburtstagsfeiern s. Anm. zu
20,16–24.

63,5–65,33 *Der Bauherr, die Seinigen ... wurde:* Zur
Bedeutung der Grundsteinlegung innerhalb des Romans
bemerkt Benno von Wiese: »Sie versinnbildlicht die bindenden Kräfte in Natur und Sozietät. Nicht nur die Steine
werden *verkittet.* Die Gründung des Hauses – sie bedeutet Dasein und Halt – steht im bewußten Gegensatz zu
dem dämonisch Auflösenden der elementaren Kräfte.
Goethe sieht die Welt der Steine, *deren Form schon zu-*
sammenpaßt und die *noch besser* durch *diese bindenden*
Kräfte vereinigt werden, und die Welt der Menschen,
einander von Natur geneigt und *noch besser* durch das
Gesetz verkittet, in wechselseitiger Spiegelung. [...] Das
Bleibende und Dauernde, im Haus symbolisiert, ist aber
zugleich mit der *Tiefe* verknüpft. *Es ist ein ernstes Ge-*
schäft und unsre Einladung ist ernsthaft: denn diese Feier-
lichkeit wird in der Tiefe begangen. Die Tiefe, das Ernste
und Geheimnisvolle des Geschäftes deutet wiederum auf
die Mächte hin; sie sind zugleich die Mächte des Todes,
die den Bestand der menschlichen Gemeinschaft bedrohen. Wenn Ottilie die goldne Kette, *an der das Bild ihres*
Vaters gehangen hatte, mit in die Tiefe versenkt, versenkt
sie damit nicht auch den Teil ihres Selbst, der dem Grün-
denden, Gesicherten angehört, und ist nun um so schutz-
loser dem Einbruch des Elementaren preisgegeben? Daß
hier etwas Unrechtes geschieht, darauf deutet auch die

Hast hin, mit der Eduard sogleich den wohlgefugten Deckel aufstürzen und einkitten läßt« (HA VI, 691).

63,16 f. *die Gemeine:* die Gemeinde; zur Goethezeit werden beide Begriffe nebeneinander gebraucht (Gr 3220).

63,22 *Gewerke:* Handwerke; zur Geschichte des Wortes vgl. Gr 5632 ff.; s. auch 66,11.

63,37 *wasser- und senkrechten Lage:* waage- und senkrechten Lage.

63,37 f. *Lot und Waage:* die von Lot und Wasserwaage bestimmten Richtungen, also senkrecht und waagerecht.

64,13 *alsobald:* veraltet für ›alsbald‹.

64,23 *des Steinmetzen:* des Handwerkers, der die Steine für den Bau bearbeitet; ahd. steinmezzo, lat. matio ›Maurer‹ (zur Herkunft s. Gr 2126 ff.).

64,25 *Tüncher:* Anstreicher; während ›Tünche‹ (dünnflüssige Kalkbrühe oder Leimfarbe für den Wandanstrich oder figürlich den äußeren Schein, der etwas verbirgt, bezeichnend) heute noch gebräuchlich ist, kommt die Berufsbezeichnung nur noch selten vor; aus ahd. tunicha ›Gewand‹, lat. tunica, aram. kithuna (Kl 635), verwandt damit ›Kattun‹ (Wg 3638).

64,31 f. *der Boden geplattet ... ist:* der Boden mit Platten belegt ... ist.

64,32 *Zieraten:* Ausschmückungen; aus ahd. ziari ›Zier‹; volksetymologisch an ›Rat‹ angeschlossen, daher zuweilen mit ›rr‹ (Wg 4102).

65,7 *Köcher:* rollenförmiger Behälter, urspr. für Pfeile; ahd. kochar, osttürk. (Sprache der Hunnen) kukur (Wg 2075).

65,8 *allerlei Merkwürdiges:* hier noch in der urspr. nur positiven Bedeutung, ›des Merkens würdig‹, wohl lat. notatu dignus nachgebildet.

65,14 f. *der Nachwelt zu übergeben Belieben trüge:* der Nachwelt gern überlieferte.

65,25 *Riechfläschchen:* kleine Flasche, gefüllt mit Riechsalz, einem belebend wirkenden Gemisch aus Salmiakgeist und wohlriechenden ätherischen Ölen wie Moschus (Drüsenabsonderung des Moschustiers), Lavendel o. ä.; wurde von adligen Damen u. a. zur Abwehr von Ohnmachten benutzt.

65,31 *Kleinode:* kostbare Schmuckstücke (oder figürlich etwas sehr Wertvolles); mhd. kleinot, gebildet aus ›klein‹ in der Bedeutung ›fein, zierlich‹ und der ahd. Ableitungssilbe ›odi‹ (Gr 1121 ff. und Wg 2050).

65,33 *aufgestürzt:* umgedreht (Gr 754 f.).

66,18–37 *Und so leerte er ein wohlgeschliffenes Kelchglas ... worden:* Mit dem Glas aus Eduards Jugend ist ein weiteres Dingsymbol eingeführt, dessen Bedeutung erst im Verlauf der Handlung voll erkennbar wird. Man kann es hier als dingliches Gegenbild zu der in den Grund versenkten Halskette, einem Überbleibsel aus Ottiliens Jugend, auffassen. Nach einem alten Volksglauben wird es als unglückbringendes Zeichen angesehen, wenn ein Glas, das der Handwerker beim Richtfest nach erfolgtem Festspruch auf die Gesundheit der Anwesenden ausleert und über seine Schulter wirft, nicht zerschellt. Goethe dürfte diesen Brauch gekannt haben. Er ändert nur Unwesentliches (Grundsteinlegung nicht Richtfest ist der Anlaß; das Glas wird in die Luft nicht über die Schulter geworfen), hält jedoch dadurch die Bedeutung des Glases für den Leser, dem dieser Brauch bekannt sein sollte, noch in der Schwebe. Siehe auch Anm. zu 122,20–27; 215,34–216,17 und vor allem zu 259,28–260,10.

66,25 f. *herausgeschlagen:* entfernt.

66,37 *verfertigt worden:* angefertigt worden; ›verfertigen‹ wurde in älterer Zeit mehr als heute im Sinne von ›fertigstellen, anfertigen‹ gebraucht (Gr 328 f.).

67,5–15 *Nach dem Innern des Landes zu ... Bergsee:* Die hier gegebene Landschaftsbeschreibung ist bewußt allgemein gehalten und soll weder an eine bestimmte geographische Situation erinnern noch eine solche verschleiern. Siehe auch Anm. zu 3,17–19.

67,16–23 *Nur bitte ich meine Platanen- und Pappelgruppe zu schonen, ... die so schön am mittelsten Teich steht ... lagen:* Hier klingt eines der beiden Motive an, in deren

Bereich die Dingsymbole der Platanen, Pappeln und Teiche gehören: die Bäume werden mit Ottilies Geburt in einen Zusammenhang gebracht. Siehe weiterhin Anm. zu 98,36–99,22; 101,3–103,16 sowie zu 225,32–227,10.

67,34 *erneuen:* alte Nebenform zu ›erneuern‹ (Gr 921), die jedoch heute noch zu finden ist (Wg 1142).

68,5 *Graf:* zur Goethezeit Angehöriger des mittleren Adels; abgeleitet von griech. γραφεύς ›Schreiber‹; urspr. Verwaltungsbeamter des Königs (Burggraf oder Pfalzgraf z. B.) mit richterlichen Befugnissen.

68,17–30 *Der Hauptmann erkundigte sich ... billigte:* Die Frage des Hauptmanns ist Anlaß, den Leser mit der Vorgeschichte der hinzukommenden Figuren, Graf und Baronesse, bekannt zu machen, d. h., sie ist ein erzähltechnisches Mittel. Zur inhaltlichen Funktion dieses Paares s. Hankamer, S. 239 f.

68,37 *Der Aufsatz:* das Aufgesetzte, der Vertrag.

69,2 *Kanzellist:* urspr. Schreibweise von ›Kanzlist‹; ›Schreiber‹, von lat. cancellista (Gr 177).

69,18–71,7 *Die Figur kam näher, und Mittler war es wirklich ... davon:* Mittlers zweiter Besuch erscheint notwendigerweise in nahem Zusammenhang mit demjenigen von Graf und Baronesse. Seine Rede über den *Ehstand* und die Ausführungen des Grafen dazu fallen so eher als Argument und Gegenargument ins Auge. Keine der beiden Stellungnahmen sollte als Meinung Goethes aufgefaßt werden. Innerhalb der fiktiven Welt repräsentieren sie vielmehr theoretische Variationen zum Thema Ehe, die den im Roman ausgeführten Möglichkeiten entgegengesetzt sind.

70,15 *Ehstand:* ältere Form von ›Ehestand‹.

71,2 *Postillons:* In der Goethezeit kommen noch beide Schreibweisen vor: ›Postillon‹ aus frz. postillon und das heute übliche ›Postillion‹ aus ital. postiglione (Gr 2029).

Zehntes Kapitel

71,18 f. *Auch dieses Paar zeigte sich höchst bequem in der Gegenwart:* Auch dieses Paar fand sich leicht in die gegebenen Umstände; zu *bequem* vgl. Anm. zu 19,12.

71,24 *augenblicks:* veraltet für ›augenblicklich‹.

71,33 *Sonderung:* Absonderung, Trennung.

72,2 f. *Frühkleidern:* Morgenkleidern (Gr 294).

72,20 *ehstens:* nächstens; ältere Form zu ›ehestens‹ (Gr 50).

73,27 *begütigt:* beruhigt.

74,7 *Haushofmeister:* Aufseher der Dienerschaft, Leiter eines sehr großen Haushaltes (Wg 1675).

74,9 *Livree:* uniformartige Bedienstetenkleidung aus frz. livrée ›Dienerschaft‹.
   staken: Ind. Prät. der starken Konjug. von ›stecken‹, das intrans. stark, trans. dagegen schwach konjugiert wird.

74,12 *irgend:* irgendwie.

75,1 *Konsistorien:* oberste evangelische Kirchenbehörden, die über die Auflösung von Ehen entschieden; aus lat. consistorium ›Versammlungsort‹.

75,21–77,5 *Wenn ich mir die Jahre zurückerinnere ... gehe:* wenn ich mich an die Jahre erinnere; ›sich zurückerinnern‹ ist in der von Goethe verwandten Weise heute kaum noch üblich (Gr 689) bzw. nur noch umgangssprachlich anzutreffen (Wg 4141). – Hier werden dem Leser Eduards und Charlottes frühere Bekanntschaft und Ehen aus einer neuen Perspektive geschildert. Vgl. auch Anm. zu 7,8–8,1.

76,22 *auszuwirken:* zu erwirken, zu erreichen.

76,27 f. *ein wahrhaft prädestiniertes Paar:* ein wahrhaft für einander bestimmtes Paar, von lat. praedestinare ›im voraus bestimmen‹.

77,17 *eigentlich:* genau gesagt (Wg 997).

77,25 *folgerecht:* folgerichtig, planmäßig, konsequent, logisch (Wg 1312).

78,13 *Rolle:* hier in der urspr. Bedeutung ›Schreibrolle‹, aus lat. rotulus (Gr 1137).

79,11 *besaß sich:* hatte sich in der Gewalt, beherrschte sich; aus frz. se posséder abgeleitet.

79,12 f. *einen gemeinen Fall:* hier in der urspr. Bedeutung von ›einen allgemeinen Fall‹.

79,18 *schließt sich:* schließt sich … an.

79,19 f. *das Bewußtlose:* das Unbewußte, das Unbemerkte.

79,35 f. *von dieser vorhabenden Herbstreise:* ›vorhabend‹ in passivischem Sinn ist der alten Amtssprache entlehnt; verschiedentlich in Goethes Briefen und Tagebüchern und in Werthers Zettel an Albert zu finden: »Wollen Sie mir wohl zu einer vorhabenden Reise Ihre Pistolen leihen?«

80,20 f. *Eduard, der … des Weines nicht schonte:* In älterer Zeit überwiegt der Gebrauch des Gen.-Obj.s mit ›schonen‹, heute der des Akk.-Obj.s.

81,2 *hin und wider:* hin und her; ›wider‹ eigentlich ›gegen‹; vgl. auch das heute noch übliche ›Für und Wider‹.

Elftes Kapitel

81,10 *vorige Zeiten:* frühere Zeiten.

81,11 *gedachte … an:* erinnerte (sich) … an; ›gedenken‹ wird heute nicht mehr mit präp. Obj. gebraucht (Gr 1998).

81,12 *mit vielem Feuer:* mit viel Feuer; ohne nachfolgendes Adj. wird ›viel‹ heute nicht mehr dekliniert.

81,16 f. *Ehrenbezeugung der Sarmaten:* Mit dem hier erwähnten Brauch wird Goethe durch das 1806 erschienene Drama »Das Kreuz an der Ostsee« von Zacharias Werner bekannt geworden sein. Die Sarmaten waren ein iranisches Nomadenvolk, das vor Zeiten in der südrussischen Steppe Sarmatien lebte.

81,28 *bestehen helfen:* habe bestehen helfen.

81,29 *unsre höchsten Herrschaften:* Damit ist ein fiktives Herrscherpaar eines deutschen Landes gemeint, das ebenfalls anonym bleibt. Siehe auch Anm. zu 67,5–15.

82,1 *Hofdamen:* adlige, einem Hof angehörende Damen, Ehrendamen einer Fürstin.

82,12 *Garden:* Leibwache, auch Elitetruppe, meist mit prächtiger Uniform; aus frz. garder ›bewachen‹.

82,17 *die Riesen:* wie *Garden* und *Enakskinder* wohl Anspielung auf die »Langen Kerls«, die Leibgarde von Friedrich Wilhelm I., König von Preußen (1688–1740); die im In- und Ausland oft gewaltsam rekrutierte Garde bestand aus auffallend großen Männern; das etwa 500 Mann starke, in rote Uniformen gekleidete Bataillon wurde nach dem Tod seines Gründers von dessen Sohn, Friedrich dem Großen, als zu teuer und uneffektiv aufgelöst.

82,22 *Enakskindern:* so genannt nach dem sagenhaften kanaanitischen Riesenvolk des Alten Testaments; s. 4. Mose 13,23–34.

82,28 *gerechte Zeit:* die richtige Stunde.

83,14 *Tapetentüre:* mit der gleichen Tapete wie die Wand verkleidete und daher kaum sichtbare Tür.

83,18 f. *Kammermädchen:* Dienerin bei einer Fürstin oder adligen Frau.

83,20 f. *So zünde Sie ... und gehe Sie nur hin:* Form der Anrede, die früher von seiten der Herrschaft gegenüber Bediensteten üblich war.

83,26 *geengt:* Das Verb ›engen‹ (ahd. engan, lat. in angustias compellere) ist heute verschwunden.

83,30 *Halbgeschoß:* hat die halbe Höhe eines vollen Stockwerks; etwa in Schlössern auf beiden Seiten eines hohen Saales zu finden.

83,31 *an seiner Frauen Türe:* ›seiner Frauen‹, veralteter, etwas feierlicher Gen., der sowohl Sing. als auch Pl. sein kann; Goethe wählt wohl diese auch zu seiner Zeit ungewöhnliche Form, um sprachlich die *sonderbare Verwechslung* und Verdoppelung zu spiegeln, die hier und im weiteren Verlauf dieser Szene in Eduards Seele vor sich geht.

84,4 *antizipierte:* nahm in Gedanken vorweg; aus lat. anticipare.

84,8 *die totenhafte Zeit:* ›totenhaft, totenartig‹ sind heute verschwundene Adjektive (Gr 608).

84,12 *auf den Sofa:* Im 18. Jh. ist ›Sofa‹ noch durchgehend maskulin.

85,22–37 *In der Lampendämmerung ... erwachte:* Der hier geschilderte doppelte geistige Ehebruch wird in der Kritik häufig als der Kern oder die »unerhörte Begebenheit« der urspr. wohl als Novelle für die »Wanderjahre« geplanten »Wahlverwandtschaften« angesehen. Dabei ist außer acht gelassen, daß Goethe die Bemerkung zu Eckermann (»... was ist eine Novelle anders als eine sich ereignete unerhörte Begebenheit.« – Eckermann, »Gespräche mit Goethe«, 29. 1. 1827) auf seine »Novelle« und auf die im zweiten Teil dieses Romans eingefügte Novelle *Die wunderlichen Nachbarskinder* gemünzt hat.

Zwölftes Kapitel

86,5 *abnehmen:* entnehmen, ablesen.

86,33 *verschrieben hatte:* bestellt hatte (Gr 1159).

86,35–87,7 *Er war am Ufer des mittelsten Teiches ... Platanen:* Der Kahn, der auch später mehrfach im Geschehen eine Rolle spielt, erscheint hier zum erstenmal. Siehe auch Anm. zu 98,36–99,22.

87,32 *kollationieren:* auf Fehler hin vergleichen.

87,33–88,5 *Die ersten Blätter ... Augen:* Hier kann der Leser erkennen, was Goethe mit dem Handschrift-Motiv ausdrückt: Ottilie hat sich aus innerer Notwendigkeit der Hand Eduards angepaßt; ihre Schrift ist *leichter und freier* geworden. Vgl. auch Anm. zu 27,8–12; 40,19–21 und 44,35–45,2; zum Gegenmotiv bes. 60,1–11.

88,9 f. *umgewendet:* von Grund auf geändert; ins Gegenteil umgewandelt (Gr 1261).

89,7 f. *der ... hinschauernde Windhauch:* Grimm führt das Wort ›hinschauern‹ außer an dieser Stelle nur für eine Übersetzung von »Macbeth« durch Schiller an: »[wenn Macbeth] bebenden Fußes, mit hinschauerndem Auge aus der Schlafkammer wankt« (Gr 1469).

89,8 *Rohre:* Schilfgewächse.

89,25 *bewußtlos:* ohne es zu wissen; heute ist dieser Gebrauch von ›bewußtlos‹ verschwunden (Gr 1791).

90,22 *daß sie unser wert sei: sie* bezieht sich auf *Epoche.*

90,28 *unsre Lage:* die äußeren Lebensumstände.

90,29 *unsre Gesinnung:* die innere Lage, die Wahlverwandtschaft.

hub: hob; veraltete Nebenform des Ind. Prät.

Dreizehntes Kapitel

91,17 f. *ein andres Dokument:* der Ehevertrag.

91,33–92,2 *Alles war still um ihn her ... sind:* Goethe versucht, dem Leser auf diese Weise die Vorgänge in Eduards Innerem zu vermitteln. Der Romankunst des 20. Jh.s steht für solche Fälle als erzähltechnisches Mittel der innere Monolog zur Verfügung.

92,5 *gewältigte:* bewältigte, bezwang; das von Goethe bevorzugte Wort bezeichnete u. a. einen Begriff des bergmännischen Arbeitsbereichs (Gr 5177).

92,10 *mehreren:* weiteren.

92,17 f. *es soll an Ottiliens Geburtstage gerichtet werden:* s. dazu Anm. zu 20,16–24.

93,4 *zu dem Ende:* zu dem Zweck.

93,7 *Zession der Gerechtsame:* Abtretung von Eigentumsrechten an Gläubiger.

94,20 *akkompagniere:* (musikalisch) begleite; aus frz. accompagner.

94,37 *heruntergeführt:* heruntergeweht.

Kammerdiener: Leibdiener eines Fürsten oder adligen Herrn.

95,3 *Billett:* kleines, manchmal versiegeltes Schreiben mit einer Nachricht; aus frz. billet, jedoch auch verwandt mit lat. bulla, urspr. Behälter, in den eine Urkunde verschlossen wurde, oder dessen Siegel bezeichnend (s. z. B. Goldene päpstliche Bulle), später das Schreiben selbst.

95,4 *zwickte:* etwas mit zwei beweglichen Teilen eines

Werkzeugs kurz drücken (Wg 4177); hier ist die Brennschere zum Haarekräuseln das Werkzeug.

95,11–17 *Ottilie versäumte nicht ihm zu antworten ... verlörest:* s. Anm. zu 87,33–88,5.

Vierzehntes Kapitel

96,31 *der sehr schöne Aussichten in die Ferne darwies:* der sehr schöne Aussichten für die Zukunft zeigte (vgl. Gr 805).

97,1 *Charakter als Major:* Majorsrang ohne Pflichten.

97,7 *Einrichtungen:* Vorbereitungen.

97,23 f. *mit Verdingen der Arbeit:* mit vertraglicher Ausgabe der Arbeit; ›eine Arbeit verdingen‹, veraltet für ›eine Arbeit an einen anderen zur Fertigstellung ausgeben‹ (Wg 3791).

97,32 *Selbstler:* selten gebrauchter deutscher Ausdruck für ›Egoist‹.

97,34–99,22 *So arbeitete man immer mit Anstrengung ... Geburt:* Zur Motivkette der verschiedenen Geburtstagsfeiern s. Anm. zu 20,16–24.

98,1 *ihre Glücksumstände:* Sie sind negativ zu verstehen, denn Ottilie ist der Romanfiktion nach Waise und mittellos.

98,17 *in beständigem Verhältnis:* in ständiger Verbindung.

98,20 *den niedlichsten Koffer:* Hier ist ein weiteres Dingsymbol eingeführt, dessen Bedeutung im Verlauf der Handlung schrittweise erkennbar wird. Vgl. Anm. zu 105,1–10.

98,21 *Saffian:* feines, mit dem Gerbstoff Sumach bearbeitetes Ziegenleder; aus poln. safian, türk. sahtjan. Sumach ist ein Gerbstoff lieferndes Holzgewächs; das Wort stammt aus arab. summaq.

98,24 *Feuerwerk:* Zur Funktion des Feuerwerks s. vor allem Anm. zu 103,24–34.

98,32–34 *Ja sogar hatte er wegen des Bettelns ... genommen:* Besonders an dieser Stelle erscheinen Bettler als die

aus der Gesellschaft Verbannten. Zum Motiv des Bettelns
s. Anm. zu 49,9–50,4.

98,34 *genommen:* getragen.

98,36–99,22 *Am mittelsten Teiche ... Geburt:* Was bisher
nur angedeutet war (s. Anm. zu 67,16–23), wird hier
gewissermaßen dokumentarisch belegt: Eduard pflanzte
die Platanen im Jahr und am Tag von Ottilies Geburt an.
Als Dingsymbol gehören sie damit – soviel läßt sich hier
feststellen – zur Motivkette der Geburtstage. Darüber
hinaus macht Goethe mit dieser Stelle auf den Altersun-
terschied zwischen Eduard und Ottilie aufmerksam. Dieser Hinweis ist nicht nur Information. Im Gesamtgefüge
des Romans steht ihr unterschiedliches Alter in Kontrast
zu ihrer geistigen Haltung der Entsagung. Siehe ferner
Anm. zu 101,3–103,16 und 225,32–227,10.

Fünfzehntes Kapitel

99,24–105,10 *Endlich leuchtete Eduarden der sehnlich
erwartete Morgen ... getraute:* Zur Motivkette der verschiedenen Geburtstagsfeiern s. Anm. zu 20,16–24.

99,27 f. *so viel Artiges:* so viel Erfreuliches; vgl. Anm. zu
8,25.

99,30 *Vor Tafel:* vor der Tafel, vor dem festlichen Mittag-
essen; vgl. 100,9 *nach der Tafel.*

99,31 *Kranz:* Richtkranz; wird auf dem ›gerichteten‹ Dach-
stuhl eines neuen Gebäudes zur Feier des Richtfestes
aufgestellt. Nach alter Vorstellung soll der Kranz mit den
bunten Bändern das Glück des Hauses sichern. Siehe auch
Anm. zu 66,18–37.

100,21 *Gesims:* der waagerecht vorspringende Streifen einer
Mauer (Wg 1491).

100,32 *Lauben:* bedeckte Gänge zum Schutz gegen Wind,
Sonne und Regen (vgl. Gr 292).

101,3–103,16 *Sodann, ehe man sich auf den Spaziergängen
zerstreute ... werden:* Hier werden die beiden Hauptmo-
tivkreise des Romans, Geburt und Tod, sowie einige der

dazugehörigen Dingsymbole (Platanen, Teiche, Kahn) zum erstenmal im Zusammenhang erkennbar. Siehe weiterhin Anm. zu 225,32–227,10 und zu 20,16–24.

101,6 *nahm Abrede:* verabredete sich.

102,15 *Chirurgus:* hier in der älteren Bedeutung ›Wundarzt‹; abgeleitet von griech. χειρουργός, das aus χείρ ›Hand‹ und ἔργον ›Werk‹ zusammengesetzt ist. Beides, Chirurgus oder Wundarzt, bezeichnete früher einen Arzt für äußere Krankheiten mit handwerklicher Ausbildung im Gegensatz zu Leibarzt oder Medicus, dem Arzt für innere Krankheiten mit akademischer Ausbildung (vgl. Gr 1769 f.); s. auch Anm. zu 30,17 f. *Feldchirurgus.*

103,2 *Lazarett:* eigtl. ›Militärkrankenhaus‹; aus ital. lazzaro, nach dem kranken Lazarus des Neuen Testaments: Luk. 16,20.

103,3 *Zur Barmherzigen Schwester ist sie zu gut:* ›Barmherzige Schwestern‹ sind Mitglieder evangelischer weiblicher Orden, die sich der Armen- und Krankenpflege widmen, auch ›Diakonissen‹ genannt, aus lat. diaconissa ›Kirchendienerin‹.

103,24 *Raketen:* bis ins 20. Jh. nur ›Feuerwerkskörper‹; allgemein durch Rückstoßantrieb betriebene Flugkörper.

103,24–34 *Raketen rauschten auf ... angehöre:* Rudolf Abeken, der im Januar 1810 die kurz zuvor erschienenen »Wahlverwandtschaften« im »Morgenblatt für gebildete Stände« anonym besprach, urteilte über das *Feuerwerk:* Es »ist zugleich ein Symbol für das Geschick der Liebenden.« (Ausführliches Zitat s. S. 139.) Siehe auch 140,27–35 und 222,32–35.

103,24 f. *Kanonenschläge ... Leuchtkugeln ... Schwärmer ... Räder:* verschiedene Feuerwerkskörper.

103,26 *gischten:* brausten auf; das von Goethe gewählte Wort bezeichnet das Geräusch, das diese Räder verursachen.

103,37–104,9 *Eine Figur ... schien:* Zum Motiv des Bettelns s. Anm. zu 49,9–50,4.

104,2 *versäumt:* hier in der Bedeutung von ›vergessen‹.

104,6 *höchlich verpönt worden:* veraltet für ›bei Strafe
streng verboten worden sei‹; aus lat. poena ›Sühnegeld,
Buße‹; mhd. verpenen ›mit einer Geldstrafe bedrohen‹.

104,7 *Goldstück:* Goethe benutzt bewußt eine allgemeine
Währungsbezeichnung, um einer zeitlichen und geogra-
phischen Festlegung des Geschehens entgegenzuwirken
(vgl. Anm. zu 67,5–15).

104,12 f. *der Knabe ward wieder zum Leben hergestellt:*
Der Knabe wurde erfolgreich wiederbelebt.

104,22 *Entdeckung:* hier: vertrauliche Mitteilung.

104,29 *Er argwohnte:* er argwöhnte; die ältere, nicht umgelautete Form erschien zur Zeit Goethes noch neben der
heute mit Umlaut gebräuchlichen.

105,1–10 *Aber wie erstaunt war Ottilie … getraute:* Der
kleine Koffer und sein Inhalt, Eduards Geburtstagsge-
schenk an Ottilie, bilden einen Kontrast zu Ottilies be-
tonter Bescheidenheit in Sachen Kleidung sowie zu der
Geburtstagsgabe des Hauptmanns an Charlotte. Siehe
Anm. zu 61,25–35 und zu 116,33–117,13; 239,13–15;
245,4–7 und 250,5–17.

105,5 *zu lüften:* emporzuheben; ›lüften‹ ist in dieser Bedeutung heute ungebräuchlich (Gr 1250).
Musselin: feines, leichtes Woll- oder Baumwollgewebe,
meist für Damenkleider; aus frz. mousseline, nach der
ehemals türk. Stadt Mosul.
Battist: feines, leinwandartiges, also aus Flachs oder
Baumwolle hergestelltes Gewebe; vermutlich nach einem
frz. Leinwandweber Baptiste, der im 13. Jh. in Cambrai
gelebt haben soll; heutige Schreibweise: Batist.

Sechzehntes Kapitel

105,13 *gefühltes:* empfundenes.

105,25–109,6 *In diesem Sinne begann sie das Gespräch mit
ihrem Gemahl … Vorschub:* Eine eingehende Analyse des
Gesprächs zwischen Charlotte und Eduard ist nachzule-

sen bei Emmel, »Weltklage und Bild der Welt in der Dichtung Goethes«, S. 181–188.

107,10 *Hofmeister:* bezeichnete früher entweder einen Gutsverwalter, einen Hauslehrer oder den Erzieher eines Prinzen; hier wohl allgemein in der Bedeutung ›Erzieher‹.

109,1 *ohne Vorbewußt:* ohne das vorherige Wissen.

109,2 *Einleitung:* vorbeugende Gesprächswendung.

109,8 *wie schon im Stegreife:* wie schon im Steigbügel, d. h. rasch und ohne lange zu überlegen, vom Pferd herab; ›Stegreif‹ ahd. stegareif urspr. Nebenform zu ›Steigbügel‹ (aus ahd. stegon); heute nur noch in figürlichen Wendungen wie z. B. ›aus dem Stegreif aufsagen‹; der Gebrauch bei Goethe legt nahe, daß sich der Ausdruck in einer Übergangsphase befand.

110,10 *Im Gegenteil:* andererseits, hingegen.

110,13–23 *Als er beim Wirtshause vorbeiritt … Glücke!:* Zur Figur des Bettlers s. Anm. zu 49,9–50,4.

Siebzehntes Kapitel

111,19 *Mundtasse:* Tasse, aus der man gewöhnlich trinkt; wohl eine Wortschöpfung Goethes, da Grimm nur diese Stelle anführt (Gr 2693).

112,27 *bergen:* poet. für ›verbergen‹.

113,35 *beraset:* mit Rasen überzogen; heute verschwundenes Verb, von Goethe noch vielfältig benutzt (Gr 1486).

113,36 *alle rauhe Arbeit:* alle Arbeit am Rohbau, alle Arbeit vor dem Verputz.

114,6–115,3 *Willkommen war ihr daher eine Anstalt … einzuflößen:* Verankert in der Romanhandlung läßt Goethe hier – ähnlich wie mit dem Bettler-Motiv – eine Stellungnahme zu einer Frage seiner Zeit anklingen: Erziehung von Knaben und Mädchen der ärmeren Bevölkerungsschichten als Aufgabe des Adels. In der hier und an anderen Stellen des Romans gezeigten Ausführung dieser Aufgabe spiegelt sich ein Erziehungsgedanke der stabilen

Standesgesellschaft im mittleren Europa vornapoleoni-
scher Zeit. Er sah für Angehörige niederer Stände eine Art
praktischer Ausbildung vor (das, was man gemeinhin mit
Bildung bezeichnet, war dem Adel vorbehalten). Durch
eine solche »Erziehung zur Brauchbarkeit« sollte den
Kindern der Bauern und der Armen geholfen werden,
einen nützlichen Platz in der Gesellschaft zu finden, der
sie davor bewahren konnte, ins Bettlertum abzusinken.
Vgl. dazu die in den Literaturhinweisen angegebene
Schrift von Campe/Villaume sowie Borchmeyer, S. 9–14,
und die Anm. zu 48,31–49,8.

114,10 *eine Art von heiterer Montierung:* eine Art freundlicher Arbeitskleidung; ›heiter‹ im Sinne von ›hell, freundlich‹ gehört zu den Lieblingswörtern Goethes; ›Montierung‹ aus frz. monture ›Ausrüstung‹.

114,15 f. *Man fand an ihnen eine bequeme Dressur:* Sie
ließen sich leicht zum Gebrauch dienlich machen; ›Dressur‹ aus frz. dresser ›zurichten, schulen, zum Gebrauch
dienlich machen‹ (vgl. Gr 1406).

114,17 *Manöver:* hier: Kunstgriffen, einheitlichen Hand-
griffen.

114,18 *Scharreisen:* Gerät zum Scharren oder Kratzen, zum
Entfernen von Unkraut.

114,21 f. *das hohe, große, eiserne Walzenrad:* Gerät zum
Glätten von Wegen oder Äckern.

114,23 f. *eine artige Folge:* Zu ›artig‹ s. Anm. zu 8,25.

114,24 *Fries:* waagerechter, ornamentaler oder figürlicher
Zierstreifen zum Schmuck einer Wand; aus frz. frise
›krause Verzierung‹; lat. frisium ›Franse, Zipfel‹; fränk.
frisi ›Krause‹, nach der Stammestracht, dem Lockenhaar,
der Friesen; vgl. ›frisieren, Friseur‹ (Wg 1348).

114,29 *zeither:* bisher, in letzter Zeit; später von ›seither‹
verdrängt.

114,36 *Korps:* einheitliche Gemeinschaft; aus frz. corps
›Körper, Körperschaft‹.

115,7 f. *denn ihr war es besonders freundlich:* denn zu ihr,
Ottilie, war es (das Mädchen) besonders freundlich.

115,8 *Zu ihr zog es sich:* Das Mädchen fühlte sich von Ottilie angezogen.

115,16 *Die Beeren- und Kirschenzeit ging zu Ende:* Dies ist eine der wenigen, jedoch bewußt gesetzten Zeitangaben des Romans: der Sommer hat das Frühjahr abgelöst. Siehe auch Anm. zu 3,4 f.

115,29 f. *Die jetzigen Herren Obstgärtner sind nicht so zuverlässig als sonst die Kartäuser waren:* Die Kartäuser, Angehörige eines 1084 in La Chartreuse bei Grenoble gegründeten Mönchsordens mit sehr strenger Regel (Einsamkeit, Stillschweigen), hatten zeitweise berühmte Baumschulen in Paris.

115,31 *honette Namen:* ehrliche Namen; aus frz. honnête.

115,35 *Am wiederholtesten:* am häufigsten; wohl von Goethe geschaffener Superlativ.

116,5 *Rabatten:* schmale Beete, besonders als Einfassung von Wegen; aus frz. rabat ›Umschlag‹ (Wg 2839).

116,7 *Flor:* Blumenfülle; aus lat. flos, floris ›Blüte‹.

116,8–15 *Mit welchen Empfindungen ... Mädchens:* s. Anm. zu 3,34–4,4 und zu 20,16–24.

116,9 *die späteren Blumen:* die herbstlichen Blumen, gemeint sind wohl Astern (vgl. 140,21); Astern sind symbolisch Blumen des Sterbens und des Todes.

116,33–117,13 *Ottilie hatte Eduarden nicht entsagt ... ihrigen:* Hier ist, parallel zur sommerlichen Fülle in der Natur und mit ebensolcher Bildhaftigkeit, Ottilies Liebe zu Eduard in ihrer vollsten Entfaltung beschrieben; *auf den Knieen* liegt sie z. B. vor dem geöffneten Koffer und betrachtet dessen Inhalt, den sie an ihrem Geburtstag *kaum zu lüften wagte* (105,5). Der Koffer und sein Inhalt wird hier als Sinnbild für Hoffnung auf das Leben mit dem Geliebten verständlich. Siehe ferner Anm. zu 3,4 f. und zu 105,1–10.

Achtzehntes Kapitel

117,15–26 *Daß jener wunderlich tätige Mann ... war:* Der an dieser Stelle und im weiteren Verlauf des Kapitels deutlich negativ beschriebenen Tätigkeit Mittlers steht seine Bemerkung gegen Ende des Kapitels gegenüber: *auf die warnenden Symptome achtet kein Mensch, auf die schmeichelnden und versprechenden allein ist die Aufmerksamkeit gerichtet und der Glaube für sie ganz allein lebendig.* Das bedeutet, daß diese Figur nicht durchweg negativ konzipiert ist, was sich zudem mit der Namenwahl schlecht vertrüge. Siehe Anm. zu 259,28–260,10.

118,29 f. *so lieb als ein himmlischer Bote:* so lieb wie ein himmlischer Bote; ›als‹ ist heute bei Vergleichen nur nach Komparativ und Superlativ zu finden.

119,27 *auf dem Vorsaale:* auf dem Flur; ›Vorsaal‹ noch heute obersächs. für ›Flur, Diele, Korridor‹ (Wg 3911).

119,36–120,18 *Eine einzige Freude bleibt mir noch ... zerrüttet:* Diese bisher in der Forschung weitgehend unberücksichtigt gebliebene Stelle hat ihre Parallele in Ottilies Traumerscheinungen während Eduards Abwesenheit (s. S. 190,13–37) und ist somit als ein Zeichen für ihre Wahlverwandtschaft zu verstehen.

120,6 f. *Alles was mir mit ihr begegnet:* alles was ich mit ihr erlebt habe (oder: erlebe).

120,7–10 *Bald unterschreiben wir einen Kontrakt ... sich:* s. Anm. zu 87,33–88,5.

120,14 *geängstet:* geängstigt.

120,21 *törigen:* törichten.

121,15 *von den peinlichsten Gefühlen:* von den schmerzlichsten Gefühlen.

121,22 f. *wo jeder Trost niederträchtig und Verzweiflung Pflicht ist:* Im Paralipomenon zu »Faust« heißt es: »Jeder Trost ist niederträchtig / Und Verzweiflung nur ist Pflicht« (Weimarer Ausgabe, Bd. 15, II, S. 183, Nr. 83).

121,23 *ein edler Grieche:* Anspielung auf Homer, Dichter der Epen »Ilias« und »Odyssee«.

121,28 *Spektakel:* Schauspiel.

121,32 *Gladiator:* Schwertfechter bei den altrömischen Kampfspielen; aus lat. gladius ›kurzes, zweischneidiges Schwert‹.

122,20–27 *Sehen Sie dieses Glas! ... hat:* Hier deutet sich Eduard das Glas als ein äußeres Zeichen von seiner und Ottilies Wahlverwandtschaft. Siehe dagegen Anm. zu 259,28–260,10.

124,4–7 *jener Arzt, mein Freund, dem alle Kuren gelangen ... wollte:* Anspielung auf Jung-Stilling; vgl. »Dichtung und Wahrheit« 9., 10. und 16. Buch.

124,26 *womit es sich endigte:* womit es endete.

125,21–24 *Ottilie ... ging in sich zurück ... nicht:* Ottilies Entsagung beginnt hier.

Zweiter Teil. Erstes Kapitel

126,3–9 *Im gemeinen Leben ... erscheint:* Hier macht Goethe noch ausdrücklicher als zu Beginn des ersten Teils das Fiktive seiner Geschichte deutlich (vgl. Anm. zu 3,3 f.). Die Hinwendung zu den Nebenfiguren, die er gleichsam doppelt begründet, bedeutet eine Verlangsamung des Erzähltempos. In den 18 Kapiteln des ersten Teils beträgt die erzählte Zeit etwa ein Vierteljahr (von April bis über das Ende der *Beeren- und Kirschenzeit* hinaus), in denen des zweiten Teils umfaßt sie dagegen 15 Monate. Siehe weiterhin Anm. zu 15,34–17,37 (Benennung der Nebenfiguren).

126,3 *Im gemeinen Leben:* im gewöhnlichen Leben; hier im Gegensatz zu dem Leben zu verstehen, das in Romanen, in der Fiktion dargestellt ist. Vgl. auch Anm. zu 134,3.
Epopöe: aus griech. ἐποποιία ›Verfertigung des Epos‹; wie das Epos urspr. eine längere Götter- oder Heldenerzählung in gleichmäßiger Versform; bezeichnet im 17., 18. und frühen 19. Jh. auch großangelegte Prosadichtungen mit anderen, neuen Inhalten. Da dem Wort und der Gattung Roman zu Goethes Lebzeiten im deutschen

Sprachraum noch etwas Unkünstlerisches, ja Triviales
anhaftete (s. z. B. Lessings Urteil über Wielands »Geschichte des Agathon«: »Es ist der erste und einzige
Roman für den denkenden Kopf von klassischem Geschmack [...] aber für das deutsche Publikum noch viel
zu früh geschrieben [...]«, 69. Stück der »Hamburgi-
schen Dramaturgie«, 29. 12. 1767), vermeidet Goethe, es
zu benutzen, obwohl er gleichzeitig wie Wieland u. a. den
deutschen Roman auf eine vorher nie erreichte Höhe
bringt. Bekannt ist Goethes Definition dieser Kunstform
in »Maximen und Reflexionen«: »Der Roman ist eine
subjektive Epopöe, in welcher der Verfasser sich die
Erlaubnis ausbittet, die Welt nach seiner Weise zu behandeln.«

126,8 *äußert:* offen zeigt.

126,29 *Edelmann:* Adligen.

127,1 f. *Wir erinnern uns ... vorgenommen hatte:* s.
15,21–33.

127,4 *Sockel:* Unterbau an Gebäuden; aus lat. socculus
›leichter Schlupfschuh‹.

127,10 *verglichen:* ausgeglichen.

127,16–18 *wenn er unter den alten Linden, gleich Philemon,
mit seiner Baucis vor der Hintertür ruhend:* Philemon und
Baucis, Gestalten einer griechischen Sage, sind antikes
Vorbild ehelicher Liebe und Treue sowie selbstloser Gast-
freundschaft. Dieses Paar erscheint in der Dichtung Goethes an entscheidender Stelle gegen Ende von »Faust II«
(V, 11043–383) noch einmal.

127,21 *Fleckes:* Fleckens; noch heute sind beide Formen
nebeneinander gebräuchlich.

127,22 *desungeachtet:* dessenungeachtet; heute seltenes
Adv., durch ›trotzdem‹ ersetzbar (Wg 878).

127,23 *gemißbilligt:* mißbilligt; heute fällt bei Verben mit
festverbundenem Präfix (hier miß-) das ›ge-‹ im Part.
Perf. fort.

127,33 *abgesendet:* Noch heute findet sich bei diesem Verb
die schwache Konjugation neben der starken: ›abgesandt‹.

128,2 *vorlaut:* dreist; ›vorlaut‹ urspr. nur in der Jägerspra-
che für ›zu früh Laut gebend‹, später auch figürlich benutzt (Kl 661).

128,2 f. *Prinzipals:* hier: Auftraggebers.

128,5 *Eingang:* Einleitung.

128,23 *Vertraute:* Anvertraute.

129,16 f. *bescheidentlich:* veraltet für ›bescheiden‹.

129,18 *eingeurnt:* Grimm gibt außer der vorliegenden Stelle
nur noch eine in einer »Hamlet«-Übersetzung (I,4) an; es
scheint direkt aus dem englischen inurnd ins Deutsche
übernommen zu sein (Gr 334).

129,20 *Sarkophagen:* prunkvollen Steinsärgen; aus griech.
σαρκοφάγος ›Sarg‹.

129,30 *vergleiche:* ausgleiche.

*und so die Decke, indem alle sie tragen, einem jeden
leichter gemacht werde:* Die dem Architekten in den
Mund gelegte Vorstellung herrschte in der Antike vor; der
griechische über Tote gesprochene Wunsch lautete: »Die
Erde sei Dir leicht!«

130,13 *kleinlichen:* kleinen; wohl hier noch nicht im heute
üblichen abwertenden, sondern im konkret-räumlichen
Sinne von lat. minusculus zu verstehen (Gr 1117).

Obelisken: vierkantige, in einer Spitze endende, freiste-
hende Säulen.

einer abgestutzten Säule: einer verkürzten Säule.

130,14 *eines Aschenkrugs:* einer Urne.

130,19 *schicklichen:* hier wohl in der älteren Nebenbedeutung von ›geschickt‹ zu verstehen.

130,31 f. *Da wird ein Toter geschwind noch abgegossen:* Da
wird von dem Gesicht eines Toten geschwind noch ein
Gipsabdruck genommen.

131,20 *unbewunden:* bei Goethe häufig für ›unumwunden‹.

131,25 *ein selbstischer Scherz:* ein eigensüchtiger Scherz.

131,26 *wenn ... dagegen:* während ... doch; von Lessing
und Goethe zuweilen benutzte Verbindung, die heute
unverständlich ist.

Zweites Kapitel

132,3 f. *nach deutscher Art und Kunst:* Goethe zitiert hier
Herder, in dessen Blättern »Von deutscher Art und
Kunst« 1773 sein Aufsatz »Von deutscher Baukunst«
erschienen war.

132,5 *Man konnte wohl nachkommen:* man konnte wohl
einsehen (oder: verstehen); laut Grimm nur von Goethe
in dieser Bedeutung benutzt (Gr 81).

132,15 *Auferstehungsfelde:* Kirchhofe; wohl Wortschöpfung Goethes (Gr 640).

132,18 *beibehalten:* behalten.

132,20 *Man war nunmehr in dem Falle:* man fand sich
nunmehr in der Lage; dieser wohl dem Frz. (être dans le
cas; se trouver dans le cas) nachgebildete Ausdruck wird
von Goethe häufig benutzt, läßt sich jedoch auch bei
Wieland und Schiller finden (Gr 1274).

132,27 *Gebild:* von Goethe bevorzugte Nebenform zu
›Gebilde‹; hier als Kollektivum zu ›Bild‹, also ›Bilder‹
bezeichnend (Gr 1771).

132,34 *nach seiner Neigung:* ›Neigung‹ bezeichnet bei
Goethe meist das innere Geneigtsein (Gr 579 ff.).

132,37 *versprochenermaßen:* weil er es versprochen hatte;
das Adv.-Suffix ›-maßen‹ (aus mhd. in der maʒe) gilt
heute als veraltet (Wg 2375).

133,4 *Grabhügel der nordischen Völker:* Hünen- oder
Megalithgräber (Gräber aus großen Steinen) waren urspr.
mit Erde überdeckte Grabbauten, die meist die Reste
vieler Toten bargen (Familien- oder Sippengräber). Vgl.
135,35–136,8.

133,9 f. *etwas Putzhaftes:* etwas Geziertes; Wortschöpfung
Goethes; wohl aus lat. ornatus gebildet; durchaus positiv
zu verstehen (Gr 596).

133,15 *Brakteaten:* einseitig geprägte mittelalterliche Mün-
zen, meist aus dünnem Silberblech, jedoch mit Gold
überzogen; aus lat. bracteatus ›mit Goldblech überzogen‹.

Dickmünzen: im Gegensatz zu Brakteaten doppelseitig geprägt und aus dickem, starkem Material.

133,26 *Portefeuille:* Mappe zum Aufbewahren und Transportieren von Kunstblättern; aus frz. porter ›tragen‹ und feuille ›Blatt‹.

134,3 *Das Gemeinste:* das Alltäglichste, das Einfachste; zur Zeit Goethes ist das Wort noch frei von negativer Bedeutung.

134,26–32 *Wir hören von einer besondern Einrichtung … gehören:* Riemer, Goethes Sekretär zur Zeit der Entstehung der »Wahlverwandtschaften«, berichtet dazu: »Der *rothe Faden*, der nun aus den ›Wahlverwandtschaften‹ [...] für alle Welt zur Phrase geworden, hatte für Goethe den realen und reellen Erfolg, dass im Jahr 1813, als die englische Flotte vor der Elbe lag, ein Oberwundarzt derselben, Herr John Forbes, nachdem er in Hamburg von einer Freundin Goethes erfahren, dass dieser in den ›Wahlverwandtschaften‹ von dem rothen Faden der englischen Schiffstaue spreche, in der Freude darüber sich augenblicklich erbot, ein Stück eines solches Taues an den Dichter zu senden, mit der Bitte, er möge es als einen Beweis seiner hohen Achtung annehmen. Es geschah durch eben jene Freundin, und Goethe zeigte es uns am 9. Januar 1814 mit billigem Behagen vor« (Gräf, S. 461 f.).

134,33 *Tagebuch:* hier als Merkbuch (aus lat. diarium) und nicht im Sinne persönlicher Herzensergießungen zu verstehen (vgl. Kl 608).

134,36 *ausgezogenen Sinnsprüche:* herausgeschriebenen, d. h. Büchern entnommenen Sinnsprüche.

135,4 *Aus Ottiliens Tagebuche:* Das Tagebuch ist in diesem Roman erzähltechnisches Hilfsmittel. Es hat die Funktion, dem Leser das innere Wachsen Ottilies in der ersten Hälfte des zweiten Teils sichtbar und somit ihr Handeln in dessen letztem Teil glaubhaft zu machen. Daß die Tagebuchaufzeichnungen auch vom äußeren Gang der Handlung her gesehen an der richtigen Stelle im Gesamtgefüge des Romans erscheinen, zeigt Grete Schaeder:

»Goethe hat diese Aufzeichnungen in den Zeitraum verlegt, in dem zahlreiche Gäste im Haus weilen und Ottilie
vieles in sich aufnehmen und verarbeiten kann – immer
wieder knüpfen ihre Gedanken an die Unterhaltungen der
Schloßgesellschaft an« (S. 316). Eine eingehende Analyse
des Inhalts der verschiedenen Tagebuchstellen und ihre
Verknüpfung mit dem Roman ist nachzulesen bei Nemec,
S. 150–178.

135,5–8 *Neben denen dereinst zu ruhen ... Ausdruck:* vgl.
261,15–19.

136,19 *Überschrift:* hier in der älteren Bedeutung ›Inschrift
über einem Grabmal‹ zu verstehen (Gr 520).

Drittes Kapitel

136,26–33 *Es ist eine so angenehme Empfindung ...
Kapelle:* Goethe unterscheidet hier zwischen dilettanti-
schem und künstlerischem Tun, das Vorhaben des Architekten (das *Ausmalen der Kapelle* z. B.) dem ersteren
zuordnend. Paul Stöcklein erläutert:

»Auch der Architekt imitiert eigentlich nur, und zwar
nicht im echten Sinne der imitatio, der Nachfolge des
Schülers gegenüber dem Meister – Meister leben nicht
mehr –, sondern im Sinne des Klassizismus und Nazare-
nertums. Er ist Kenner, Sammler, Restaurator, Museums-
genie, Ausgräber. Frühere Zeiten schufen die Werke. Die
jetzige erhält und imitiert sie. Es ist Schicksal. Der Erzähler hat liebevollen Respekt vor diesem Tun des Architekten und empfindet doch tragisch den Gruftgeruch der
auch der wieder hergestellten und mit ›altdeutschen‹ Bil-
dern (nach Vorlagen) geschmückten Kapelle anhaftet. Als
die Kapelle mit so viel Liebe und Geschmack erneuert
worden ist, sieht man plötzlich: Eigentlich ist jetzt dieser
Raum nur geeignet, eine Gruft zu sein« (»Stil und Geist
der ›Wahlverwandtschaften‹«, S. 61).

136,32 *Mit so billigen Gesinnungen:* mit solch einer ver-
nünftigen Einstellung; vgl. Anm. zu 46,12.

136,34 *Kartone:* Skizzen, Vorzeichnungen zu einem Wandgemälde, im gleichen Maßstab angefertigt; aus ital. cartone, Vergrößerungsform zu carta ›Papier‹ (Wg 1987).

137,24–26 *Wenn gewöhnliche Menschen, durch gemeine Verlegenheiten des Tags ... aufgeregt:* wenn durchschnittliche Menschen durch alltägliche Ereignisse ... angeregt.

138,9 *hin und wieder legen:* hin und her wenden.

138,10 *bei keiner Ansicht:* in keiner Hinsicht; zur Goethezeit noch mit der Vorstellung des Ansehens verbunden; heute nur noch figürlich.

138,14 *azurne:* tiefblau wie der Lasurstein (Lapis lazuli), aus dem die Malfarbe Aquamarin gewonnen wird; aus ital. azzurro.

138,21–24 *in die Seele ... Eindruck machen:* auf die Seele ... Eindruck machen; Goethe benutzt die ältere, heute verschwundene Wendung.

138,23 *Physiognomie:* äußere Erscheinung eines Menschen, insbesondere der Gesichtsausdruck; aus griech. φύσις ›Natur‹ und γνῶσις ›Erkenntnis‹.

vorgefaßt hatte: sich innerlich vorgestellt hatte (Gr 1027).

138,34 f. *Fruchtgehänge:* Fruchtbüschel einer Pflanze; bei Campe in der »Jenaischen Literaturzeitung« heißt es: »nichts ist gewöhnlicher auf alten Bildwerken, als weibliche Figuren, die zur Schmückung der Altäre und Tempelhallen dergleichen Laub- und Fruchtgehänge von üppigster Fülle getragen bringen.«

139,1 f. *so kam man doch früher ... damit zu Stande:* so wurde man doch früher ... damit fertig.

139,23 f. *sich mochte verborgen haben:* sich verborgen haben mochte; die von Goethe benutzte Wortstellung ist heute ungebräuchlich.

140,3 *einige schöngeschnitzte Chorstühle:* wohl als einzelne Teile eines Chorgestühls zu verstehen; Chorgestühl, Sitzreihen aus Holz, an beiden Seitenwänden des Chors einer Kirche angebracht, von Mitgliedern des Klerus während der Meßfeier benutzt; bes. in Spätgotik und Barock mit reicher Schnitzplastik versehen.

140,4 *schicklich:* geschickt.

140,15–35 *Sie verbarg sich nicht ... finden:* Hier treten
  Geburtstags- und Todesmotiv und einige der sie begleitenden Dingsymbole (*Feuerwerk* bzw. herbstlicher Blu-
  menreichtum, vor allem *Astern*) zusammen auf, wobei das
  Gewicht erstmalig deutlich zugunsten des zuletzt genannten Motivs verschoben ist. Siehe Anm. zu 20,16–24;
  103,24–34 und zu 116,9.

141,16 *Monstranz:* in katholischen Kirchen benutztes Gerät
  zum Zeigen der Hostie an bestimmten Festtagen; meist
  aus Gold, mit edlen Steinen besetzt; aus lat. monstrare
  ›zeigen‹.

141,17 *Schmelz:* Email; besteht aus auf Gold und Silber
  aufgetragenen Farben, die im Feuer (Schmelzofen) zu
  einer durchsichtigen bunten Schicht zusammenschmel-
  zen.

141,31 *einen Willkommen:* ein Willkommen; noch heute
  sowohl mit männlichem als mit sächlichem Artikel anzutreffen.

142,4 *ewige Lampe:* eigtl. das Licht, das in katholischen
  Kirchen vor dem Aufbewahrungsort der geweihten Ho-
  stien brennt.

Viertes Kapitel

143,26 *Brancards:* (frz.) bedeutet hier ›Packwagen‹ in ande-
  rem Zusammenhang auch ›Tragbahre‹.

143,30 *Vorhaus:* bezeichnete zu Goethes Zeiten ein vor
  einem Hauptgebäude liegendes, mit ihm verbundenes,
  aber doch als selbständiges Bauglied gekennzeichnetes
  Gebäude (Gr 1173).
  Vachen: rindslederne Koffer, die auf den Reisewagen
  geschnallt wurden; aus frz. vache ›Kuh‹.

143,30 f. *Mantelsäcke:* veraltet für Reisegepäck, das Mantel
  und Verpflegung enthielt; heute würde man von ›Handge-
  päck‹ sprechen.

143,33 *Geschleppes:* Nach Grimm (3919) ist ›Geschleppe‹
  das Gepäck, das man mit sich schleppt.

143,36 *Geschick:* Geschicklichkeit; seit dem Beginn des 17. Jh.s in dieser Bedeutung anzutreffen.

144,1 *logiert:* untergebracht; aus frz. loger ›wohnen‹.

144,29 *die innern Verhältnisse:* hier sind wohl die finanziellen Verhältnisse gemeint, die nicht der allgemeinen Kenntnis zugänglich sind, aber vor einer Heirat gewöhnlich geklärt werden.

144,32 *da denn:* häufige Wendung Goethes anstelle von ›wobei, woraufhin, so daß‹.

144,34 *Kometenkern:* Ein Komet ist ein Himmelskörper mit Schweif, der sich auf einer langgestreckten Ellipse um die Sonne bewegt; auch Schweifstern genannt; aus griech. κομήτης ›Haar tragend(-er Stern)‹.

145,4 *Vexierspiel:* Spiel, das auf eine Neckerei, eine mehr oder minder harmlose Täuschung hinausläuft (Gr 45); aus lat. vexare ›hin- und herreißen, plagen, quälen‹ (Wg 3869).

145,4–15 *Und obgleich das alles ... machte:* s. Anm. zu 20,16–24.

145,9 f. *ihre eben einfallenden Geburts- und Namenstage:* ihre eben in diese Zeit fallenden Geburts- und Namenstage.

145,20 *Bedächtlichkeit:* Bedächtigkeit; von Grimm nur mit drei Stellen von Goethe belegt, so daß eine Wortschöpfung Goethes anzunehmen ist (Gr 1218 f.).

146,5 f. *daß man sich ... verwandt und verschwägert zu sein glaubte:* dem Lat. se cognatum esse credere nachgebildete Konstruktion. Nach ›glauben‹ oder ›meinen‹ ist dieser Latinismus im 18. Jh. häufiger zu finden.

146,5 *Saalnixe:* Figur aus dem Wiener Singspiel »Das Donauweibchen« von Ferdinand Kauer (1751–1831); von Goethes Schwager Vulpius 1792 für die Weimarer Bühne bearbeitet.

146,19 *Improvisator:* jemand, der ohne Vorbereitung etwas vortragen kann (Rede, Gedicht o. ä.); aus frz. improviser.

146,22 *Artemisia:* Königin von Karien in Kleinasien (um 350 v. Chr.), Gattin des Mausolus, den sie in dem als

Grabmal für ihn errichteten Mausoleum aufrichtig betrauerte. Das Grabmal galt als eines der Sieben Weltwunder des Altertums. Siehe auch Anm. zu 147,7 und zu 147,34.

146,23 f. *Sie ließ sich erbitten:* Sie gab den Bitten nach.

146,25 f. *in Gestalt der königlichen Witwe:* als Artemisia.

146,28 *Reißfeder:* Feder zum Ausziehen von Linien mit Tusche. Vgl. Anm. zu 59,5.

146,30 *Adjutanten:* Helfer; aus lat. adiutans ›helfend, unterstützend‹; hier ausnahmsweise nicht in militärischem Zusammenhang benutzt.

146,33 *Grab des Mausolus:* s. Anm. zu 146,22.

147,1 *Flören:* Pl. Dat. zu ›Flor‹, ›dünner Seidenstoff‹; heute noch gebräuchlich in ›Trauerflor‹.

Kreppen: Pl. Dat. zu ›Krepp‹, ›krauses, genarbtes Gewebe‹; aus frz. crêpe und lat. crispus ›kraus‹ (Wg 2162).

Franzen: Ziersaum von Tüchern, Decken und dergl.; aus mhd. franze, frz. frange; heute ›Fransen‹ geschrieben.

Schmelzen: alte Bezeichnung für kleine, glänzende, schwarze Perlen, Röhrchen oder Steine aus kalziniertem Blei oder Zinn (Jett), die, auf Draht gereiht, früher zur Verzierung von Frauenkleidern verwendet wurden (Gr 1011).

147,6 f. *einem longobardischen ... König:* Die Langobarden (›Langbärte‹), Angehörige eines ostgermanischen Volkes, lebten um die Zeitenwende an der unteren Elbe; sie sollen 17 n. Chr. auf seiten des Arminius gegen die Römer gekämpft haben; um 400 n. Chr. wanderten sie nach Südosten; im Jahre 568 besetzten sie unter Führung ihres Königs Alboin einen Teil Norditaliens; die langobardische Landnahme war die erste germanische Bewegung, die auf Eingliederung in die römische Reichsordnung verzichtete und im eigenen Namen hoheitlich handelte; selbst unter Karl dem Großen (742–814), der das Langobardenreich 773 eroberte, behielt es eine gewisse Selbständigkeit, bis unter Otto dem Großen (912–973) die langobardische Krone mit der deutschen verbunden wurde.

147,7 *einem karischen König:* Karien, lat. Caria, antiker

Name der Küstenlandschaft im südwestlichen Kleinasien
zwischen dem Großen Mäander und dem Dalaman-Fluß.
Über die Bewohner ist wenig bekannt, da ihre Inschriften
noch unentziffert sind. Die Karer, soviel ist gewiß, waren
Vasallen der Perser, später der Seleukiden, seit 189 v. Chr.
unter römischer Oberhoheit. Siehe auch Anm. zu 146,22.

147,34 *Witwe von Ephesus:* literarische Anspielung Goethes
auf eine Geschichte, die in La Fontaines »Contes et
nouvelles en vers« (1665–85) zu finden ist. Dort wird die
Witwe von Ephesus ihrem Vorsatz, nach dem Tode des
Gatten in dessen Gruft freiwillig zu verhungern, sehr
schnell untreu, indem sie sich dort einem Soldaten hin-
gibt. Siehe auch Anm. zu 146,22.

147,37 *in welchen Ton:* in welche Tonart.

148,22 *kam herbeigefahren:* kam schnell herbei.

149,1 *Windspiel:* Windhund.

149,14 *Folioband:* Buch, bei dem der Druckbogen nur einmal gefaltet ist und das daher ein besonders großes Format
(etwa DIN A 1) hat; aus lat. folium ›Blatt‹.

149,20 f. *Galanteriehändler:* (span./frz.) Verkäufer von
modischem Kleidungszubehör wie Schals, Schnallen und
dergl.; von ›Gala‹.

149,23 *Incroyables:* (frz.) die Unglaublichen; selbstgewähl-
ter Spottname einer Gruppe Pariser Modegecken und Stut-
zer zur Zeit der Direktorial-Regierung, also um 1800.

150,5 *Kollation:* (frz.) leichte Zwischenmahlzeit, Imbiß.

150,13 *Maximen und Sentenzen:* Grundsätze und Denk-
sprüche.

150,14 f. *durch ihre eigene Reflexion:* durch ihr eigenes
Nachdenken.

150,16 *irgendeinen Heft:* ›Heft‹ ist bei Goethe stets maskulin.

150,17 *was ihr gemütlich war:* was ihr zusagte, was ihrem
Gemüt entsprach; heute verschwundene Bedeutung des
Wortes ›gemütlich‹.

150,27 *eingezogen:* zurückgezogen.

151,18 *Der Verständige:* der nüchterne Verstandesmensch.

151,35 *Phönixe:* Der Phönix ist ein Vogel der ägyptischen
Mythologie, der sich im Feuer verjüngt und deshalb
Sinnbild der Unsterblichkeit ist; aus griech. φοῖνιξ
›Purpur‹.

Fünftes Kapitel

152,12 *Mitteilend:* freigebig.

154,11 *unter lauter Komplimenten:* vor lauter Rücksicht-
nahme.

154,20 *Noterben:* andere als die natürlichen Erben (die Hin-
terbliebenen, vor allem die Kinder), also vom Gesetz
bestimmte Erben.

154,25 *Hautelisseteppich:* mit senkrecht aufgezogener Kette
gewobener Teppich, also Gobelin oder Bildteppich; aus
frz. haute und lisse ›Schaft mit senkrecht aufgezogener
Kette‹ (Wg 1678).

154,26 f. *bis zum frivolsten … Kupferstich:* bis zum leicht-
fertigsten … Kupferstich; aus frz. frivole ›leichtfertig,
oberflächlich‹.

155,3 *uneingedenk:* nicht gedenkend.

155,36 *höchlich:* veraltet für ›sehr‹.

156,3 f. *bei ihren extemporierten Festen:* bei ihren aus dem
Stegreif veranstalteten Festen; aus lat. extempore ›aus dem
Augenblick, aus dem Stegreif‹.

156,4 f. *Ressourcen:* Hilfen, Beiträge, rettende Einfälle.

156,10–14 *Weiter als zu einem Altar … gedachte:* s. Anm.
zu 20,16–24.

156,33–157,17 *Indessen je tiefer der Winter sich senkte …
Herzen:* Winterliche Jahreszeit und Ottilies schwindende
Hoffnung auf eine Verbindung mit Eduard treten hier,
von Goethe bewußt gesetzt, zusammen auf. Über Paralle-
lität von Natur mit innerem und äußerem Geschehen s.
Anm. zu 3,4 f.; s. ferner Anm. zu 116,33–117,13 (der
erste Sommer) und zu 140,15–35 (der erste Herbst).

157,2 *zogen sich herbei:* fühlten sich stark angezogen.

157,18–158,15 *Luciane hörte kaum … sei:* Goethe zeigt

Belisar
Kupferstich nach van Dyck

Lucianes extreme Selbstbezogenheit u. a., indem er sie nicht wie die anderen im Duett musizieren läßt. Sie begleitet ihren Gesang selbst auf der Gitarre. Trotz ihres geschickten Spiels und der angenehmen Stimme ergibt sich kein harmonisches Konzert. Die oberflächliche Gesellschaft vernimmt die Diskrepanz nicht. Das bleibt einem zufällig anwesenden Dichter vorbehalten. Im Gesamtgefüge des Romans gesehen, bringt diese Stelle auch einen der zahlreichen und auffälligen Kontraste zwischen Luciane und Ottilie.

157,34 *sondieren:* vorsichtig ausforschen; aus frz. sonde ›Lot, Senkblei‹.

158,2 *Unterdessen:* hier: jedoch.

158,21 f. *Deklamatorien:* Rede- und Vortragsübungen; wohl Wortschöpfung Goethes; aus ›Deklamator‹ abgeleitet.

159,10–20 *Man suchte nun Kupferstiche nach berühmten Gemälden; man wählte zuerst den Belisar nach van Dyck ... nicht vergessen: Belisar*, ein oströmischer Feldherr im 6. Jh., besiegte die Vandalen und Ostgoten; er soll auf Befehl des undankbaren Justinian geblendet worden sein. Antonis *van Dyck*, Maler des flämischen Barock, lebte von 1599 bis 1641. Der Kupferstich ist auf S. 57 abgebildet. Eine Diskussion der Bilder ist nachzulesen bei Nemec, S. 78–94.

159,34 *Eine bedeutende Musik:* s. Anm. zu 9,19 f.

160,6–17 *Es war die bekannte Vorstellung von Poussin: Ahasverus und Esther ... Vollkommenheit gewann:* Die Geschichte von *Ahasverus und Esther* ist im Buch Esther des Alten Testaments aufgezeichnet. Dort wird Esther vor Ahasverus zweimal ohnmächtig, bevor sie es über sich bringt, ihm ihre Zugehörigkeit zum jüdischen Volk zu gestehen. Nicolas *Poussin*, französischer Landschafts- und Historienmaler, lebte von 1594 bis 1665. Der Kupferstich ist auf S. 59 abgebildet. Eine Diskussion der Bilder ist nachzulesen bei Nemec, S. 78–94.

160,18–30 *Als drittes hatte man die sogenannte väterliche*

Esther vor Ahasverus
Kupferstich nach Poussin

Ermahnung von Terborch gewählt, und wer kennt nicht den herrlichen Kupferstich unseres Wille von diesem Gemälde? ... im Begriff ist: Gerard *Terborch,* holländischer Genremaler, lebte von 1608 bis 1681. Johann Georg *Wille* (1715–1808) war ein hessischer Kupferstecher, der in Berlin und Paris lebte. Der Kupferstich ist auf S. 62 abgebildet. Eine Diskussion der Bilder ist nachzulesen bei Nemec, S. 78–94.

160,24 *Atlaskleide:* Seidenkleide; Atlas ist ein Seidengewebe mit glänzender Ober- und matter Unterseite; aus arab. atlas ›glatt‹.

161,10 *tournez s'il vous plaît:* (frz.) bitte herumdrehen, bitte umwenden.

161,20 f. *niederländische Wirtshaus- und Jahrmarktsszenen:* von niederländischen Malern dargestellte Wirtshaus- und Jahrmarktsszenen.

162,3 *zur Richtigkeit:* in Ordnung.

162,4 *das Karneval:* den Karneval; zur Zeit Goethes trat der sächliche Artikel noch neben dem maskulinen auf.

162,16 *auf polnische Art:* auf gemeinsame Kosten.

162,24 *Treibjagen:* Jagen, bei dem in einem von Jägern umstellten Gebiet das Wild von den Hunden aufgescheucht und von den Treibern auf die Schützen zugetrieben wird.

163,14 *billige Menschen:* vernünftige Menschen; vgl. Anm. zu 46,12.

164,6 *Ungeschicktes:* Unschickliches.

165,1–4 *Es gibt ... wissen:* Goethe entnahm diesen Satz wahrscheinlich den 1787 erstmalig gedruckten Briefen des Fräulein von Aissé (1695–1733).

Sechstes Kapitel

166,1 *Selbstigkeit:* Eigenliebe, Selbstsucht, Egoismus; der von Goethe benutzte Ausdruck ist heute verschwunden.

166,21 *da denn:* wobei; s. Anm. zu 144,32.

166,25 *einreden:* hineinreden.

166,30 *jene Partie:* jene Geselligkeit, jenes Fest.

167,2 *Gegen jedes allein:* gegen jeden allein.

167,10 *versah sie es:* machte sie es falsch.

167,15 *Apprehension:* Besorgnis, Befangenheit; aus lat. apprehendere ›ergreifen‹; bei Goethe häufig in der Bedeutung ›Besorgnis, Furcht, Abneigung‹.

167,32 *einer öffentlichen Anstalt:* einer öffentlichen Heil- und Pflegeanstalt.

168,25 f. *ein anmaßlicher Politiker:* einer, der sich anmaßt, Politiker zu sein.

168,33 *etwan:* heute verschwundene Nebenform zu ›etwa‹, beide Wörter haben verschiedene mhd. Wurzeln (Gr 1181 ff.).

169,5 *Kustoden:* Pl. zu ›Kustos‹, Vorsteher oder Oberaufseher einer privaten oder öffentlichen Sammlung; aus lat. custos ›Hüter, Wächter‹; verdeutschte Bedeutung ›Küster, Kirchendiener‹.

169,11 *Nicht wohl:* nicht gut.

169,12 f. *in Gefolg:* als Folge; beides ›in Gefolg‹ und ›im Gefolg‹ sind heute verschwundene Wendungen; Goethes Gebrauch bezeichnet meist eine Reihe von Ursache und Wirkung, als hätte er ›Gefolg‹ als Kollektivum zu ›Folge‹ verstanden (Gr 2151).

169,16 *also:* so, folgendermaßen.

169,18 *empfindlich:* hier: schmerzhaft.

169,31–37 *Die Weihnachtsfeiertage nahten sich ... werden:* s. Anm. zu 20,16–24.

169,33 *Präsepe:* (lat.) Krippe und allgemein Darstellung der Geburt Christi in der Kunst.

170,10 f. *sich jener heiligen Gestalt anzumaßen:* ›sich anmaßen‹ wurde zu Goethes Zeiten noch mit Gen.-Obj. gebildet (Gr 405); heute nur noch mit Akk.-Objekt.

170,16 *statt alles Labsals:* an Stelle aller Erholung; heute besser: alle Erholung zu ersetzen; aus mhd. labesal, zu mhd. laben ›waschen, erquicken‹.

170,36 *ätherischer Leib:* zarter Leib; von lat. aether ›flüchtiger Stoff‹.

INSTRUCTION   PATERNELLE

Dedié à Sa Majesté   Marie Thérèse
Imperatrice Douairière Reine Apostolique   de Hongrie et de Boheme &c.
& c. de Rubenstein &c.   Archiduc &c. &c. &c.

Väterliche Ermahnung
Kupferstich nach Terborch

170,37 *lichtsbedürftig:* des Lichtes bedürftig; wohl Wortschöpfung Goethes.

171,9 *hinzublinzen:* hinzublinzeln; ›blinzen‹ aus der gleich-
lautenden mhd. Form ist noch heute Nebenform zu ›blin-
zeln‹ (Wg 713).

171,16 f. *er wäre in Sorge gestanden:* er hätte Sorge gehabt.

171,31 *Ihre Augen strömten von Tränen:* Tränen strömten
aus ihren Augen; die von Goethe benutzte Wendung
war seit dem 18. Jh. beliebt und im 19. Jh. noch gebräuchlich.

172,3 *eine unmäßige Erleuchtung:* eine das Maß des
Gewöhnlichen weit übersteigende Beleuchtung; die urspr.
neben der negativen bestehende und von Goethe hier
wohl gemeinte positive Bedeutung von ›unmäßig‹ ist heute verschwunden.

172,7 f. *Kunstmummerei:* Kunstverkleidung; ›Mummerei‹
ist ein heute verschwundener Begriff.

172,11 f. *darein:* verstärktes ›darin‹.

172,13 *Hellung:* heute durch ›Helle‹ ersetzter Begriff
(Gr 976).

172,25 *und regte die Frage auf:* und regte die Frage an; vgl.
Anm. zu 10,17.

172,27 *unter:* in.

Siebentes Kapitel

173,20 *gegenwärtig:* in seiner Gegenwart; wohl aus stilisti-
schen Gründen wechselt Goethe den Ausdruck innerhalb
des Satzes (s. *nach seiner Entfernung*).

173,32 *dem es bei ihnen wohl werden sollte:* der sich bei
ihnen wohl fühlen sollte.

174,11 *so machte sich:* so ergab sich.

174,36–179,5 *Charlotte, die seine Gesinnungen schon im
ganzen kannte ... wird:* s. Anm. zu 114,6–115,3.

175,4 f. *mit gesetzlichen Bewegungen:* mit geregelten Bewegungen (Gr 4081).

175,28 *ungehörig:* unangemessen, abwegig, nicht zur Sache

gehörig; in diesem besonderen, heute verschwundenen Sinne bei Goethe häufiger zu finden (Gr 713 f.).

175,31 *verrücken:* ablenken, abbringen.

176,17 *strackeres Betragen:* strammeres, geraderes Betragen; von mhd. strac ›gerade‹.

176,22 *überein:* gleich.

177,19 f. *heben Sie ... heran:* ›heranheben‹ verbindet hier die Bedeutung von ›heranziehen‹ mit ›erziehen, emporführen‹ aus lat. educare ›herausführen‹.

177,24 f. *auf den Schein:* zum Schein.

177,32 f. *Man erziehe die Knaben zu Dienern und die Mädchen zu Müttern, so wird es überall wohl stehn:* Diese Behauptung untersucht Geerdts, S. 125 f.; s. auch Anm. zu 114,6–115,3.

178,33 *den frommen Wunsch:* den unschuldigen Wunsch (Gr 243).

179,4 *wo nicht von uns selbst:* wenn nicht von uns selbst; ›wo‹ als Konjunktion gilt in dieser Bedeutung heute als veraltet (Wg 4035).

179,10 f. *Der junge Mann hatte ... einer Gehülfin, einer Gattin erwähnt:* ›erwähnen‹ wird heute nicht mehr mit Gen.-Obj., sondern mit Akk.-Obj. benutzt.

179,23 f. *eine einstimmende Gattin:* eine zustimmende Gattin.

179,37 f. *in den Fall kamen:* in die Lage versetzt waren; vgl. Anm. zu 132,20.

180,5 *in ihren neuen Verhältnissen:* s. S. 157,3–11.

180,19 *bei dem neulichen Besuch:* ›neulich‹, aus mhd. niuwelîche, urspr., wie auch heute wieder, nur als Adverb zu finden; bei Goethe daneben zuweilen als Adjektiv.

180,34 *klüglich:* auf kluge Weise.

Exkursion: urspr. ›kleiner wissenschaftlicher Ausflug‹.

181,3 *ungünstig:* ungeneigt; heute verschwundene Nebenbedeutung von ›ungünstig‹ (Gr 1039).

181,6 *ihm ... fühlen lassen:* im 18. Jh. statt des heute gebräuchlichen Akk.-Obj.s häufig Dat.-Obj.

181,34 *in Absicht:* in Hinsicht.

183,10 *Verschrobenheit:* eigtl. ›Verschraubtheit‹, aus nd.
verschrauben ›falsch schrauben‹.

183,11 *Karikaturen:* bildliche Darstellungen, die eine
Eigenschaft oder ein Merkmal stark übertreiben und dadurch lächerlich machen; aus ital. caricatura ›Überla-
dung‹, zu caricare ›beladen‹ (Wg 1981).

183,21 *Kompatrioten:* (frz.) veraltet für ›Landsmänner‹.

183,34 f. *Es wandelt niemand ungestraft unter Palmen:*
Diese Stelle ist, wie die von dem roten Faden, der ein
Ganzes durchzieht (S. 134,26–32), im deutschen Sprachraum sprichwörtlich geworden. In Büchmann, »Geflügel-
te Worte«, wird die Bedeutung der *Palmen* mit ›Region
der Ideale‹ erklärt. In der griechischen Mythologie ist die
Palme ein Attribut des Gottes Apollo, während sie im
christlichen Bereich als Zeichen für den Triumph über
Sünde und Tod gilt. Im Orient waren Palmen allgemein
Siegeszeichen, bei den Römern Embleme für militärischen
Erfolg. Keine dieser Deutungen scheint die Stelle zufrie-
denstellend zu erklären. Auf die Ambivalenz des Satzes,
dem paradiesischen Reiz des unter Palmen Wandelns und
der damit verknüpften eigenartigen Forderung nach Strafe, sowie auf die Verbindung mit dem Romanganzen
weist Gerhard Schulz (in: »Der Reiz der Wörter«,
S. 228–231) hin. Ein literarisches Echo dieses Satzes ist im
12. Kapitel von Theodor Fontanes »L'Adultera« (1882),
einem Ehebruchsroman mit positivem Ausgang, zu finden; der Autor benutzt ihn dort, leicht abgewandelt
(»Man wandelt nicht ungestraft unter Palmen.«), als ein
erzähltechnisches Mittel, das seinen mit Goethes Werk
vertrauten Leser über das Ende des Romans zunächst
irreführen kann.

184,7 *Humboldten:* Gemeint ist Alexander von Humboldt
(1769–1859), führender Naturforscher und -schilderer
seiner Zeit und ein Freund Goethes; Goethe schrieb ihm
am Tag nach der Beendigung der »Wahlverwandtschaften«: »Sie werden gewiß freundlich aufnehmen, daß darin
Ihr Name von schönen Lippen ausgesprochen wird. Das,

was Sie uns geleistet haben, geht so weit über die Prose
hinaus, daß die Poesie sich wohl anmaßen darf, Sie bei
Leibesleben unter ihre Heroen aufzunehmen.«

184,8 *Naturalienkabinett:* s. Anm. zu 35,12.

184,10 *Priesterkaste:* ›Kaste‹ bezeichnet einen von anderen
gesellschaftlichen Ständen abgeschlossenen Stand mit
strengen religiösen, wirtschaftlichen oder ähnlichen Nor-
men; aus lat. castus ›rein, keusch‹ (Wg 1992).

184,23 f. *was ihm nützlich deucht:* ›deucht‹ ist eine Nebenform zum Verb ›dünken, däuchte, gedäucht‹, verwandt
mit ›denken‹.

184,24 f. *das eigentliche Studium der Menschheit ist der*
Mensch: ein damals oft zitierter Vers aus Popes »Essay on
Man«, II,2: »The proper study of mankind is man.«
Alexander Pope (1688–1744), englischer Dichter des Klassizismus, entwarf im Essay »Versuch über den Menschen«
(1732–34) ein Gesamtbild des Menschen, den es als Mittelpunkt der gesetzmäßig aufgebauten Natur zu erfor-
schen gelte. Die das All leitende höchste Vernunft werde
stets für einen Ausgleich der verschiedenen Kräfte – auch
der Übel – sorgen.

Achtes Kapitel

185,2 f. *Tage, an welchen der scheidende Winter den Früh-*
ling zu lügen pflegt: Hier ist eine weitere der wenigen
Zeitangaben im Roman zu finden: Der Winter ist fast
vorüber und das zweite Frühjahr der erzählten Zeit wird
bald beginnen. Vgl. auch Anm. zu 3,4 f.

185,5 f. *die sich ... herschrieben:* die ihren Ursprung ...
hatten; seit der letzten Hälfte des 18. Jh.s gebräuchlich
und wohl bildlich angelehnt an die urkundliche Beglaubi-
gung einer Tatsache oder eines Rechtsverhältnisses
(Gr 1164).

186,2 *das goldne Zeitalter:* das erste Weltalter, ehe noch der
Luxus und dessen Gefolge, die Laster, den Menschen
bekannt waren. Bei Martin Opitz (1597–1639) heißt es:

»Da noch kein Gold nicht war, da war die güldne Zeit«
(Johann Christoph Adelung, »Grammatisch-Kritisches
Wörterbuch der Hochdeutschen Mundart«, T. 2,
Sp. 745). Damit ist ein im Rückblick auf jene Zeit entstan-
denes Idealbild gezeichnet, das nicht nachzuprüfen ist;
vergleichbar heute etwa dem Ausdruck und der Vorstellung von der ›guten alten Zeit‹.

187,33–190,12 *Ein Sohn war glücklich zur Welt gekommen:*
s. Anm. zu 20,16–24.

188,6–190,3 *Der erste von allen Freunden ... war Mittler
... ansprechen:* Zu dieser Stelle bemerkt Stöcklein: »Auch
die Problemlinie des modernen Selbstbetrugs, wie sie den
Roman durchzieht, gipfelt in dieser Figur. Der Bibelfeste
spricht die Worte des Lebens, aber sie sind ohne Leben;
ohne helfende Kraft. Sie hindern, verwirren, töten...
Mittlers Selbstbetrug ist noch tiefer als der Eduards. Sein
Gespräch reproduziert Worte Gottes oder Lehrworte der
Gesittung. Es gehört in die Welt der abgelösten Nachah-
mungen, Vervielfältigungen. Er hat die fertigen Lösungen
für die Konflikte, die es geben kann. Er denkt und handelt
fast maschinell. Die Vorzüglichkeit seiner Grundsätze
erspart ihm das wirkliche Eingehen auf die konkrete
Situation, erspart ihm die Liebe. Er benützt die christliche
Lehre, um sich der christlichen Pflicht zu entheben. –
Seinem ahnungslosen Frevel, als die Phraseologie seiner
Taufpredigt das Kind als Heiland des Hauses begrüßt,
antwortet der Himmel sofort auf mirakulöse Weise mit
der Todesschickung. Er warnt die Menschen: Hütet euch
vor diesem Menschen! Niemand versteht es. Charlotte
wird ihn weiter mit Mittlergeschäften beauftragen, deren
jedes Unheil sät. Der Name des Entzweiers ist Mittler«
(»Stil und Sinn der ›Wahlverwandtschaften‹«, S. 61).

188,16 *Otto sollte das Kind heißen:* s. Anm. zu 3,3 *Eduard*.

188,23 *gehobenen:* behobenen, beseitigten.

188,27 *Meldungsschreiben und Gevatterbriefe:* Amaranthes
»Frauenzimmerlexikon« aus dem Jahre 1715 erläutert *Gevatterbriefe* wie folgt: »G. ist dasjenige höflich geschrie-

bene oder auch oft gedruckte Schreiben, worinnen der
Kindtaufenvater derjenigen Person, so er zum Taufzeu-
gen erkieset, die glückliche Entbindung seines Weibes
entdecket und mit Benennung des Tages, Ortes und Stunde sie freundlich ersuchet, solches Amt und heiliges Werk
willig auf sich zu nehmen« (Gr 4663). *Meldungsschreiben*
sind Briefe, die Verwandten und Bekannten Geburt und
Taufe anzeigen.

188,30 f. *der ... mißwollenden und mißredenden Welt:*
›mißwollen‹, übel wollen; ›mißreden‹, falsch oder übel
reden; beide Ausdrücke sind heute verschwunden.

188,36 *beschränkt:* auf wenige Teilnehmer beschränkt.

189,3–11 *Das Gebet war verrichtet ... war:* s. dazu
S. 85,22–37.

189,7 *zunächst:* danach, als nächste Person.

189,31–34 *Und Sie, mein würdiger Altvater ... gesehen:* Bei
Luk. 2,25–30 heißt es anläßlich der Darstellung Jesu im
Tempel: »Und siehe, es war ein Mann zu Jerusalem, mit
Namen Simeon, und dieser Mann war gerecht und gottes-
fürchtig und wartete auf den Trost Israels, und heiliger
Geist war bei ihm. Es war ihm vom Heiligen Geiste
offenbaret worden, daß er den Tod nicht sehen werde, bis
er den Gesalbten des Herrn gesehen. Und er kam aus
Antrieb des Geistes in den Tempel; und als die Eltern das
Kind Jesus hineinbrachten, um dafür zu tun, was nach
dem Gesetze Gewohnheit war, nahm er es auf seine
Arme, pries Gott und sprach: ›Nun entlässest du, Herr,
nach deinem Worte deinen Diener im Frieden; denn
meine Augen haben dein Heil gesehen‹.«

189,32 *Altvater:* Patriarch, Erzvater; biblische Bezeichnun-
gen für die Stammväter Israels, die Ältesten oder die
Leiter des Volkes.

190,13–37 *Führten sie ... Verhältnis:* s. Anm. zu 119,36 bis
120,18.

Neuntes Kapitel

191,2 *Der Frühling war gekommen:* s. Anm. zu 185,2 f.

191,4 *ihres Vorsehens:* ihrer Vorsorge.

191,15 *zu ein:* ein zu; das Voranstellen einer Präposition vor den unbestimmten Artikel ist beim jungen Goethe häufiger als in seinen späten Werken zu finden.

191,28 *wirkte:* arbeitete.

191,34 f. *Orangerie:* Gewächshaus zum Züchten von Orangen; in Mitteleuropa Bestandteil der barocken Schloßarchitektur; vgl. auch Mörikes Novelle »Mozart auf der Reise nach Prag«.

191,35 *Nelken- und Aurikelnstöcke:* ›Nelke‹, Gattung der Nelkengewächse; aus mittelniederdt. negelkin ›Nägelchen‹, auf die Fruchtform der Gewürznelke anspielend (Wg 2559). ›Aurikel‹, Primelart; aus lat. auricula ›Öhrchen‹ (Wg 496).

192,1 *die neuen Zierbäume:* Sie sind im ersten Satz des Romans eingeführt und werden 115,24–34 wieder erwähnt.
     Modeblumen: Damit sind wahrscheinlich die mehrfach erwähnten Astern gemeint; vgl. S. 140,21 und Anm. zu 116,9.

192,3 *nach der Zeit:* mit der Zeit.

192,6 *verschreiben:* bestellen (Gr 1159).

192,8 *mit den Handelsgärtnern:* mit Gärtnern, die mit den Erzeugnissen ihres Gartens Handel treiben (Gr 381); heute verschwundener Begriff.

192,16–26 *Indem nun die Pflanzen immer mehr Wurzeln schlugen...ergriff:* s. Anm. zu 3,4 f. und zu 116,33–117,13.

193,4 *Sträuchen:* Sträuchern.

193,26 *Astern:* s. Anm. zu 116,9.

193,35 *auszuzeichnen:* herauszuschreiben.

194,6 *das Jahresmärchen:* der Jahresablauf als Märchen verstanden; Grimm gibt nur diese Stelle als Beleg (Gr 2240), d. h., es handelt sich wohl um eine Wortschöpfung Goethes.

194,7 f. *an seinem artigsten Kapitel:* im Frühjahr; zu ›artig‹
s. Anm. zu 8,25.

194,8 *Veilchen und Maiblumen: Veilchen*, Pflanzengattung
mit gespornten Blüten; aus lat. viola. *Maiblumen*, zu den
Liliengewächsen gehörende Pflanze. Schelling-Schär
weist darauf hin, daß Goethe im Frühjahr 1809, also
während seiner Arbeit an den »Wahlverwandtschaften«,
von der jungen Pauline Gotter, einer Freundin von Sylvie
von Ziegesar, einen Strauß von *Veilchen und Maiblumen*
zugesandt bekam (S. 95). Züge von beiden jungen Frauen
sollen u. a. bei der Gestaltung der Ottilie-Figur eine Rolle
gespielt haben. Siehe ferner Kap. II, S. 89.

194,9 *Vignetten:* kleine Verzierungen auf einem Titelblatt;
aus frz. vignette ›Verzierungsbildchen‹, Diminutiv zu
vigne ›Rebe, Weinranke‹ (Wg 3875).

194,12–21 *Wir schelten die Armen … dürfen:* Zum Bettel-
Motiv vgl. Anm. zu 49,9–50,4.

194,13 *sich … herumlegen:* herumliegen; der von Goethe
benutzte Ausdruck ist heute verschwunden.

195,1 *hinüber:* hinaus.

195,4 *Comédie à tiroir:* Schubladenstück, wegen einer nur
planlosen Folge von Szenen nicht für die Bühne, sondern
nur für die Schublade geeignet.

Zehntes Kapitel

196,2 *preiswürdig:* hier in der heute nur noch seltenen
Bedeutung ›des Preisens würdig, lobenswert‹.

196,4 *irgend eine Anlage:* irgendeinen Plan.

196,31 *Tischer:* Tischler; Goethe gebraucht stets die ältere
mundartliche Form.

196,32 *Tapezier:* Tapezierer; aus ital. tappezare ›bekleben,
verkleiden‹.
Patronen: Schablonen.

196,34 *im Stande:* in Stand gesetzt, fertig.

196,35 *in:* wegen.

197,5–10 *Ottiliens liebster Weg … zeigte:* Diese Stelle

bereitet das auf S. 223,11–227,10 beschriebene Geschehen vor.

198,7 *indessen:* indem.

198,13 *außer den geselligen Stunden:* Gemeint ist: auch außerhalb der geselligen Stunden.

198,15 f. *die malerischen Aussichten des Parks in einer tragbaren dunklen Kammer aufzufangen:* Zur Zeit Goethes bediente man sich einer *dunklen Kammer*, auch Camera obscura (Lochkamera) genannt, um scharfe Vorlagen zum Zeichnen oder Malen zu erhalten.

198,25 *Lokal:* Örtlichkeit.

199,5 *eigens:* eigentümlich.

199,18 *Indien:* Teile Indiens waren seit 1757 unter britischer Herrschaft.

200,35 *abzuhangen:* abzuhängen.

201,1 *muß reparieren lassen:* reparieren lassen muß; die von Goethe benutzte Wortstellung ist heute ungewöhnlich.

201,3 f. *überhoben:* enthoben.

201,5 *packen … auf:* ›aufpacken‹, früher: ›das Gepäck auf den Reisewagen schnüren‹.

201,12 *zu:* im.

202,13 *Portefeuille:* hier wohl: Sammlung.

202,22 f. *und ahnete nicht, wie nahe diese seinen Zuhörern verwandt war:* s. dazu S. 30,1–13 und S. 210,30–211,5.

202,24 f. *Die wunderlichen Nachbarskinder. Novelle:* Über das Verhältnis von Roman und Novelle urteilt Benno von Wiese: »Wenn der Erzähler an dieser Stelle nochmals eine Erzählung in das Ganze des Romans einlegt, so gibt er uns damit einen Schlüssel an die Hand, die Bildwelt des Romans in wechselseitiger Spiegelung zur Bildwelt der neuen Novelle zu verstehen. Das heißt aber nicht, man könne aus der einen Geschichte, die gut ausgeht, Rezepte für die andere entnehmen, die den tragischen Ablauf hätten verhindern können. Denn die Sphäre, in der sich die Gestalten bewegen, ist jedesmal eine ungleich andere. Jüngling und Mädchen der Novelle, bzw. Braut und Bräutigam, können nur sehr bedingt mit Eduard und

Ottilie oder mit Charlotte und dem Hauptmann verglichen werden. Schon die dichterische Gattung, deren besonderer Formeigentümlichkeiten Goethe sich immer bewußt blieb, setzt jedesmal einen anderen exemplarischen
Rahmen. In der Novelle steht die wunderbare Begebenheit im Mittelpunkt, eine Katastrophe, die aber gerade die
Wende der Not herbeiführt; die Novelle nähert sich in
ihrer Zeitlosigkeit reiner Natur dem Urbild des goldnen
Zeitalters, das heißt dem Märchen. Nur die verhaltene
Ironie des Erzählers schafft eine novellistische Distanz.
Die umgebende Welt ist hier nicht eine im Fühlen unsi-
chere und in ihren Formen überverfeinerte ›Sozietät‹,
sondern ›angeborene‹ Zusammengehörigkeit, Familie, ur-
tümliches Für- und Miteinander, das des ›Segens‹ bedarf
und aus dem auch das Kraftvolle und ›Wunderliche‹ nicht
herausfällt. Der Roman hingegen setzt nicht nur die Gesellschaft als ein höchst verwickeltes und im Sittlichen und
Natürlichen widerspruchsvolles Gebilde voraus, er kom-
poniert die Katastrophe ans Ende, sprengt den irdischen
Raum und nimmt in unergründlicher Zeichensprache
›Hoffnung‹ und ›Ewigkeit‹ vorweg. Das Urphänomen der
Wahlverwandtschaften muß hier ebenso wie das der Novelle und dem Roman gemeinsame Symbol des Wassers
einen verwandelten Sinn gewinnen. In der Novelle steht
das Elementare der Wahlverwandtschaften nur scheinbar
im Gegensatz zur Ordnung der Sippe; es behält seine
Unschuld und wird in seiner Ursprünglichkeit in die
hegende, auf Treue und Ehrfurcht ruhende Welt der
Gemeinschaft mit aufgenommen. Im Roman hingegen ist
die tragische Kluft zwischen dem *Reich der heitern Vernunftfreiheit* und dem Walten leidenschaftlicher Notwendigkeit nicht zu schließen und nur *durch eine höhere
Hand und vielleicht auch nicht in diesem Leben* aufzulö-
sen. Die Novelle bleibt diesseitige Natur, der Roman
greift über den Menschen hinaus auf ein Göttliches zu.
Die Kategorie des ›Dämonischen‹, die für das Verständnis
der *Wahlverwandtschaften* unerläßlich ist, läßt sich auf

die bei aller Leidenschaft helle und klare Welt der Novelle nicht anwenden« (HA VI, 700 f.). Weitere Stellungnahmen dazu in Kap. III.

202,27 *in verhältnismäßigem Alter:* im richtigen Alter zueinander; ›verhältnismäßig‹ wird heute fast nur adverbial benutzt.

202,34 *deutlich:* eindeutig.

203,33 *ohne deutliches Bewußtsein:* ohne sich dessen deutlich bewußt zu sein.

204,7 *Ein junger Mann:* s. dazu S. 30,1–13 und S. 210,30 bis 211,5.

206,3 *ein so unbedeutender Bräutigam:* ein Bräutigam, der ihr so wenig bedeutete; das Wort ›unbedeutend‹ ist in der von Goethe benutzten Weise heute verschwunden.

206,7 *entwickeln:* entwirren.

206,9 *Vergleichung:* Vergleich.

207,1 *seine Unteilnahme:* seinen Mangel an Teilnahme, an Interesse (Gr 1935 f.); das Wort ist heute verschwunden.

207,22 *überzutragen:* zu übertragen.

207,25 *Geistes- und Glücksspielen:* ›Geistesspiele‹, wohl gesellschaftliche Denkaufgaben und Rätselspiele u. ä.

207,26 *Wirt:* Gastgeber.

207,33 *zubereiteten:* verursachten.

208,6 *von da:* von wo.

208,19 *Werder:* Halbinseln oder Inseln in Flüssen.

208,24 *nach Vermögen:* so gut er konnte; ›Vermögen‹ ist ein subst. Inf. aus ahd. furimugan ›imstand sein, Kraft haben‹ (Wg 3826); in der von Goethe angewandten Weise heute selten zu finden.

buschigten Stelle: mit Büschen bewachsenen Stelle; ›buschigt‹, von Grimm nicht aufgeführt; es ist wohl eine Wortschöpfung Goethes anzunehmen.

210,9 *die Schiffenden:* die Gesellschaft auf dem Schiff; das von Goethe benutzte Wort ist heute verschwunden.

Elftes Kapitel

211,24 *stand an:* zögerte (Gr 481).

211,26 *Ich setzte mich mit ihr ein:* Ich setzte mich mit ihr in
den Kahn; ›sich einsetzen‹, veraltet für ›sich in den Wagen
oder in den Kahn setzen‹ (Gr 294).

211,36 *obwaltet:* vorhanden ist; der von Goethe benutzte
Ausdruck gehört in den Bereich der Kanzleisprache
(Wg 2613).

211,36–213,32 *Ich habe jenen Nebenweg niemals betreten
... hatte:* Hier ist das Kopfweh-Motiv aus dem ersten Teil
wiederaufgenommen und um ein zur Zeit der Entstehung
des Romans vieldiskutiertes Phänomen, das Erz-, Kohle-
und Wasserfühlen, erweitert. Siehe dazu Brahm,
S. 194–197. Zur Auflösung des Motivs s. 240,9–22 und die
Anm. dazu.

212,17 *Pendelschwingungen:* Versuche dieser Art waren
u. a. von einem Schwindler mit dem Namen Campetti,
aber auch von dem von Goethe geschätzten Physiker
Johann Wilhelm Ritter (1766–1810) vorgenommen
worden.

212,30 *Markasiten:* Eisen- und Schwefelkies; chem. Eisen-
sulfid; aus frz. marcassite bzw. arab. marqashita
(Wg 2363).

213,9 *stet:* stetig; Gegenteil zu ›unstet, unruhig, rastlos‹; aus
ahd. stati ›feststehend, beständig‹.

213,29 f. *wovon die Rede sei:* Anspielung auf ein damals
heftig umstrittenes hypnotisches Heilverfahren, den sog.
animalischen Magnetismus; nach dem Begründer Franz
Mesmer (1733–1815) auch Mesmerismus genannt.

213,30 f. *weil sie nicht gemeint war:* weil sie nicht gewillt
war; das Verb ›gemeinen‹, ehemals in vielfältiger Bedeutung (Gr 3249–53), ist heute verschwunden.

214,28 *Penserosa:* Gedankenvolle, Sinnende; ein damals
beliebter Gegenstand in Malerei und Dichtung; aus ital.
pensieroso ›gedankenvoll, tiefsinnig‹.

Zwölftes Kapitel

215,34–216,17 *Ein Glas mit unserm Namenszug bezeichnet
... ansehen:* An dieser dritten Stelle, die zum Dingsymbol
des Glases gehört, läßt Goethe Eduard es wieder als ein
positives Zeichen seiner Wahlverwandtschaft mit Ottilie
verstehen. Siehe dagegen Anm. zu 66,18–37 und zu
259,28–260,10.

216,22 f. *dich hierüber nicht zu verdunkeln:* dir über diese
Angelegenheit nicht unklar zu sein; Grimm (261) gibt für
diese heute verschwundene Bedeutung nur das Subst.
›Verdunkler‹ an und erläutert es als denjenigen, ›der eine
Sache unklar macht‹.

216,23 *gedenken:* erinnernd erwähnen (vgl. Gr 1999 und
Wg 1413).

217,32 f. *durchgedacht, durchgefühlt:* Beide Verben werden
gewöhnlich ohne Abtrennung des Präfixes ›durch‹ benutzt, d. h., sie erscheinen im Part. Perf. ohne ›-ge-‹; die
von Goethe gewählte Form hat verstärkte Ausdrucks-
kraft.

217,33 *ich habe mir zugeeignet:* Ich habe sie *(meine Verbindungen)* mir in Gedanken *(durchgedacht)* und im Herzen
(durchgefühlt) zu eigen gemacht.

218,31 *entgegen sein:* mit Widerstand begegnen; aus ahd.
ingagan.

219,34 f. *habe ich ... vermocht:* habe ich ... dazu gebracht.

220,8 *zu übertragen:* bei Goethe gelegentlich im Sinne von
›zu ertragen, auf sich zu nehmen‹.

220,23–25 *verlassen ... entbehren ... sich ... herumdrücken
müßte!:* ›müßte‹ hat hier drei abhängige Infinitive.

Dreizehntes Kapitel

221,22 *bestimmte sich:* entschloß sich, entschied sich; s.
Anm. zu 42,23 f.

222,25 *Vorsicht:* Besonnenheit; ahd. foresiht, Lehnüberset-
zung aus lat. providentia.

223,1 *auf:* in.

225,4 *wo nicht:* wenn nicht; ›wo‹ als Konjunktion in dieser
Bedeutung ist heute veraltet (Wg 4035).

225,5 f. *so laß uns erwarten:* so laß uns ausharren; ›erwarten‹ ohne Objekt drückte zu Goethes Zeit noch verstärktes Warten aus (Gr 1045).

225,30 *Altan:* unterstützter balkonartiger Vorbau am oberen Geschoß eines Hauses.

225,31 *hin:* entlang.

225,32–227,10 *Die Platanen sieht sie ... Platanen:* Die hier
geschilderte Katastrophe, der Tod des Kindes im See, der
entscheidend für den Ausgang des Geschehens ist, wird
von jenen Dingsymbolen begleitet, die auch beim ersten
Unglücksfall (s. 101,3–103,16 und die Anm. dazu) anwesend sind und zu den Motivkreisen Geburt und Tod
gehören: die Platanen, der Kahn und die zu einem See
verbundenen Teiche. Fraglos überwiegen hier jene den
Tod in diesem Roman symbolisch bezeichnenden Dinge.
Die Vergrößerung der tödlichen Gefahr des Wassers ist
bildhaft durch die zu einer einzigen Fläche umgestalteten
Teiche ausgedrückt. Zur inhaltlichen Bedeutung des Geschehens schreibt Walter Benjamin: »Das Wasser als das
chaotische Element des Lebens droht hier nicht in wüstem
Wogen, das dem Menschen den Untergang bringt, sondern in der rätselhaften Stille, die ihn zu Grunde gehn
läßt. Die Liebenden gehen, soweit das Schicksal waltet,
zu Grunde. Sie verfallen, wo sie den Segen des festen
Grundes verschmähen, dem Unergründlichen, das im
stehenden Gewässer vorweltlich erscheint. Buchstäblich
sieht man dessen alte Macht sie beschwören. Denn zuletzt
läuft jene Vereinigung der Wasser, wie sie schrittweis
festem Land Abbruch tut, auf die Wiederherstellung des
einstigen Bergsees hinaus, der sich in der Gegend befand«
(S. 133).

226,8 *entfährt ihr:* entfällt ihr; ›entfahren‹ heute nur figürlich verwendet.

Vierzehntes Kapitel

228,17 *Angebäude:* Anbau; aus lat. aedificium annexum; von Goethe verschiedentlich benutzter Ausdruck (Gr 337).

228,22 *ein ableitendes Gespräch:* ein von einer Sache auf die andere und schließlich auf die gewünschte leitendes Gespräch; ›ableiten‹, aus lat. deducere (Gr 73); diese Gesprächstechnik ist hier (228,21–28) zu beobachten.

228,29–35 *Der Major trat herein ... hindurch:* Das unter dem Zeichen der ruhigen Beherrschung stehende Wiedersehen von Charlotte und dem Major, motiviert durch den Tod des Kindes, durch eine äußere Notwendigkeit also, kontrastiert deutlich mit demjenigen von Eduard und Ottilie im Vorkapitel.

Fünfzehntes Kapitel

233,2–15 *Wenn sich ...; wenn sie sich ...: so findet man ... werden:* Zum sog. elliptischen Stil dieser Stelle vgl. Anm. zu 12,14–35.

234,1–9 *Allein bei Ottilien hing es anders zusammen ... unerläßlich:* Das Motiv von Ottilies Dienstbarkeit löst sich hier auf, d. h., der Leser kann in der Rückschau dessen Bedeutung erkennen: durch dieses äußere Zeichen war Ottilies auch altersmäßig begründete innere Ungleichheit vor allem zu Charlotte ausgedrückt. Ihr Entschluß des *völligen Entsagens* stellt die Gleichheit her. Vgl. Anm. zu 25,18–26,7.

234,20 f. *waren vermeidend:* vermieden Themen, die ihnen beiden peinlich sein mußten.

235,30 *Freistatt:* Zufluchtsort, Asyl.

235,32–236,5 *Die Einsamkeit macht nicht die Freistatt ... brauche:* Der Gedanke vom Primat des Tätigseins, der Vita activa, über die Vita contemplativa, die Goethe Ottilie hier in den Mund legt, ist in anderen seiner Werke,

z. B. »Faust«, »Wanderjahre«, als wichtiger Grundge-
danke zu finden.

236,29 *der jungen Aufschößlinge:* der jungen Mädchen in
der Pension; früher wurden sowohl Kräuter als auch
junge, heranreifende Menschen mit dem Wort ›Aufschöß-
ling‹ bezeichnet (Gr 730).

237,15–20 *er wird in mir eine geweihte Person erblicken ...
beschirmen kann:* Zu dieser Stelle bemerkt Stöcklein: »Im
Christlichen [dieses Opfergedankens] bleibt dabei ein
heidnischer Einschlag leise fühlbar: wie sich Ottilie als
geweihte Person empfindet, wie die Sühne fast als vitale
Notwendigkeit gefühlt wird für verletzte Ordnung,
[...] fast als ob die Wassergeister die Schuldige ver-
langten« (»Stil und Sinn der ›Wahlverwandtschaften‹«,
S. 38 f.).

239,1 *zu vermögen:* zu bringen.

239,13–15 *Ottilie packte zusammen ... anschickte:* Das
Zurücklassen des Köfferchens ist das äußere Zeichen da-
für, daß Ottilie hier einem Leben mit Eduard entsagt.
Vgl. auch Anm. zu 105,1–10.

239,21 *an:* zu.

239,24 *nachbringen:* nachholen.

239,35 f. *zu besorgen:* hier: zu befürchten.

Sechzehntes Kapitel

240,9–22 *Als Mittler gekommen war ... ertragen:* Hier
erfährt das Kopfweh-Motiv seine Auflösung: nichts Gegensätzliches soll es ausdrücken. Es ist vielmehr ein Bild
für Eduards und Ottilies Wahlverwandtschaft, für die
gegenseitige Anziehung, die sie aufeinander haben. Goethe stellt diese Wahlverwandtschaft unter das Zeichen des
Schmerzes. Die von Charlotte und dem Hauptmann dagegen ist durch musikalische Harmonie versinnbildlicht.
Vgl. auch Anm. zu 43,16–22 und 211,36–213,32.

240,24 *mit seinem Anbringen:* mit seinem Anliegen.

240,26 *historisch:* früher auch für ›der Reihe nach, tatsachengerecht‹.

240,33 *er war ganz außer sich beschäftigt:* er war nicht mehr nur mit sich selbst beschäftigt.

241,21 *Putzstube:* eine Art Empfangsraum. In Amaranthes »Frauenzimmerlexikon« von 1715 heißt es: »In der Putzstube waren die grauen Überzüge noch über den roten Samtmöbeln« (Gr 2286).

242,35 *zugefahren:* zugeschlagen.

243,2 *stund:* stand; die von Goethe benutzte Form ist heute veraltet.

243,20–26 *Ohne die Miene zu verändern ... mochte:* s. Anm. zu 42,32–43,1.

244,11 f. *Sie lehnt das Frühstück ab ... vor sie:* Hier ist Ottilies den ersten Teil des Romans leitmotivisch durchziehende Mäßigkeit im Essen und Trinken wiederaufgenommen; vgl. Anm. zu 25,18–26,7.

244,14 *er wolle allen ihren Willen:* er wolle allen ihren Willen tun.

Siebzehntes Kapitel

245,4–7 *Man hatte alles weggetragen ... gestreckt:* Mit der hier beschriebenen Geste und der Wiederannahme des Köfferchens ist ausgedrückt, daß Ottilie sich der Wahlverwandtschaft mit Eduard nicht mehr entziehen kann und will. Vgl. auch Anm. zu 105,1–10.

245,12 *belehrt:* hier in der Bedeutung von ›informiert, unterrichtet‹.

246,10–12 *Unterdessen kann man bemerken ... verharrt:* s. Anm. zu 244,11 f.

246,27 f. *Ich bin aus meiner Bahn geschritten ... hinein:* Daß hier nicht in erster Linie auf Religiöses angespielt ist, beweist ein Vergleich dieser Stelle mit 232,2–11.

247,8 *über:* auf.

247,36–248,20 *Und so blieb er ... fanden:* Hier ist vollkommene Wahlverwandtschaft zwischen Eduard und Ottilie dargestellt; nur unter dem Vorzeichen beiderseitiger Entsagung – so zeigt Goethe mit dieser Stelle – ist sie für sie möglich geworden.

249,6–13 *Die herbstlichen Tage ... gesehen:* Der letzte jahreszeitliche Hinweis des Romans stellt mit der Bemerkung *an Länge jenen Frühlingstagen gleich* auch eine Verbindung zum Anfang des fiktiven Geschehens her. Siehe auch Anm. zu 3,4 f.

249,15–23 *Eduard las gewöhnlich ... folgte:* Hier ist das Motiv von Eduards Vorlesen wiederaufgenommen. Schon im ersten Teil des Romans (s. S. 60,1–11) ist es ein Zeichen für seine innere Nähe zu Ottilie. Bezeichnete es dort noch einen Prozeß (s. Anm. zu 60,1–11), so ist es hier zu einem Zustand geworden. Siehe auch Anm. zu 31,10–32,3.

249,26–29 *Der Major begleitete ... zusammentraf:* Zum Musizieren der beiden Paare s. Anm. zu 60,16–61,6.

249,29–250,3 *So rückte man dem Geburtstage Eduards näher ... blühten:* Zum Motiv der Geburtstagsfeiern s. Anm. zu 20,16–24.

Achtzehntes Kapitel

250,5–17 *Das Bedeutendste jedoch ... es:* Der erstmalig ausgepackte Koffer und Ottilies Weigerung, von seinem Inhalt etwas wegzugeben, unterstreicht die volle Annahme ihrer Wahlverwandtschaft mit Eduard. – Das Motiv von Ottilies Bescheidenheit in der Kleidung löst sich hier auf, obwohl dem Leser die Bedeutung ihrer veränderten Haltung erst ein wenig später verständlich wird.

250,9 *Anzug:* hier: Bekleidung von Kopf bis Fuß.

250,15 *Strumpfbänder mit Devisen:* Strumpfbänder mit Sprüchen oder Versen; Grimm bemerkt dazu: »Das weibliche Strumpfband spielt als diskretes Bekleidungsstück seit je eine Rolle in amourösen Dingen [...]; im 18. Jh. werden die Strumpfbänder mit literarischem Schmuck verziert« (Gr 121).

250,33 *auf jenen Tag:* Eduards Geburtstag.

251,19 *Raisonnement:* Erwägungen; aus frz. raison ›Vernunft‹.

251,29 *den morgenden Schmuck:* den morgigen Schmuck, den Schmuck, der für den nächsten Tag herausgelegt worden ist; Goethe benutzt stets die ältere, heute ungebräuchliche Form des Adj. ›morgig‹.

252,27 *statt haben:* gültig sind, gelten (vgl. Gr 984).

252,31 *vorahnender Kinder:* ›vorahnen‹ bezeichnete früher verstärktes ›ahnen‹ und ist heute ungebräuchlich.

254,28 *lebevoll:* voll von Leben; heute verschwundenes Adj.

255,29 f. *einen Kranz von Asterblumen:* vgl. Anm. zu 116,9.

256,6–258,28 *Nanny fehlte … haben:* Zur Figur der Nanny schreibt Stöcklein: »Wir sehen vor uns das primitive, dumpfe, zuerst tierhaft-scheue, dann tierhaft-treue halbwüchsige Wesen [...] mit ihren habgierigen, geschwinden Händen, mit ihrem genäschigen Mund in dem grobknochigen Gesicht. Sie ist nie geschildert, aber doch sehen wir das unruhige Wesen genau vor uns, triebhaft und unbeherrscht in der Eßlust, im Ergreifen schöner Dinge, sie scheint primitiv schwatzhaft, unerhört erregbar, phantastisch, in der Erschütterung vorübergehenden Wahnsinnszuständen ausgeliefert. [...] und wie von dumpfer Liebe, dunkler Erlösungssehnsucht zum lichten Wesen Ottiliens hingetrieben [... aber] sie wird zum geistigen Menschen, sie vermag am Sarg den Architekten zu trösten, zu erhellen. Welche Umkehrung! [...] In einer tieferen Schicht: Das vogelgleiche Herabstürzen [...] das Zerschmettertsein, die Auferstehung durch Berührung, das entzückte Aufspringen – so erschüttert den Trieb das ›Lichte‹. Es ist der bildhaft erzählte Erlösungsweg der erdgebundenen Schwere durch ein ›Stirb und werde‹ hindurch« (»Stil und Sinn der ›Wahlverwandtschaften‹«, S. 41 f.).

256,13 f. *Oberboden:* ein Boden unterm Dachfirst innerhalb des Dachbodens (Wg 2607 f.).

257,18 f. *welche … des Leichnams wahrnehmen sollte:*

welche ... auf den Leichnam achtgeben sollte; ›wahrnehmen‹ ist hier noch in der urspr. Bedeutung gebraucht (Gr
941), die heute verschwunden ist.

257,21 f. *der ... Lampe ... warten:* auf die ... Lampe ...
aufpassen.

258,3–11 *Schon einmal hatte er so vor Belisar gestanden ...
worden:* vgl. S. 159,10–20 und die Anm. dazu.

258,19 *häufig:* reichlich.

259,5–23 *Der fortdauernd schöne ... Zustand ... verschließen:* Über diese Stelle urteilt Grete Schaeder, daß Goethe
dem Leser hier nicht Religion vermitteln will, sondern
statt dessen zeigt, wie eine Legende entsteht. Sie fährt
dann fort: »Die Legende ist diejenige Stilform, in der sich
Kunst und Religion am unmittelbarsten durchdringen, in
der beide aus dem gleichen schöpferischen Leben und
Weben der Gemütskräfte hervorgehen. So ist auch die
Legende am Schluß der ›Wahlverwandtschaften‹ Kunst
und Religion zugleich. Die über das Diesseits hinausdrän-
gende Idee der Steigerung, an die Goethe glaubte, wird
hier mit den Mitteln der Dichtkunst nachgebildet und als
ein Stilphänomen hervorgebracht. Die Darstellung wird
transparent und rückt die Begebenheiten in größere Ferne. Das Erzählte wird lockerer aneinandergeschlossen,
die Zusammenhänge sind nur angedeutet, damit sich
Wirklichkeit und Glaube im Leser umso inniger durchdringen – ein Glaube freilich, der sich auf ein Unsagbares
richtet, den jeder selbständig in sich erwecken muß und
zu dem die Bilder der Legende nur die symbolische
Begleitmusik darstellen« (S. 322).

259,28–260,10 *Seine Teilnahme an der Unterhaltung ...
enthalten:* Hier erfährt der Leser mit Eduard, daß dessen
Auslegung des Glases als ein Zeichen von seiner und
Ottilies Wahlverwandtschaft falsch war; statt dessen geschieht eine fast zwangsweise Anpassung an Ottilies zuletzt wirksame Eigenschaften: Enthaltsamkeit von Speise
und Trank und ihr Schweigen. Siehe auch Anm. zu
247,36–248,20.

259,31 *sein ernstheiterer Blick:* ›ernstheiter‹ ist wohl eine Wortschöpfung Goethes.

260,25 f. *sich ... hin- und herwogten:* seltener, wohl von ›sich wiegen‹ beeinflußter Gebrauch; figürliche Bezeichnung für ein langsames Hin- und Herschwanken (Gr 1001 f.).

261,15–19 *So ruhen die Liebenden nebeneinander ... erwachen:* Zum Schluß des Romans bemerkt Kurt May: »In dem Schlußsatz des Goetheschen Romans hält sich der Nebensatz *wenn sie dereinst erwachen* in der Schwebe zwischen Bedingung und Zeitangabe, zwischen Möglichkeit und Wirklichkeit. Die Aussage in der erlöschenden Stimme des aufgeklärten Erzählers enthält keine überlegene Gewißheit. Ein leiser Hauch von Hoffnung auf das jenseitige Wiederfinden, durch Skepsis gedämpft, ist nur einem zitternden Lichtstrahl vergleichbar, der aufblitzt und in der Finsternis erlischt. Die erste und letzte und einzige unbedingte Tragödie, die Goethe gedichtet hat, ist hier zu Ende, nicht dem ›Werther‹ noch auch nur dem ›Tasso‹ vergleichbar. Allein die ›Wahlverwandtschaften‹ enden in einem für die irdische Existenz unversöhnbaren Widerspruch von dämonischer Natur und sittlicher Vernunft. Der Rest ist Schweigen« (May, S. 113). Andere Urteile s. Kap. III.

II. Dokumente zur Entstehungsgeschichte

1. Die verschiedenen Arbeitsperioden

Ein Manuskript des Romans ist nicht bekannt. Die Entstehung der »Wahlverwandtschaften«, ursprünglich – etwa seit 1807 – als Novelle für die »Wanderjahre« geplant, läßt sich vorwiegend anhand der Aufzeichnungen verfolgen, die Goethe während der Arbeit an dem Roman in den Jahren 1808 und 1809 in seinem »Tagebuch« vornahm; hinzu kommen einige, die er rückblickend 1822/23 in die »Tag- und Jahreshefte« eintrug. Auch in »Dichtung und Wahrheit«, unmittelbar nach dem Abschluß der »Wahlverwandtschaften« begonnen, befindet sich eine Bemerkung zur Konzeption des Romans.

Zur Entstehungsgeschichte gehören ferner eine Reihe von brieflichen und mündlichen Äußerungen Goethes aus dieser Zeit und einige Bemerkungen seiner Brief- und Gesprächspartner sowie Eintragungen, die sein Sekretär Riemer[1] ins eigene Tagebuch und an anderer Stelle machte.

Diesen Unterlagen nach entstanden die »Wahlverwandtschaften« hauptsächlich zwischen dem 11. April 1808 und dem 3. Oktober 1809. Innerhalb dieser Zeit zeichnen sich zwei intensive Arbeitsperioden ab, die Goethe beide außerhalb Weimars verbringt. Im Jahre 1808 hält er sich von Mitte Mai bis Ende August, von einer etwa zweiwöchigen Unterbrechung in Franzensbad abgesehen, in Karlsbad auf. Dort diktiert er Riemer achtzehn Kapitel des Romans, die jedoch nicht mit der ersten Hälfte der endgültigen Fassung übereinstimmen.

Erst Anfang Mai des folgenden Jahres kann die Arbeit an den »Wahlverwandtschaften« – diesmal in Jena, da sich ein Karlsbad-Aufenthalt wegen der Kriegswirren verbietet –

---

1 Friedrich Wilhelm Riemer (1774–1845) war Goethes Sekretär von September 1803 bis März 1812.

wiederaufgenommen und fast ununterbrochen[2] zu Ende
geführt werden. Noch vor dem Abschluß des Manuskripts
wird mit dem Druck angefangen. Als Goethe am 7. Oktober
nach Weimar zurückkehrt, ist der letzte Revisionsbogen des
Romans durchgesehen und in die Druckerei zurückgegan-
gen. Einer Tagebuchnotiz Riemers zufolge nimmt Goethe
den fertigen Roman am 9. Oktober in Empfang (s. S. 110)
und beginnt ihn an einige Freunde zu senden.

a. Vorspiel

Goethe erwähnt die »Wahlverwandtschaften« erstmalig am
11. April 1808 in seinem »Tagebuch« als eine der kleineren
Erzählungen, die für die »Wanderjahre« geplant sind:

»[Früh] An den kleinen Erzählungen schematisirt, besonders den ›Wahlverwandtschaften‹ und dem ›Mann von fünf-
zig Jahren‹ ... Abends Hofrath Meyer. ›St. Joseph der
Zweite‹ vorgelesen. Ueber die kleinen Erzählungen überhaupt gesprochen.«   Hans Gerhard Gräf: Goethe über seine Dichtun-
                            gen. T. 1. Bd. 1. Darmstadt: Wissenschaftliche
                            Buchgesellschaft, 1968. Nr. 640. (Zit. als: Gräf. –
                            Für die Zitate wird die Numerierung von Gräf
                            angegeben, die Fußnoten werden nach der Seiten-
                            zahl und der Fußnotenziffer angeführt.)

Vom 23. April bis zum 1. Mai 1808 befindet sich Goethe in
Jena, wo er hauptsächlich an dem Festspiel »Pandora«, aber
auch, wie aus dem Zusammenhang der Tagebuchaufzeichnungen hervorgeht, an den »kleinen Erzählungen« arbeitet.
Am 27. April trägt er ins »Tagebuch« ein:

»[Nachmittags] Ausbildung, Gewahrwerden verschiedener
Motive und ihrer Behandlung.«
                                        Gräf. Nr. 642.

Daß der Plan zu einer selbständigen Behandlung der »Wahlverwandtschaften« in diese Zeit fällt, läßt sich an der folgen-

---

2 Vom 13. Juni bis 22. Juli 1809 kehrt Goethe wegen alarmierender Kriegs-
  nachrichten nach Weimar zurück.

den Eintragung ablesen, die Goethe in der Rückschau in die
»Tag- und Jahreshefte« macht:

»Die .. kleinen Erzählungen beschäftigten mich in heitern
Stunden, und auch die ›Wahlverwandtschaften‹ sollten in
der Art kurz behandelt werden. Allein sie dehnten sich bald
aus; der Stoff war allzubedeutend, und zu tief in mir gewur-
zelt, als dass ich ihn auf eine so leichte Weise hätte beseitigen
können.
›Pandora‹ sowohl als die ›Wahlverwandtschaften‹ drücken
das schmerzliche Gefühl der Entbehrung aus, und konnten
also nebeneinander gar wohl gedeihen. .. das Schema der
›Wahlverwandtschaften‹ war weit gediehen, und manche
Vorarbeiten theilweise vollbracht«.

Gräf. Nr. 890.

Nach seiner Rückkehr nach Weimar am 1. Mai notiert
Goethe in seinem »Tagebuch«, daß er seinem Reisebegleiter,
Hofrat Meyer,[3] unterwegs die erste Hälfte der »Wahlverwandtschaften« erzählt habe (s. Gräf, Nr. 644). Von dieser
Episode existiert auch ein mündlicher Bericht Meyers, der
von seinem Schüler, dem späteren Goethe-Sekretär Schuchardt,[4] weitergegeben wurde:

»Meyer, gegen den ich mich verwundert darüber aussprach,
erzählte mir sogar, Goethe habe ihm auf einer Fahrt von
Jena nach Weimar im Wagen ganze Abschnitte aus den
›Wahlverwandtschaften‹, von denen damals noch nichts niedergeschrieben gewesen, so geläufig vorgetragen, als ob er
von einem Buche abgelesen habe«.

Gräf. S. 365,1.

3 Johann Heinrich Meyer (1759–1832), Maler und Kunsthistoriker, gehört zu
  Goethes Bekannten aus römischen Tagen. Der gebürtige Züricher, seit
  Ende 1791 in Weimar lebend und dort ab 1807 Direktor am Freien
  Zeicheninstitut, war zeitlebens einer der engsten Freunde des Dichters.
4 Johann Christian Schuchardt (1799–1870) fertigte unter Goethes Anleitung
  die ersten Verzeichnisse von dessen Kunstsammlungen an, die er 1848
  veröffentlichte (s. Literaturhinweise).

b. Karlsbad – 15. Mai bis 30. August 1808

Am 15. Mai trifft Goethe, begleitet von Riemer, zum Sommeraufenthalt in Karlsbad ein. Dort beginnt Ende Mai die intensive Arbeit an den »Wahlverwandtschaften«. Vom 29. an wird im »Tagebuch« an drei aufeinanderfolgenden Tagen von der Beschäftigung mit dem »Schema« des Romans berichtet. So heißt es am 30. Mai:

»[Früh] Das Schema zu den ›Wahlverwandtschaften‹ fortgesetzt und umgeschrieben. . . . [Nach Mittag] über den Neu-, Theresien- und Schlossbrunn auf den Chotekschen Weg, den ›Wahlverwandtschaften‹ nachgedacht.«

Gräf. Nr. 648.

Die ersten beiden Kapitel diktiert Goethe Riemer am 1. Juni. Diktat, jeweils zwei Kapitel, und Arbeit am Plan des Ganzen wechseln sich, den kurzen Auskünften des »Tagebuchs« zufolge, von nun an ab. Vierzehn Tage später, am 14. Juni, sind zehn Kapitel des Romans zu Papier gebracht (s. Gräf, Nr. 650–658).
Bevor er weiterdiktiert, arbeitet Goethe etwa acht Tage mit kurzen Unterbrechungen am »Schema« der »Wahlverwandtschaften«. Am 4. Juli meldet das »Tagebuch«:

»[Früh] An den ›Wahlverwandtschaften‹ das elfte Capitel. . . . Nach Tische am Schema der ›Wahlverwandtschaften‹ weiter gedacht und dieses Abends auf der Promenade fortgesetzt.«

Gräf. Nr. 663.

Und zwei Tage später:

»[Früh] Schema der ›Wahlverwandtschaften‹ umgeschrieben bis zu Ende. Allein spazieren nach der Karlsbrücke und über diese Dinge gedacht.«

Gräf. Nr. 665.

Als Goethe am 9. Juli nach Franzensbad abreist, wo er sich einige Wochen u. a. in Gesellschaft der Familie von Ziege-

Karlsbad
Ansicht des Böhmischen Saals

sar[5] aufhält, sind noch zwei weitere Kapitel des Romans diktiert. An den in Karlsbad zurückgebliebenen Riemer schreibt Goethe, kurz bevor er am 21. Juli dorthin zurückkehrt: ». . . ich hoffe nach meiner Rückkehr von den ›Wahlverwandtschaften‹ stark angezogen zu werden« (Gräf. Nr. 669).

Nur einen Ruhetag legt Goethe nach der Reise ein. Unter dem 23. Juli befindet sich in Riemers Tagebuch eine Notiz, die sich wohl auf die Niederschrift der nächsten zwei oder drei[6] Kapitel, also 14 bis 16, bezieht: »Früh um sechs Uhr zu Goethe, an den ›Wahlverwandtschaften‹ dictirt bis um elf Uhr« (Gräf. S. 370,1).

Am 25. Juli diktiert Goethe die Kapitel 17 und 18 dieser ersten, die man die Karlsbader Fassung nennen könnte. Gleichzeitig ist er im Begriff, Frau von Eybenberg,[7] einer guten Bekannten von früherem Kuraufenthalt, den Roman vorzulesen. Der folgende »Tagebuch«-Vermerk in diesem

5 Mit der Familie des Kanzlers von Ziegesar war Goethe zu diesem Zeitpunkt seit langem befreundet, wovon seine häufigen Besuche auf deren Gut Drakendorf bei Jena zeugen. Zahlreiche Briefe und einige Gedichte bekunden des Dichters Zuneigung zu Silvie (1785–1855), der jungen Tochter des Hauses, die vor allem in der Zeit der Entstehung der »Wahlverwandtschaften« eine Rolle spielt. Wolff glaubt, daß Goethe u. a. Züge des jungen Mädchens bei der Gestaltung von Ottilie im Sinn gehabt habe. Siehe dazu Hans M. Wolff, »Goethe in der Periode der ›Wahlverwandtschaften‹«.

6 Da Goethes »Tagebuch« am 23. und 24. Juli nur den Hinweis »Wahlverwandtschaften« enthält – am nächsten Tag dann u. a. den auf das Diktat des 17. und 18. Kapitels –, ist nicht mit Sicherheit festzustellen, an welchen Tagen genau und in welcher Aufteilung die drei in Frage stehenden Kapitel niedergeschrieben wurden.

7 Marianne von Eybenberg (gest. 1812), älteste Tochter des reichen jüdischen Kaufmanns Meyer, Berlin, morganatisch verheiratet mit dem Fürsten Reuß, lebte nach dessen Tod als Frau von Eybenberg in Wien. Goethe hatte sie bei einem früheren Aufenthalt in Karlsbad kennengelernt. Viele Jahre lang ist sie seine intime Freundin auf den Badereisen, dazu charmante und kluge Briefpartnerin, die an seinem Werk lebhaften Anteil nimmt. Im Jahre 1808 reist sie am 31. Juli aus Karlsbad ab. Siehe dazu Richard Friedenthal, »Goethe. Sein Leben und seine Zeit«, Bd. 2, München 1968 (dtv 519), S. 496 f.

Silvie von Ziegesar
Miniatur von unbekannter Hand

Zusammenhang ist fast der einzige Hinweis auf den Inhalt jener achtzehn Kapitel der Erstfassung:

»... [Nachmittags] Mit Frau von Eybenberg spazieren .. [Abends?] derselben die ›Wahlverwandtschaften‹ bis zu Ottiliens Brief an die Freunde[8] [vorgelesen].«

Gräf. Nr. 672.

Bevor Goethe sich wieder anderen Arbeiten, vor allem »Pandora« und der Geschichte der »Farbenlehre«, zuwendet, beschäftigen ihn in den letzten Julitagen noch Schema und Durchführung des Romanschlusses sowie »Vorarbeiten zu völliger Durcharbeit« (s. Gräf, Nr. 674–676). Einen Monat später, kurz vor seiner Abreise aus Karlsbad, nimmt der Dichter die »Wahlverwandtschaften« wieder vor, durchdenkt sie in »verschiedenen Beziehungen« (Gräf, Nr. 686) und spricht sie mit Riemer durch. Dieser notiert am 28. August in seinem Tagebuch:

»Goethes Geburtstag. Mit ihm über den neueren Roman, besonders den seinigen.
Er äusserte, seine Idee bei dem neuen Roman ›Die Wahlverwandtschaften‹ sei: sociale Verhältnisse und die Conflicte derselben symbolisch gefasst darzustellen.«

Gräf. Nr. 687.

Und am 30. August heißt es dort: »Um sechs Uhr von Karlsbad weggefahren. Ueber die ›Wahlverwandtschaften‹ und was noch zu thun sein möchte«; am 31. August: »Die ›Wahlverwandtschaften‹ gelesen«; am 2. September: »Den Park aus den ›Wahlverwandtschaften‹ entworfen« (Gräf. S. 373,3).

Daß die »Wahlverwandtschaften«, das dichterische Hauptanliegen dieses Sommers, noch nicht abgeschlossen sind, ist nicht nur durch dieses Reisegespräch bezeugt. Auch in

---

8 Der hier erwähnte Brief befindet sich in der endgültigen Fassung des Romans im vorletzten Kapitel des 2. Teils (S. 246 f.). Er deutet darauf hin, daß in der Karlsbader Fassung die Haupthandlung wohl schon zu einem Abschluß gebracht worden war.

Franzensbad, wo Goethe sich nach der Abreise von Karls-
bad noch bis zum 12. September aufhält, denkt er laut
»Tagebuch« weiter über den Roman nach (s. Gräf,
Nr. 690).
Eine Aufzeichnung Riemers, im Abschnitt »Reisen« seiner
»Mitteilungen« zu finden, illustriert die bekannte Tatsache,
daß die Atmosphäre von Karlsbad (und Jena) für Goethes
»poetische Produktion« sehr vorteilhaft war, noch einmal
mit besonderem Bezug auf die Zeit der Entstehung der
»Wahlverwandtschaften« im Sommer 1808:

»Jena und Karlsbad waren für seine poetischen Productionen sehr günstige und förderliche Orte. Nicht nur die
Sonette, die ›Wahlverwandtschaften‹, ›Pandora‹, sondern
auch die kleinen Gemälde, ›St. Joseph‹, die ›Neue Melusine‹
und andere mehr wurden dort, wenn nicht alle concipirt,
doch grösstentheils ausgebildet und zur ersten Erscheinung
gebracht.
... ich (war) hier nicht nur Augenzeuge, sondern auch
Gehülfe bei Entstehung und Bildung der lieblichsten Novellen, Mährchen und Allegorien, indem ich mit rascher Feder
die Dictate des Dichters auffasste und sie zur äussern
Erscheinung, zur nähern Uebersicht, zur ferneren Ueberar-
beitung und Ausbildung in Wort und Stil, in reinlicher
Hinschrift vor Augen legen konnte.
Das Besprechen des Plans, die Prüfung und Anwendung der
einzelnen Motive, füllte die Mussestunden der Spaziergänge,
der Tischzeit; wozu sich Bemerkungen und Reflexionen aus
dem Leben überhaupt gesellten.
Man lebte und verkehrte selbst unter diesen eingebildeten
Personen der Phantasie, als wären es wirkliche: wie sie denn
auch zu Vergleichungen mit wirklichem Anlass und Parallele
boten.
Für *Charlottens* Persönlichkeit fand ich bald unter den
Badegästinnen eine Goethen nicht unwillkommene Reprä-
sentantin. So fehlte es auch nicht an einem *Hauptmann*,
nicht an einem leibhaften *Lord*; und für *Mittlern* wie für den

Goethe im Jahre 1808
Kreidezeichnung von Friedrich Bury

Architect liess sich sogar eine portraitähnliche Verwandtschaft nachweisen«.

Gräf. S. 366 f., 1.

c. Zwischenspiel

Ab 17. September 1808 befindet sich Goethe wieder in Weimar. Verschiedene private Ereignisse wie der Tod seiner Mutter, gesellschaftliche und vor allem politische Verpflichtungen verhindern fast ein halbes Jahr lang eine weitere Arbeit an den »Wahlverwandtschaften«.

Es ist eine politisch bewegte Zeit: Am 26. September wird der Dichter dem russischen Kaiser Alexander I. vorgestellt; drei Tage später beruft ihn Herzog Carl August, der Weimarer Landesherr, anläßlich des Erfurter Kongresses, der Fürstenversammlung um Napoleon, in sein Gefolge; dort hat Goethe seine erste Begegnung mit dem französischen Kaiser, der ihn zu einer Audienz befiehlt, bei der auch Talleyrand zugegen ist. Goethe rechnet diese Stunde zu den wichtigsten Ereignissen seines Lebens. Zwei weitere Gespräche mit Napoleon folgen. Während dieser Zeit werden ihm das Ritterkreuz der Ehrenlegion und der russische Sankt-Annen-Orden verliehen.

Bis zum Ende des Jahres gibt es dann eine Reihe von Besuchern im Haus am Frauenplan. Unter ihnen sind Wilhelm von Humboldt, Achim von Arnim, Zacharias Werner und ein junger Mann aus Kassel, Daniel Engelhard (1788–1856), der als das Vorbild des Architekten in den »Wahlverwandtschaften« angesehen wird. Goethe beschäftigt sich mit altdeutscher und altnordischer Sage und Dichtung. Spuren davon wie überhaupt von seinem gesellschaftlichen Leben dieser Zeit lassen sich im damals noch nicht konzipierten 2. Teil des Romans finden.

Ein Brief an seinen Verleger Cotta, am 2. Dezember 1808 geschrieben, zeigt den Stillstand von Goethes literarischer Produktivität und sein Bedauern darüber:

»Dass alle litterarischen Arbeiten zugleich mit allen andern Geschäften durch diese Begebenheiten unterbrochen wor-

Goethe im Jahre 1810
Ölgemälde von Franz Gerhard von Kügelgen

den, ist leider zu vermuthen. Ich versuche dieses und jenes
wieder anzuknüpfen; noch aber will es nicht fliessen. So ist
indess von der ›Farbenlehre‹ leider nur ein Bogen zu Stande
gekommen.
An Ausarbeitung anderer in Karlsbad vorbereiteter, für's
Publicum vielleicht mehr erfreulicher, Arbeiten liess sich bis
jetzt gar nicht denken. Indessen wird eins nach dem andern,
wenigstens im Geiste, vorgeschoben.«

Gräf. Nr. 692.

Das neue Jahr bringt zunächst keine Änderung. In einem
Brief an Marianne von Eybenberg vom 16. Januar 1809 heißt
es:

».. . glauben Sie, wenn ich mich wieder nach Karlsbad
sehne, so ist es nicht zum kleinsten Theil, weil ich hoffen
kann, Ihnen wieder näher zu kommen.
Hoffentlich wird Ihre Gegenwart mich wieder zu manchem
Guten befeuern: denn leider hab' ich seit meinem Hiersein
doch auch gar nichts hervorgebracht. Ja ich kann fast sagen,
seit den letzten Capiteln jenes Romans, die ich so geschwind
zusammenschrieb, um Ihnen keinen fragmentarischen Eindruck zu hinterlassen, ist mir fast gar nichts gelungen, was
denn auch wohl sehr natürlich ist, weil ich fast gar nichts
unternommen habe.«

Gräf. Nr. 693.

Wie aus einem Brief Cottas an Charlotte von Schiller von
Anfang März 1809 hervorgeht, drängt der Verleger auf
baldige Veröffentlichung des von Goethe versprochenen
Romans (s. Gräf, S. 375 f., 2). Aber erst am 15. April werden
die »Wahlverwandtschaften« im »Tagebuch« wieder direkt
erwähnt:

»[Früh] ›Wahlverwandtschaften‹. Spazieren in Ueberlegung
des Schemas zur Ausfüllung und Ausführung.«

Gräf. Nr. 695.

Bis zum 28. April folgen nun fast täglich diesbezügliche
Vermerke im »Tagebuch« (s. Gräf, Nr. 696–703). Goethe

beginnt, an der »Ausfüllung und Ausführung« zu arbeiten
und liest abends in kleinerem Kreis aus dem neuen Werk vor
(s. Kap. III, S. 117).
Wegen der vielen Störungen, die in Weimar einen Teil seines
Tages ausmachen – es gibt u. a. wieder eine militärische

Goethe im Jahre 1808
Wachsbossierung von Franz Gerhard von Kügelgen

Einquartierung[9] –, und weil ein Sommeraufenthalt in Karlsbad der kriegerischen Unruhen halber nicht möglich ist,
geht Goethe (mit Riemer) ab 29. April mit der Absicht, den
Druck der »Farbenlehre« einzuleiten und die »Wahlverwandtschaften« zu Ende zu bringen, ins nahe Jena.

d. Jena – 29. April bis 7. Oktober 1809

Zunächst tritt hier der Arbeit ein unerwartetes Hindernis
entgegen, über das ein Brief Goethes an Charlotte von Stein
vom 9. Mai unterrichtet:

»Indessen man in Weimar meiner so gnädig und freundlich
gedachte und von meinen romantischen Mittheilungen einen
guten Nachklang empfand, ist es mir zum Eintritt hier gleich
sehr übel gegangen, indem ich einen Anfall erleiden musste,
von dem ich nun drei Jahre befreit geblieben, und der mir
nun um so mehr Apprehension gibt, als es doch immer
unwahrscheinlich bleibt, dass ich nach Karlsbad gelangen
kann .... Dass unter solchen Adspecten nicht viel geleistet
wird, können Sie wohl denken. Ich habe schon einigemal
mein Gebet an die heilige Ottilie[10] gewendet; allein ich habe
noch keine Gegenwirkung empfunden. Es jammert mich
nur, dass die schöne Zeit so ganz ungenützt vorbeistreichen

---

9 Oberst Gautier, Kommandant des Generalstabs.
10 Goethe hat hier wohl jene Wallfahrt im Sinn, die er als Student im Juli 1771
   von Straßburg aus unternommen hatte. Das Kloster Odilienberg, genannt
   nach der Heiligen Ottilie, liegt etwa 30 km südwestlich von Straßburg. Er
   gedenkt ihrer noch einmal wenig später in »Dichtung und Wahrheit«:
   »Einer mit hundert, ja tausend Gläubigen auf den Ottilienberg begangenen
   Wallfahrt denk ich noch immer gern. Hier, wo das Grundgemäuer eines
   römischen Kastells noch übrig, sollte sich in Ruinen und Steinritzen eine
   schöne Grafentochter, aus frommer Neigung, aufgehalten haben. Unfern
   der Kapelle, wo sich die Wanderer erbauen, zeigt man ihren Brunnen und
   erzählt gar manches Anmutige. Das Bild, das ich mir von ihr machte, und
   ihr Name prägte sich tief bei mir ein. Beide trug ich lange mit mir herum,
   bis ich endlich eine meiner zwar spätern, aber darum nicht minder geliebten Töchter damit ausstattete, die von frommen und reinen Herzen so
   günstig aufgenommen wurde.« (Dichtung und Wahrheit, III,11). Vgl. auch
   Kap. I, Anm. zu 57,34–58,4.

soll. Vielleicht, wenn ich noch eine Zeitlang hier bleibe, geniesse ich besserer Einflüsse.«

Gräf. Nr. 704.

Ab 11. Mai kann jedoch, wie sich im »Tagebuch« verfolgen läßt, die tägliche intensive Beschäftigung zunächst mit dem Schema der »Wahlverwandtschaften« begonnen werden. Seiner Frau Christiane schreibt Goethe am 12. Mai:

»Indessen geht mir, was ich arbeite, gut von Statten und mehr bedarf ich nicht. Wenn ich noch einige Zeit hier bin, soll der Roman, hoffe ich, zum Druck befördert sein. Denn ich lasse ihn hier drucken, und es soll damit, wie mit einigen andern Dingen, rasch gehen. Worüber Du Dich erfreuen wirst.«

Gräf. Nr. 706.

Vorläufig wird mit dem Drucken allerdings noch nicht angefangen, denn nach mehrtägigem Nachdenken über den Roman (s. Gräf, Nr. 707–711) meldet das »Tagebuch« am 26. Mai: »Der ›Wahlverwandtschaften‹ drittes Buch angefangen« (s. Gräf, Nr. 712). Das ist neben jener Bemerkung über die »Ausfüllung und Ausführung« vom Vormonat ein weiterer Hinweis auf die geplante Erweiterung des Manuskripts. Über eine inhaltliche Abgrenzung der verschiedenen Bücher gibt es keinerlei Hinweise. Am 29. Mai heißt es an gleicher Stelle, daß das »erste Buch der ›Wahlverwandtschaften‹ besonders durchgegangen« wurde (s. Gräf, Nr. 714). Es ist möglich, daß das einzige erhaltene Schema des Romans (Teil 1, in Riemers Handschrift; s. S. 113) an diesem Tag entstanden ist.[11] Wie die am nächsten Tag an Christiane nach Weimar gehende Bitte zeigt, geht die Arbeit jetzt gut voran:

»Wende alles, was Du kannst, die nächsten acht Tage von mir ab: denn ich bin gerade jetzt in der Arbeit so begriffen, wie ich sie seit einem Jahre nicht habe anfassen können. Würde ich jetzo gestört, so wäre alles für mich verloren, was

---

11 Riemers Tagebuch verzeichnet am gleichen Tag: »Bei Goethe, *Wahlverwandtschaften*« (s. Gräf, S. 380,4).

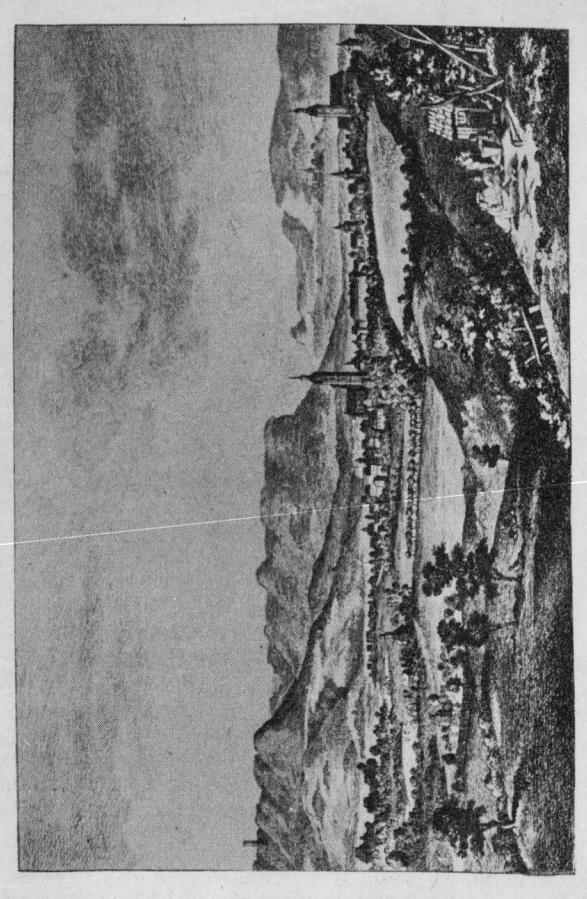

Jena
Blick auf die Stadt von Osten

man[14] erfunden und gebraucht) sind geistreicher und lassen sich eher mit Poesie, ja mit Societät verbinden, als alle übrigen, die ja auch, selbst die mathematischen, nur anthropomorphisch sind, nur dass jene dem Gemüth, diese dem Verstande angehören.«

Gräf. Nr. 735.

In Goethes »Tagebuch« ist unter dem gleichen Datum, dem 24. Juli – sowie an den folgenden Tagen –, zu lesen, daß er an dem Roman korrigiert (s. Gräf, Nr. 736–741). Bei Riemer heißt es ferner, daß die Vorbesprechungen zum Druck des Werkes am nämlichen Tage stattfinden (s. Gräf, S. 387,1). Am 28. Juli kann Goethe in einem Brief an Christiane melden:

»Die ersten Bogen des Romans sind in die Druckerei, und es braucht nur sechs bis acht Wochen Ruhe und Sammlung, so ist die Sache abgethan und ich kann an etwas Andres gehen. Riemer ist mir auf die beste Weise behülflich.
... Für mich wünsche ich weiter nichts als ein leidliches Befinden, dass ich in diesen paar Monaten mit meiner vorgesetzten Arbeit fertig werde, ...«

Gräf. Nr. 742.

Vom 30. Juli an werden die Revision des Romans im Manuskript und die Durchsicht der ersten Druckbogen nebeneinander betrieben (s. Gräf, Nr. 745 und 746, 751 und 752, 754–760, 762–774). Außer dem »Tagebuch« verzeichnen verschiedene Briefe Goethes den täglichen Fortschritt und

---

14 Der schwedische Naturforscher Bergman hatte die Lehre von den chemischen Wahlverwandtschaften um 1775 aufgestellt. Danach findet bei dem Aufeinanderwirken zweier Verbindungen AB und CD entweder keinerlei Veränderung statt oder aber eine völlige Trennung und Neuverbindung in die Gruppen AC und BD. Ähnlich läßt Goethe es im Roman den Hauptmann im 4. Kapitel des ersten Teils vortragen. Wie dieses chemische Gleichnis in den »Wahlverwandtschaften« dichterisch verarbeitet und variiert wurde bzw. wie es innerhalb des Romangeschehens aufgefaßt werden kann, ist nachzulesen bei Friedrich Nemec, »Die Ökonomie der »Wahlverwandtschaften««, S. 49–63. Vgl. auch die in Kap. I, S. 5 abgedruckte Selbstanzeige des Romans, die wenig später veröffentlicht wurde.

drücken zugleich den Wunsch aus, daß das Werk nun auch in absehbarer Zeit zu Ende geführt werden kann. So am 1. August an Christiane:

»Wir haben den Druck des Romans angefangen, ohne zu wissen, wie wir damit zu Ende kommen wollen. Indessen, wenn wir den August und September gut anwenden, so ist Hoffnung, dass wir fertig werden.«

Gräf. Nr. 748.

Und an Charlotte von Schiller am gleichen Tage:

»Aus beiliegendem Blättchen[15] sehen Sie, dass der Roman anfängt gedruckt zu werden. Lassen Sie Ihre guten Wünsche bei uns sein, damit wir ihn bald nach Michael gebunden sehen. Es ist eine grosse Reise, die mir bevorsteht und die sich leider nicht mit Extrapost machen lässt.«

Gräf. Nr. 750.

An Meyer schreibt Goethe am 11. August:

»Der neue Roman ist bis zum siebenten Bogen gedruckt in unsern Händen. Es wird sorgfältig daran redigirt, corrigirt und revidirt und ist kaum abzusehen, wie bis Michael das Ganze fertig sein soll. Indessen ohne eine solche Nöthigung käme man gar nicht zu Stande.«

Gräf. Nr. 761.

Am 22. August, elf Tage später also, wird laut »Tagebuch« das letzte Kapitel des ersten Teils durchgesehen. Gleichzeitig schickt Goethe die Anzeige des Romans[16] nach Tübingen an seinen Verleger Cotta. Sie ist für die Veröffentlichung im »Morgenblatt für gebildete Stände« bestimmt, erscheint dort am 4. September 1809 und ist mit folgender Ankündigung eingeleitet:

»Wir geben hiermit vorläufige Nachricht von einem Werke, das zur Michaelismesse im Cottaschen Verlage herauskommen wird:«

Gräf. Nr. 747.

---

15 Goethe sendet ihr den ersten Druckbogen des Romans zu.
16 Text der Anzeige s. Kap. I, S. 5.

Weil Ihr Euch über den ersten Theil des Romans so freundlich geäussert habt, so soll die Hälfte des zweiten bis an
einen Abschnitt die nächste Woche unter eben den Bedingungen zu Euch gelangen. Du schickst mir den Band wieder, den Du in Händen hast, und wir hoffen nun das Ende
bald zu erreichen. Doch brauchen wir, wenn kein Hinder-
niss dazwischenkommt, immer noch zehn Tage. Wenn Du
etwa hören solltest, dass jemand zu mir herüberkommen
will, so lehne es ja ab: denn es kommt doch, wie ich auch
diessmal gesehen habe, für die Besuchenden auch nicht das
Geringste heraus.«

Gräf. Nr. 816.

Besondere Sorgfalt wird noch einmal auf das Durchdenken
und Überarbeiten des Romanschlusses verwendet. Das
»Tagebuch« meldet an vier verschiedenen Tagen zwischen dem 17. und 26. September eine Beschäftigung
mit dem letzten Kapitel (s. Gräf, Nr. 810, 820, 821 und
823).
Die Durchsicht der Druckbogen des zweiten Teils nimmt
Goethe bis zum 4. Oktober in Anspruch, jedoch nutzt er die
Tage, die er in Jena verbleibt, ebenfalls, um das neue Werk
zahlreichen Freunden und Bekannten brieflich anzu-
künden.
Daß die Rezeption der »Wahlverwandtschaften« nunmehr
in den Vordergrund rückt, zeigt – neben diesen Briefen –
auch die »Tagebuch«-Notiz vom 29. September:

»[Vormittags] Der sechzehnte Revisionsbogen. ... Abends
Oberstlieutenant von Hendrich. Ueber Aufnahme neuer
Werke, besonders von Freunden und Stadtgenossen.«

Gräf. Nr. 829.

An Cotta schickt Goethe am 1. Oktober folgendes
Schreiben:

»Die Aushängebogen des Romans werden nun bald in Ihren
Händen sein; und ich wünsche, dass diese beiden Bändchen
zuerst Ihnen und dann dem Publicum Vergnügen machen.

Die
Wahlverwandtschaften.

Ein Roman

von

Goethe.

Erster Theil.

Tübingen,

in der J. G. Cottaischen Buchhandlung.

1809.

Es ist so manches hineingelegt, das, wie ich hoffe, den Leser zu wiederholter Betrachtung auffordern wird.«

Gräf. Nr. 833.

Unter dem gleichen Datum findet sich ein weiteres an den Verleger gerichtetes Briefkonzept:

»Dass der Roman als Fortsetzung meiner Werke abgedruckt werde, bin ich wohl zufrieden und so, dass es damit wie mit dem Uebrigen nach unsrer Verabredung gehalten werde.
Einen Preis für diese Arbeit wüsste ich nicht auszusprechen. Ich habe daran, was ich vermochte, gewendet und ich bin von Ihnen überzeugt, dass Sie mich und die Meinigen dagegen das Billige und Rechte werden geniessen lassen.«[21]

Gräf. Nr. 834.

Einige weitere Briefe gehen am 1. Oktober von Jena ab. Einer an Frau von Eybenberg:

»Der Roman, den Sie durch Ihre Theilnahme so sehr gefördert haben, ist nun bald völlig abgedruckt und wird seinen Weg auf die Leipziger Messe nehmen. Ich schicke Ihnen kein Exemplar, weil Sie es, bei dem jetzigen theuern Porto, bequemer durch den Buchhandel erhalten.
Gedenken Sie mein unter dem Lesen, gedenken Sie der guten Tage, in welchen dieses Werkchen grösstentheils in Ihrer Nähe entstand.«

Gräf. Nr. 835.

Und an Reinhard:

»Noch bin ich in Jena und hoffe, die letzten Bogen meines Romans noch vor Ablauf des Stillstandes, oder vor Unterzeichnung des Friedens, gedruckt zu sehen.[22] Es

---

21 Goethes Honorar für den Roman beträgt 2000 Rth., und für den notwendigen Nachdruck erhält er 500 Rth. Siehe dazu Gräf, S. 407,5.
22 Die Friedensverhandlungen zwischen Frankreich und Österreich, auf die Goethe sich hier bezieht, fanden erst am 14. Oktober im Anschluß des Wiener Friedens ein Ende.

ist auf dieses kleine Werk so viel verwendet worden,
dass ich hoffen kann, man wird es mit Antheil aufnehmen.
Das erste, vollständige, geheftete Exemplar gebe ich für Sie
auf die fahrende Post. Indessen können noch immer vierzehn Tage hingehen, bis es in Ihre Hände kommt.«

Gräf. Nr. 836.

Am 7. Oktober kehrt Goethe nach Weimar zurück. Riemers
Tagebuch ist zu entnehmen, daß der Autor den fertigen
Roman am 9. Oktober dort in Empfang nehmen kann
(s. Gräf, S. 413,2).
In den »Tag- und Jahresheften« faßt Goethe viele Jahre
später[23] die Jenaer Periode der Entstehung der »Wahlverwandtschaften« wie folgt zusammen:

»[Zu 1809.] Dieses Jahr muss mir in der Erinnerung, schöner Resultate wegen, immer lieb und theuer bleiben; . .
Was ich mir . . in Jena zu leisten vorgenommen, sollte
eigentlich durch einen ganz ununterbrochenen Aufenthalt
begünstigt sein; dieser war mir jedoch nicht gegönnt; uner-
wartete Kriegsläufte drangen zu und nöthigten zu einem
mehrmaligen Ortswechsel.
. . . Um von poetischen Arbeiten nunmehr zu sprechen, so
hatte ich von Ende Mai's an die ›Wahlverwandtschaften‹,
deren erste Conception mich schon längst beschäftigte, nicht
wieder aus dem Sinne gelassen. Niemand verkennt an diesem Roman eine tief leidenschaftliche Wunde, die im Heilen
sich zu schliessen scheut, ein Herz, das zu genesen fürchtet.
Schon vor einigen Jahren war der Hauptgedanke gefasst, nur
die Ausführung erweiterte, vermannichfaltigte sich immerfort und drohte die Kunstgränze zu überschreiten. Endlich
nach so vielen Vorarbeiten bestätigte sich der Entschluss,
man wolle den Druck beginnen, über manchen Zweifel
hinausgehen, das eine festhalten, das andere endlich bestimmen.

23 Dezember 1822 und Januar 1823.

In diesem raschen Vorschritt ward ich jedoch auf einmal gestört; denn indem man die Nachrichten des gewaltsamen Vordringens der Franzosen in Oesterreich mit Bangigkeit vernommen hatte, begann der König von Westfalen einen Zug gegen Böhmen, wesshalb ich den 13. Juni nach Weimar zurückging. Die Nachrichten von dieser sonderbaren Expedition waren sehr ungewiss, als zwei, dem Hauptquartier folgende, diplomatische Freunde, von Reinhard und Wangenheim, mich unerwartet besuchten, einen unerklärlichen Rückzug räthselhaft ankündigend. Schon am 15. Juli kommt der König nach Weimar, der Rückzug scheint in Flucht auszuarten und gleich am zwanzigsten ängstigt das umherstreifende Oelsische Corps uns und die Nachbarschaft. Aber auch dieses Gewitter zieht schnell in nordwestlicher Richtung vorüber, und ich säume nicht am dreiundzwanzigsten Juli wieder nach Jena zu gehen.

Unmittelbar darauf werden die ›Wahlverwandtschaften‹ in die Druckerei gegeben, und indem diese fleissig fördert, so reinigt und rundet sich auch nach und nach die Handschrift, und der 3. October befreit mich von dem Werke, ohne dass die Empfindung des Inhalts sich ganz hätte verlieren können.«

Gräf. Nr. 891.

2. Ein Schema zum ersten Teil des Romans

I Theil.

1. Exposition überhaupt
   Beratschlagung wegen des Hauptmanns Aufnahme in die Familie
2. Ottiliens Verhältniß wird eingeführt
   Mittler kommt.
   Es wird entschieden, den Hauptmann aufzunehmen.
3. Der Hauptmann kommt.
   Unterhaltung in der Mooshütte.
   Aussicht von der Höhe.

Einleitung der Geschäfte.
Tadel von Charlottens Anlagen.
Erste Nachricht von der Pension.
4. Die Charte wird fertig.
Die Geschäfte förmlicher betrieben.
Allerley nützliche Anstalten werden gemacht.
Vorlesung und daraus entspringender Vortrag von den
    Wahlverwandtschaften.
Es entscheidet sich, daß Ottilie aufgenommen wird.
5. Zweyte Briefe aus der Pension
Die beyden Männer ziehen zusammen.
6. Ottilie kommt.
Die beyden Frauen schließen sich aneinander.
Die beyden Männer handeln immerfort gemeinsam.
Größeres Parkwesen in Bewegung gebracht.
Dadurch Annäherung Charlottens zum Hauptmann.
7. Eduard schließt sich an Ottilien
Die Geschäfte der beyden Freunde leiden
Großer Spaziergang um die Teiche.
Aussichten u. Vorsätze zu neuen größeren Anlagen.
Die Neigungen wachsen.
8. Charlottens Geburtstag.
Ankündigung der Gäste.
Erscheinung Mittlers.
9. Der Graf und die Baronesse kommen an.
Tischgespräche über Heirat u. Scheidung
Spazirgang nach Tisch.
Charlotten eröffnet der Graf seine Absichten auf den
    Hauptmann.
Die Baronesse forscht Eduarden aus wegen Ottilien.
Abendtisch und Unterhaltung.
10. Nachtscene zwischen dem Grafen und Eduard.
Abenteuerlicher Gang der beyden.
Eduard bringt bey seiner Frau die Nacht zu.
11. Frühstück.
Zerstreuter Tag.

I. Theil.

1.)
2.)
3.)
4.)
5.)
6.)

Riemers Schema

Wasserfahrt des Hauptmanns und Charlottens.

Vollendete Abschrift durch Ottilien und Erklärung zwischen ihr u. Eduard.

Abendessen der Viere.

Ereignisse zwischen dem Hauptmann und Charlotten nacherzählt.

12. Eduards Leidenschaft bricht aus.
    Der Hauptmann bereitet sich zu einer Entfernung.
    Eduard und Ottilie verstricken sich immer tiefer.
    Charlotte u. der Hauptmann resigniren sich.

13. Der Graf beruft den Hauptmann ab.
    Verwandlung der Teiche in einen See wird betrieben.
    Ottiliens Geburtstag wird vorbereitet.
    Kommt heran.
    Das Haus wird gerichtet.
    Unglück durch Einsinken des Damms.
    Feuerwerk.
    Bettler.

14. Der Hauptmann ist abgereist
    Erklärung Eduards mit seiner Frau.
    Entschluß sein Haus zu verlassen
    Abreise.
    Bettler.

15. Ottilie vermißt Eduarden.
    Wird seiner Entfernung gewiß.
    Schmerzlicher Zustand.
    Fassung
    Charlottens Betragen
    Gegen Ottilien
    Gegen das Haus- u. Parkwesen.

16. Mittler besucht Eduarden,
    Eduards Leidenschaft.
    Hoffnung einer Scheidung
    Mittler besucht Charlotten.
    Entdeckung ihrer Schwangerschaft
    Eduards weitere Reise.

Ottiliens dunkle Entsagung.
Erwähnung des Tagebuchs.

Goethes Werke. Hamburger Ausgabe in 14 Bänden. Hrsg. von Erich Trunz. Bd. 6. Hamburg:
Wegner, ⁶1965. S. 672–674. [Zit. als: HA VI.]

Das obige Schema, das einzige zum Manuskript der »Wahlverwandtschaften« gehörende Dokument, das erhalten ist,
befindet sich im Goethe- und Schiller-Archiv in
Weimar.[24]
Es ist von Riemers Hand geschrieben (s. Abbildung der
ersten Seite des Originals auf S. 113) und hat zwei Kapitel
weniger als die endgültige Fassung des Romans.
Vor dem 8. Kapitel des Schemas ist im Roman ein neues
eingefügt, das hauptsächlich das unterschiedliche Musizieren der beiden Paare zum Inhalt hat. Kapitel 8 der Gliederung wird so zum 9. des Romans. Durch Teilung in der
Mitte werden aus dem 13. Kapitel später zwei, nämlich 14
und 15 des fertigen Werkes. Diese Zählung ergibt sich, wenn
man das vor dem 8. eingeschobene Kapitel berücksichtigt.
Das Entstehungsdatum des Schemas ist nicht bekannt.
Wahrscheinlich liegt es in der Jenaer Periode der Arbeit an
den »Wahlverwandtschaften«, also im Frühsommer 1809,
bevor der erste Teil gedruckt wurde und nachdem feststand,
daß der Roman in mehr als einen Teil gegliedert würde. Vgl.
S. 120 und HA VI, 675.

---

24 Das Schema ist im 6. Bd. der Hamburger Ausg. zum erstenmal abgedruckt
   worden.

III. Dokumente zur Wirkungsgeschichte

Im Unterschied etwa zu »Werther« haben die »Wahlverwandtschaften« erst spät zu direkter literarischer Nach-
schöpfung angeregt.[1] Die Diskussion über diesen Altersro-
man Goethes aber ist von seinem Erscheinen bis in unsere
Zeit nicht abgebrochen. Tatsächlich beginnt die Wirkungsgeschichte der »Wahlverwandtschaften« in einem sehr frühen Stadium. Die erste Verfilmung im Jahre 1974[2] und die
Aufnahme des Romans in eine Liste der 100 lesenswerten
Bücher der Weltliteratur im Herbst 1978[3] beweisen, daß sie
noch nicht zu Ende ist. Die große Kontroverse, die der
Inhalt des Romans nach der Veröffentlichung im Oktober
1809 bis weit ins 19. Jahrhundert hinein auslöste, hat sich in
unserem Jahrhundert weitgehend verloren und hat – vor
allem nach dem Zweiten Weltkrieg – einer mehr dichtungs-
theoretischen Auseinandersetzung mit dem Werk Platz gegeben.[4]

1 Helmut Heißenbüttels Roman »D'Alemberts Ende« (1970) und Reinhard
  Baumgarts Drama »Wahlverwandtschaften« (1980) mögen bedingt als eine
  solche gelten. Siehe dazu etwa Marianne Kesting, »Auf der Suche nach der
  Realität« (1972), S. 172–175, und C. Bernd Suchers Rezension in der
  »Süddeutschen Zeitung« vom 15. 12. 1980 (Text s. S. 220–222).
2 Hergestellt durch das VEB Defa Studio für Spielfilme in Berlin unter der
  Regie von Siegfried Kühn. Hauptdarsteller: Ottilie – Magda Vasary;
  Eduard – Hilmar Thate; Charlotte – Beate Tyszkiewicz; Hauptmann –
  Gerry Wolff. Besprechungen u. a. in »Film und Fernsehen« 2 (1974) Nr. 9,
  S. 32–35 (Rolf Richter, »Liebesgeschichten ... ›Die Wahlverwandtschaf-
  ten‹ als Film«) und 2 (1974) Nr. 12, S. 40–45 (Dieter Schiller, »Die
  Wahlverwandtschaften. Bemerkungen zum Verhältnis von Film und
  Buch«).
3 Aufgestellt von der Wochenzeitung DIE ZEIT. Daß die Auswahl der dort
  genannten Bücher angegriffen wurde, kann hier unberücksichtigt bleiben.
  Wichtiger ist, daß die »Wahlverwandtschaften« – neben »Werther« die
  einzige aus Goethes Werken ausgewählte Prosa – heute noch als Lektüre
  empfohlen werden und weiterwirken können (Textauszug des Kommen-
  tars s. S. 218–220).
4 Eine gute Übersicht über die Wege der Forschung gibt Ewald Rösch
  in der Einleitung zu »Goethes Roman ›Die Wahlverwandtschaften‹«,
  S. 1–34.

1. 19. Jahrhundert

a. Vor der Veröffentlichung

Es gibt ungezählte Belege für Goethes Interesse daran, wie der gebildete Leser seine Werke aufnahm und beurteilte, und für die Tatsache, daß er häufig noch während des Entstehungsprozesses die Meinung von Freunden und Bekannten suchte. Zuweilen lassen sich auch Rückwirkungen feststellen. Die »Wahlverwandtschaften« bilden keine Ausnahme. Im Gegenteil. Während ihrer Entstehung zeigen sich diese Bestrebungen Goethes in besonders deutlicher Weise, so daß die Wirkungsgeschichte noch vor Fertigstellung des Romans angesetzt werden kann.

Seinem Freunde, Hofrat Meyer, erzählt Goethe ganze Teile der Handlung, bevor eine Zeile davon niedergeschrieben ist (s. Kap. II, S. 86). Während der Karlsbader Arbeitsperiode macht er Marianne von Eybenberg mit den 18 Kapiteln jener ersten Fassung wohl auch aus dem Grunde bekannt, um das Urteil der klugen Jüdin zu hören (s. Kap. II, S. 89). Die Reaktionen der beiden ersten Hörer kennt man nicht.

Bevor sich Goethe im Frühsommer 1809 nach Jena zurückzieht, um dort den Roman zu beenden, liest er der Herzogin[5] und einem kleinen Kreis das bisher Ausgeführte an zwei Abenden vor. Charlotte von Stein und Henriette, die Schwester von Goethes Freund Knebel,[6] sind ebenfalls anwesend, und von ihnen stammen die ersten überlieferten Reaktionen zu den »Wahlverwandtschaften«.

Henriette schreibt am 19. April 1809 an ihren Bruder nach Jena:

»Es ist ewig schade, daß Du nicht die Erzählung von Goethe

---

5 Die Lesungen fanden am 18. und 19. April 1809 bei der Herzogin Luise, der Gemahlin Carl Augusts von Sachsen-Weimar, statt.

6 Karl Ludwig von Knebel (1744–1834), Erzieher der weimarischen Prinzen, als deren Reisebegleiter er im Dezember 1774 in Frankfurt die folgenreiche Bekanntschaft mit Goethe vermittelte, gehört zu den wenigen Freunden des Dichters, mit denen er das vertrauliche Du teilte.

mit angehört hast. Sie ist voll Geist und Leben und versetzt
in die mildeste Gemütsstimmung.«
                                                    Gräf. S. 375,1.

Über das am zweiten Abend Gehörte urteilt sie in ihrem
Brief vom 29. April an den gleichen Empfänger:

»Heute wird Goethe auf einige Tage nach Jena kommen. Er
hat uns gestern durch die Fortsetzung seines Romans einen
der seltnen und auserlesenen Abende verschafft und hat uns
ganz in seinen Zauberkreis hineingezogen. Seine Gemälde
sind nicht allein vollkommen richtig gezeichnet, sondern
jedes Detail ist zugleich mit so lebhaften Farben und so
äusserst delicat ausgemalt, dass man dieses neue Product als
ein Meisterwerk nicht genug bewundern und sich darüber
erfreuen kann. Ich gäbe was drum, wenn er Dir's vorläse. Es
hat uns sehr glücklich gemacht.«
                                                    Gräf. S. 376 f., 1.

Charlotte von Stein (1742–1827) gibt ihren Eindruck von
dem neuen, noch unvollendeten Werk am gleichen Tag an
ihren Sohn Fritz weiter:

»Es that einem wohl, auf einige Stunden in eine idealische
Welt zu kommen. Wie viel Kenntniss des menschlichen
Herzens, was für feine Gefühle, wie viel Sittlichkeit, Ver-
stand und Anstand darin vorgetragen ist, kann ich Dir nicht
genug sagen. Der Himmel gebe, dass er ihn vollenden kann.
Er hatte ihn voriges Jahr in Karlsbad angefangen, und nun
will er ihn auch dort vollenden, und die Kriegsunruhen [der
Krieg Napoleons gegen Oesterreich] verhindern die
Reise.«
                                                    Gräf. S. 376,1.

Welche Rückwirkung diese frühen Urteile – sie wurden ihm
wohl von Knebel mitgeteilt – auf Goethe haben, läßt sich
zum Beispiel seinem Brief an Frau von Stein entnehmen, den
er am 30. Mai während der zweiten Phase der Arbeit aus
Jena an sie schreibt (s. S. 101).
Sobald der erste Teil des Romans am 15. September in
gedruckter Form in seinen Händen ist, sendet Goethe ihn

mit einigen Anweisungen, von denen die vierte in diesem Zusammenhang am meisten interessiert, an seine Frau:

»... sodann schicke ich ein Bändchen, aber nur unter folgenden Bedingungen:
1. Dass Ihr es bei verschlossenen Thüren leset.
2. Dass es niemand erfährt, dass Ihr's gelesen habt.
3. Dass ich es künftigen Mittwoch wieder erhalte.
4. Dass mir alsdann zugleich etwas geschrieben werde von dem, was unter Euch bei'm Lesen vorgegangen.«

Gräf. Nr. 807.

Mit besonderer Umsicht bereitet Goethe die Rezeption des fertigen Werkes vor. Die Ankündigung der »Wahlverwandtschaften« mit der Bitte, den Roman gut aufzunehmen, ist Hauptthema seiner Briefe an Freunde während der letzten Entstehungszeit und auch in einigen nach der Veröffentlichung (s. Gräf, Nr. 819, 822, 829, 830, 836, 837 und 844). An Rochlitz schreibt er am 28. September:

»Ich habe hier einige Monate auf die Bearbeitung und auf den Druck eines Romans verwendet, der in wenig Tagen die Presse verlassen wird. Da Sie sich in diesem Fache selbst so löblich hervorgethan, so wünschte ich wohl Ihre Meinung über meine Arbeit zu hören, und wenn es Ihnen gelegen wäre, öffentlich. Es gibt, wie Sie selbst wissen, mehr als eine Art dergleichen Productionen zu beurtheilen: eine gedrängte, welche die Hauptmomente hervorhebt, würde mir sehr willkommen sein.«

Gräf. Nr. 826.

Die folgenden Auszüge aus den nach dem Erscheinen der »Wahlverwandtschaften« entstandenen Dokumenten werden der großen Anzahl wegen nicht kommentiert.

b. 1809 und 1810

Johann Friedrich R o c h l i t z (1769–1842) an Goethe am 4. 10. 1809:

»Den Roman, womit Sie uns alle so sehr überraschen, werde ich mir, sobald er auf der Messe erscheint, verschaffen; werde ihn in ruhigen Stunden erst in einem Strich durchlesen, um das Ganze möglichst rein zu fassen und die frische Blüthe des Genusses mir vollgültig zu verschaffen, und dann, nach einiger Zwischenzeit, alles langsam wiederholen, um nun auch das Einzelne in dem Ganzen erkennen, schätzen und geniessen zu lernen. Was mir nun hierbei von selbst Bedürfniss wird aufzuschreiben, das schreibe ich auf und sende es Ihnen zu. Sie werden dann entscheiden, ob es bei Seite gelegt, oder für das Publicum benutzt werden und, wenn Sie diess erwähleten, wo es geschehen soll. Eine eigentliche Recension wird es aber ganz gewiss nicht; denn wenn ich mir diese von einem Werke solcher Art schon nicht einmal denken kann, so kann ich sie noch weit weniger verfassen.«

Gräf. S. 404 f., 3.

Rochlitz an Goethe am 5. 11. 1809:

»Ew. Excellenz neues Werk, die ›Wahlverwandtschaften‹, habe ich in den letzten Tagen erst lesen können und in dieser Stunde habe ich es beendigt. Von Ihrer Aufforderung ermuthiget, kann ich es nicht lassen, Ihnen sogleich einiges darüber zu schreiben, ohngeachtet ich nicht weiss, ob ich eben jetzt nur einen Theil dessen, was ich wohl sagen möchte, gehörig auszusprechen im Stande sein werde.
Ich bemühe mich um keine Einkleidung, auch um keine Ordnung, sondern gebe, was und wie sich's mir von selbst eben darstellt.
Ich bin auf's innigste durchdrungen, ich bin erschüttert bis zum Schmerz: und gleichwohl ist mein ganzes Wesen Leben, Freude und schöner Genuss: ja selbst jener Schmerz ist ein nothwendiger Theil meines Glücks. Ich kenne Werke dieser Gattung, welche Höheres und Grösseres wollen: aber durchaus keins, das, was es will, so vollkommen leistet. Ich bewundere den so leise, aber so bestimmt in allen seinen Linien angelegten Plan: ich bewundere jedoch noch mehr

die Umsicht, die Klarheit und die Ausdauer in der Ausführung dieses Plans bis in's Kleinste. Die Begebenheiten, die Charaktere, die Situationen, selbst die Scene, worauf sich jedes zeigt – alles ist in reiner Harmonie und wirkt mithin vollkommen eins und dasselbe. So sehr die Ausbeugungen, betrachtet man sie einzeln für sich, diesem zu widersprechen scheinen, so sehr bestätigen sie es, siehet man sie im Ganzen und aus dem Ganzen an. Dieser innere Zusammenhang macht es, dass man lesend sich nicht zu lesen scheint, sondern zu leben, nicht zu denken, sondern zu handeln, mit einzugreifen, mit zu blühen und mit zu vergehen.

Im Einzelnen, die Charaktere – sie sind keine wesenlosen Ideen, sondern wahre Personen, ohne jedoch an Hinz oder Kunz zu erinnern; sind wahre Individuen, ohne dass viel auf das gezählt wäre, was man im gemeinen Leben Eigenheiten nennt. Diese scheinen vielmehr, wie kleine späte Drucker auf das Gemälde, nur aufgetragen, den Schein der Wirklichkeit täuschender – so täuschend zu machen, als die würdige Kunst täuschen mag. Bewundernswerth und äusserst kunstreich finde ich dabei, dass die Personen nur in Gruppen einander entgegengestellt sind; dass nun die Theile jeder Gruppe, wie billig, einander nicht wenig verwandt, und doch so weit, so sicher, so consequent geschieden sind, ja auch in dieser Verschiedenheit wieder so geistreich *unter sich* gruppirt erscheinen.

Im Einzelnen, die Situationen – sie sind so natürlich nicht nur gewählt, sondern auch herbeigeführt und hingestellt, dass man sie täglich selbst zu erwarten sich berechtigt glaubt, und eben dadurch noch mehr, eben dadurch wahrhaftig unwiderstehlich in sie hineinzogen wird. Selbst das Schwierigste und Häkelichste in der Behandlung ist da mit einer Vollständigkeit, Fülle und Gegenwart, und doch zugleich mit einer Delicatesse gegeben, welche vereint noch kein Romandichter, ausser Ihnen, erreicht hat.

Nur um verständlich zu sprechen führe ich hier die Scenen in Anwesenheit des Grafen und der Baronesse um die Mitte des ersten Theils an. – Kaum einigemal scheinen mir die

Personen etwas mehr um des Dichters und besonders um
der herbeizuführenden Situation Willen, als aus sich selbst
und ihrem innern Wesen zu thun; zum Beispiel Theil 1 Seite
212 [im zwölften Capitel, W. 20, 135, 6–9: Eduard steigt in
den Kahn, wo der Hauptmann und Charlotte schon Platz
genommen haben. ›.. aber als er eben im Abstossen begriffen war, gedachte er Ottiliens, .. sprang wieder an's Land,
.. und eilte, sich flüchtig entschuldigend, nach Hause‹],
was, wie mich dünkt, solch ein Mann *jetzt* wohl möchte,
aber nicht thäte. (Vielleicht wären auch dort die Empfindungen Eduards bei der Rückkehr Charlottens besser aus seinem Benehmen zu errathen gegeben, als so unverholen
ausgesprochen worden. Ein Gleiches scheint mir bei einigen
ähnlichen Stellen weiter hin zu wünschen. Doch kann es
sein, dass mich eben bei solchen Anlässen meine Individualität in's Superfeine irre führt). –
In den letzten tragischen Situationen ist etwas so Ungeheu-
res, und doch so Nahes, dass es einen hinreisst, wie Lears
Geschick. Wird jedoch nicht die für viele gewiss wirksamste
dieser Scenen, der Tod des Kindes, zu schnell von den
Personen und fast auch vom Dichter vergessen? – Ist es
befriedigend, dass Charlotte und der Major am Ende still-
schweigend aufgegeben werden?
Freilich wüsste ich mit ihnen nichts weiter zu thun – denn
die Sterbenden zu häufen, oder nach dem Tode jenes Paares
für dieses, wenn auch noch so leise, heitere Aussichten zu
eröffnen, wäre gleich unstatthaft: aber ich bin auch nicht der
Dichter, und der Dichter kann alles.
Das Episodische ist wunderschön, ist auch äusserst bequem
herbeigeführt und greift dann trefflich zurück und hinüber
in die Hauptsache. Nur zu Anfang des zweiten Theils
geschieht diess vielleicht etwas zu spät. Ueberhaupt findet
man da den *rothen Faden* für Ottilien zwar leicht, für
Charlotten wohl auch noch: aber man dürfte wohl auch
einen andern, wenn gleich weniger hervorstechenden für
Eduard und den Hauptmann nicht unbillig herbeiwün-
schen.

Wenigstens möchte ich den nicht schelten, der hier behauptete, diese beiden herrlichen Männer wären dem Leser zu lange und zu weit aus den Augen entrückt.

Ich komme auf die Summe echter Lebensweisheit, welche einem, und nicht etwa allein aus Ottiliens Tagebuche, zugespielt wird. Das muss ein schlechter Leser sein, dem nicht mehrere ihrer Aussprüche lebenslang gegenwärtig bleiben, wie die Kernsprüche der Bibel, die er in Knabenjahren erlernet hat.

Am treffendsten und eingreifendsten wirken unter diesen Aussprüchen freilich die, welche gleichsam halb verdeckt, nur aus der Sache selbst nothwendig hervorzugehn, und ohne alle Gewichtigkeit vertraulich hingesprochen scheinen. Indem sie nur für den Augenblick sich geltend machen wollen, gehen sie desto sicherer und tiefer ein, wie ein unerwartet freundlicher Zuspruch, der uns nicht zum Empfang in Parade findet.

Nun die Haltung des Ganzen in Ton und Farbe; und diese Vollendung der Sprache, diess Wort in weitestem Umfang und aller Fülle genommen! In diesen Vorzügen, und besonders im letzten, halte ich dieses Werk selbst unter allen den Ihrigen, welche erzählen, für das vollendetste; und wenn in den frühern eine gewisse gemüthliche Unbesorgtheit allerdings sehr wohl thut, leichter gewinnet und auch mehr Effect macht: so muss diese classische Gediegenheit, Rundung, Sicherheit und Harmonie, wenigstens auf den gebildeten Mann, von der erwünschtesten Wirkung sein. Ich getraue mir auf eben dieses mein Urtheil etwas zu halten, weil ich in diesem Stück mich wohl auch selbst mit Fleiss und Sorgsamkeit versucht habe. – Dass Sie in Ihren Gleichnissen einzig sind, muss selbst Ihr Gegner eingestehen; und auch in diesem Betracht ist diess Werk sehr reich und äusserst anziehend.

Aber auch den Adel der Gesinnung, die Reinheit der ausserpoetischen Absicht neben der poetischen, das grosse, schöne Herz des Verfassers, das sich an so vielen Orten dieses Werks so unverkennbar zeigt und den Leser auch von dieser

Seite seines bessern Selbst erfasset; so wie alle die Merkmale
eines reichen, in den mannichfaltigsten und sehr bedeuten-
den Verhältnissen geführten, nicht kurzen Lebens, die den
Leser, welcher ebenfalls mit Besonnenheit seine Tage verbringt, so würdevoll ansprechen und so ernsthaft beschäftigen, ohne jedoch *[im] geringsten sich ihm aufzudrängen –:
auch diese muss ich hoch   , so übermüthig man auch
jetzt von gewöhnlichen Poetikern   Richtung des Blicks
nach den Seiten hin angelassen wird.

Endlich erwähne ich noch das Verhältnissmässige in der
Ausführung der meisten Theile zum Ganzen, welches mir
hier weit vollkommener zu sein scheint, als im ›*Meister*‹;
wodurch denn auch hier noch sicherer, als dort erreicht
wird, dass man immerfort, selbst ohne sich besonders
zusammen zu nehmen, das Einzelne im Ganzen und das
Ganze im Einzelnen anschaut, durchdringt und geniesset.

Diess alles nun und noch manches, was sich nicht so kurz
darlegt, auf das Fundament zuzugestehender Grundsätze zu
stellen, es dem Leser jeder Art deutlich zu machen und
stückweise im Werke selbst nachzuweisen, würde mir eben
so viel Freude, als Nutzen gewähren; und wollte man das
hernach eine Recension nennen, so müsste mir das auch
ganz recht sein: aber ich vermag es nicht, vermag es wenigstens jetzt und geraume Zeit hin nicht, da ich, wegen der
Verbindung, welcher ich entgegengehe, und worin ich ein
Glück finde, dessen ich mich früher nicht für fähig gehalten,
bei weitem zu viel, innerlich und äusserlich, beschäftigt,
abgezogen und zerstreut bin. Ein Werk dieser Gattung will
aber früher angezeigt sein, als ich die dazu nöthige Sammlung, Klarheit und Ordnung zu gewinnen mit Sicherheit
erwarten kann.

Nehmen Ew. Excellenz dieses mein aufrichtig Gest   in
Bezug auf den mir früher gegebenen, ehrenvollen   nicht
ungeneigt auf. Ich würde mich schämen;   mehr sagen
will, ich würde mich an Ihre   wenn ich etwas Alltägli-

---

* Die hier und auf der folgenden Seite fehlenden Worte sind durch Mäusefraß
  zerstört.

ches und Verworrenes darüber aussagte: das müsste ich aber jetzt, und die Besorgniss, dass diess geschähe, müsste jene Mängel nur vermehren. Ich werde es als ein Geschenk Ihrer Güte ansehen, wenn Sie mir zusichern, dass Sie diese meine Entschuldigung ohne Missfallen aufgenommen haben. Ich bin wirklich unruhig darüber – wie ich es ja über alles sein muss, wovon ich mir auch nur als möglich denken kann, es könne die Geneigtheit, womit Sie mich seit so manchen Jahren auszeichnen, vermindern.«

Gräf. S. 417–421,2.

Goethe an Heinrich Karl Abraham Eichstädt, den Leiter der »Jenaischen Allgemeinen Litteraturzeitung«, am 25. 11. 1809:

»Dass Herr Hofrath Rochlitz die Recension abgelehnt, thut mir umsomehr leid, als er in einem Briefe an mich über das in Frage stehende Werk sich sehr einsichtig und zart geäussert hat. Unter diesen Umständen gestehe ich meinen aufrichtigen Wunsch, dass eine Recension vorerst unterbleiben möge. Ein Buch, das in aller gebildeten Menschen Hände kommt und von jedem nach seiner Weise beurtheilt wird, bringt ein litterarisches Institut vielleicht am besten später zur Sprache, und recapitulirt und rectificirt mit Ernst und Einsicht die bisherigen schwankenden Urtheile.«[7]

Gräf. Nr. 860.

Johanna Frommann (1765–1830) an ihren Gatten am 18. 10. 1809:

»Es ist mir eigentlich recht schwer geworden, ohne Dich auszulesen. ... Wie hat mich die Stelle ergriffen, wo das Kind in's Wasser fällt und der Ruf des Schicksals, den man lange vernommen, immer deutlicher wird! Und doch muss ich glauben, wir ahnden nur erst, was der Dichter meint und

---

7 »Dessen ungeachtet brachte die Jenaische Allgemeine Litteratur-Zeitung bald darauf eine ausführliche Besprechung. Sie erschien am 18. und 19. Januar 1810, in Nr. 16 und 17 (Jahrgang 7 Spalte 121–131), und hatte Delbrück zum Verfasser; [...]« (Gräf, S. 426,3).

bezweckt. Mir war es oft, als stiegen alte Griechen und
Juden aus ihren Gräbern und freuten sich des neuen Werks
und sagten: Für euch ist es zuviel. Ach schon die Ahnung ist
uns soviel! – Ich fühle eine sonderbar contrastirende Empfindung in mir: indem immer gesagt wird von Eduard, er
musste, fühl' ich meine Kraft sich stählen, *nicht zu müssen.*
[. . .]«

Gräf. S. 436,1.

Goethe an Knebel am 21. 10. 1809:

»Den zweiten Theil meines Romans schicke ich Dir nicht;
Du möchtest mich darüber noch mehr als über den ersten
ausschelten. Kommt er Dir von andern Seiten her in die
Hände, so bin ich alsdann unschuldig daran. Die armen
Autoren müssen viel leiden, und es ist hergebracht, dass
gerade die Exemplare, die sie selbst ausgeben, ihnen die
grösste Noth machen.«[8]

Gräf. Nr. 849.

Knebel an Goethe am 5. 11. 1809:

»Aber was soll ich sagen zu Deinem zweiten Theil der
›Wahlverwandtschaften‹, den ich nun gelesen! Ich wäre
wohl gestraft gewesen, wenn Du mir ihn nicht geschickt
hättest. Jedes Capitel ist in seinem Inhalte tief, vortrefflich
und schön – meisterhaft geschrieben. Ich habe mich sehr
ergötzt an dem tief Erkannten, und gleichsam ganz auf eine
neue Art an's Licht Geförderten. Was soll ich zu der schönen Novelle [›Die wunderlichen Nachbarskinder‹ in Theil 2
Capitel 10] sagen? und dann zu der schaurigen Ruhe, zu der
die Geschichte gegen das Ende steigt? Es ist neu und doch
wahr und vortrefflich. Mit welchem Auge hast Du die
Menschen und ihre Dinge gesehen?«

Gräf. S. 414 f., 1.

Zelter an Goethe am 27. 10. 1809:

»Es gibt gewisse Symphonien von Haydn, die durch ihren
losen liberalen Gang mein Blut in behagliche Bewegung

---

8 Goethe ließ dem Freund durch seinen Sohn am 27. Oktober ein Exemplar
  des Romans zustellen.

bringen und den freien Theilen meines Körpers die Neigung und Richtung geben wohlthätig nach aussen zu wirken. Meine Finger werden dann weicher und länger, meine Augen möchten etwas ersehen, das noch kein Blick berührt hat, die Lippen öffnen sich, mein Inneres will hinaus in's Freie.

So geht mir's, wenn ich Ihre Romane lese und so ist mir's geworden, wie ich heute Ihre ›Wahlverwandtschaften‹ las. Das muthwillige geheimnissvolle Spiel mit den Dingen der Welt und den Figuren, die darinne angestellt und geleitet werden, kann Ihnen niemals misslingen, mag auch zwischen durchlaufen, was Platz hat, oder sich Platz macht.

Dazu eignet sich endlich noch eine Schreibart, welche wie das klare Element beschaffen ist, dessen flinke Bewohner durcheinander schwimmen, blinkelnd oder dunkelnd auf und abfahren, ohne sich zu verirren oder zu verlieren.

Man könnte zum Poeten werden über eine solche Prosa, und ich möchte des Teufels werden, dass ich keine solche Zeile schreiben kann.

Der Titel Ihres Romans macht eine ganz besondere Sensation auch unter Ihren Freunden. Manche können gar nicht darüber wegkommen, dass ihnen alles Urtheil wie abgeschnitten ist; sie möchten doch gern ihre Meinung sagen und können eigentlich zu keiner gelangen. Einigen hab' ich sogar darüber Rede stehen sollen; besonders soll der Titel erklärt werden: wie, warum, woher, wohin? [...]«

Gräf. S. 415 f., 2.

Wilhelm Grimm (1786–1859) an seinen Bruder Jakob am 28. 10. 1809:

»Goethes ›Wahlverwandtschaften‹ haben wir [*Grimm, Arnim, Brentano*] gelesen. Die erste Hälfte des ersten Bandes ist über alle Begriffe langweilig. Das Andere aber herrlich, rührend und von einer seltenen Gewalt der Darstellung. Aber jenen Fehler vergißt man nicht.«

HA VI, 640 f.

Jakob Grimm (1785–1863) an seinen Bruder Wilhelm am
11. 11. 1809:

»Von dem Buche bin ich sehr eingenommen worden und
kann gar nicht in Deinen Tadel einstimmen. Es ist mir
nämlich begreiflich, daß man in dergleichen Geschichten aus
moderner Zeit recht leis in das eigentliche Leben, durch alle
Konvenienzen hindurch, durch alles förmliche Wesen ein-
brechen muß. Im ›Wilhelm Meister‹ ist es nicht anders
gemacht. Ohne diesen Eingang wäre die Charlotte sicher
nicht interessant. Die Luciane hätte meinetwegen ganz weg-
bleiben mögen und auch der Mittler, der nichts Rechtes zu
tun hat. Beim Architekten hat vielleicht Goethe an die
Gestalt des Engelhard gedacht. Auffallend ist, wie Goethe
den Zufall und ein heimliches Schicksal gegen seine sonstige
Art mannigfaltig hat walten lassen.«

HA VI, 641.

Wilhelm Grimm an seinen Bruder Jakob am 24. 11.
1809:

»Auch darin bewährt sich sein großer Geist, daß seine
Werke so verschiedenartige Urteile erzeugen und unendliche
Ansichten zulassen. Steffens (und) Reichardt haben wieder
ganz abweichende, seltsame Meinungen; aber noch Jeder
meint: es habe doch nur Goethe schreiben können. Und
Jeder hat Etwas gefunden, das ihm besonders wert gewesen,
so daß schon jeder Charakter seinen Freund und Feind
gehabt hat und Alles schon gut und schlecht gewesen. Ich
zum Beispiel finde nun die Luciane (Jagemann) wieder sehr
reizend und ganz notwendig, indem durch sie der Charakter
der Ottilie erst recht deutlich und entgegen gestellt wird.
Dagegen ist mir der verfluchte Gehülfe ganz unaussteh-
lich.
Ich begreife auch, daß das ganze Verhältnis sehr langsam
und sorgfältig mußte entwickelt werden, nur nicht langweilig, wie es durchaus ist. Ich erkläre mir es aus der Art der
Entstehung des Buchs, weil es durchaus diktiert ist, wo der
Faden wohl nicht streng angehalten worden, sondern ganz

gemächlich abgehaspelt worden und zuweilen auf die Lehne
des Schlafsessels herabgefallen ist. Dann aber soll auch
Goethe Mehreres von Riemer haben ausarbeiten lassen und
ihm nur den Entwurf gegeben haben, wie Rafael malte –
wenn es wahr ist.«

HA VI, 641.

Achim von Arnim (1781–1831) an Bettina Brentano am
5. 11. 1809:

»Ich will von etwas anderm Schmerzlichen reden ... von
Goethes ›Wahlverwandtschaften‹. Klemens kam ganz tük-
kisch verstört davon: wie Goethe sich hinsetzen könne, den
Leuten so viel Kummer zu bereiten! Was kann er dafür?
Doch mögen wir den Himmel entschuldigen mit der Lan-
genweile, die auf Erden entstehen würde, wenn er nicht
zuweilen allerlei Trübsal auf unschuldige Häupter häufte.
Diese Langeweile des unbeschäftigten, unbetätigten Glük-
kes, die Goethe in der ersten Hälfte des ersten Bandes so
trefflich dargestellt, hat er mit vieler Beobachtung in das
Haus eines gebildeten Landedelmannes unserer Zeit ein-
quartiert. Ich habe Manchen der Art kennen gelernt, und
Alle leiden an einer ganz eigentümlichen Hypochondrie.
Durch ihre Bildung von dem Kreise eigentlicher Landleute
geschieden, so viel Wohlwollen und Wirklichkeit sie in sich
sammeln mögen, ohne eine mögliche Richtung ihrer Tätigkeit zur allgemeinen Verwaltung, kochen sie ihre häusliche
Suppe meist so lange über, bis Nichts mehr im Topfe.
Nirgends finden sich mehr Ehescheidungen als unter diesen
Klassen; alles Neuhinzutretende muß sie stören in dem
Zustande gegenseitigen Überdrusses ...
Unendlich schmerzlich ist, daß Ottilie Wunder tut und daß
die Kirche, um sie zu hindern, zugeschlossen wird. Wessen
Schuld ist diese Härte, da Eduard noch lebt? Ich will Das
durchaus nicht leiden. Will einer Wunder tun, so soll ihn
niemand daran hindern.
Übrigens wollen wir unserm Herrgott und seinem Diener
Goethe danken, daß wieder ein Teil untergehender Zeit für

die Zukunft in treuer, ausführlicher Darstellung aufgespeichert ist.«

HA VI, 642.

Jean Paul (1763–1825) an Christian Otto am 7. 11. 1809:

»Dieser dramatische Roman wird der Welt, besonders der weiblichen, mehr gefallen als der epische höhere Meister. Kunst und Menschenkenntnis etc. etc. ist viel darin; nur interess[iert] blos Ein Charakter, Ottilie. [...] Wär' er vollkommner: so hätt' ich vielleicht eine Rezension *gewagt*; so aber hätte ich nichts davon als einmal in Weimar den Anblick des aufgespreizten Gefieders an diesem Jupiters Adler. Kannst du mir den 2ten Theil ohne deine oder A[mönе]'s Unbequemlichkeit auf den Nachmittag schicken: so wär' es mir lieb. Doch thuts nicht so noth; gestern abends schickte Krause mir den 1. Theil, heute abends will ers mit dem 2ten.«

Jean Pauls Sämtliche Werke. Hist.-krit. Ausg. Hrsg. von der Preuß. Akad. d. Wiss. Abt. 3. Bd. 6: Briefe 1809–1814. Hrsg. von Eduard Berend. Berlin: Akademie-Verlag, 1952. S. 65.

Heinrich Voß (1751–1826) an Charlotte von Schiller am 12. 11. 1809:

»Bei Cottas bin ich vierzehn Tage gewesen ... Da habe ich denn auch Goethes ›Wahlverwandtschaften‹ gelesen, von denen ich viel erwartete und doch noch viel mehr fand. Die Erzählung beginnt so einfach, in so kleinem Raume, und wie erweitert sich Das alles! Mir ist, als wenn Goethe den ganzen Reichtum seiner Erfahrungen und Lebensansichten hier niederlegen wolle. Aber der Mann ist unerschöpflich wie die Gottheit: von jedem seiner künftigen Werke werde ich Dasselbige sagen müssen. Ottilie ist ein lieblicher Engel. Ein bloßes Geschöpf der Einbildungskraft? Das glaube ich nimmermehr. Aber das arme Kind jammert mich, so oft ich daran denke. Soeben hat es noch ›so vernünftig in die Welt geguckt‹, und nun dieser Tod! ... So weit habe ich gelesen;

die folgenden Bogen fehlen Cottan noch; meine Sehnsucht
nach dem Ende ist unbegrenzt.«

Karoline von Wolzogen (1763–1847) an Charlotte von
Schiller am 16. 11. 1809:

»Er [*der Roman*] hat mich unaussprechlich ergriffen und mir
meine eigene Natur wieder vereint und in allen Tiefen
aufgeschlossen.
Wie können die Menschen an So-etwas meistern und tadeln,
was ewig wahr ist wie die Aussprüche der Natur selbst!«

Friedrich de la Motte Fouqué (1777–1843) an Rahel Levin
am 30. 11. 1809:

»Nur noch einige Worte über Goethes ›Wahlverwandtschaften‹. So etwas Herrliches, finde ich, hat der alte Meister
noch nicht erschaffen. Diese tiefe künstlerische Besonnenheit bei diesem jugendinnigen Gefühl und stillem, heiligem
Glauben! Ich habe mich noch nie so zu ihm hingezogen
gefühlt.
Daß nun der Mann Exzellenz sein muß, ich ein Schriftsteller! Und vor allem, daß viele der besten Worte durch
unwürdigen Gebrauch nichtsnutzig geworden sind oder gar
verdächtig! Das tut mir jetzt recht von Herzen leid; ich
schriebe ihm sonst. Ist es aber nicht ebensoviel, wenn ich
mich vor ihm neige und im stillen Gemüte sage: ›Lieber alter
Vater, du bist doch vielmal mehr als wir Andern alle zusammengenommen, die wir heutzutage die Dichtkunst
pflegen.«

Friedrich Jacobi (1743–1819) an Voß am 18. 12. 1809:

»Was sagst Du zu Goethes ›Wahlverwandtschaften‹? Schel-
ling ist davon ganz entzückt. Mir ist das Buch im Ganzen ein
Ärgernis, ob ich gleich das darin einzeln zerstreute Gute und
Schöne wohl zu schätzen weiß.«

Goethe an Marianne von Eybenberg am 21. 12. 1809:

»Jetzt bin ich fleissig, .. indessen meine lieben Landsleute
mit den ›Wahlverwandtschaften‹ verwandt zu werden trach-
ten, und doch mitunter nicht recht wissen, wie sie es anfangen sollen.«

Gräf. Nr. 862.

Frau von Eybenberg an Goethe[9] am 24. 2. 1810:

»[Wilhelm von] Humboldt hat seiner Mephistopheles-Natur
zufolge mir Ihren Brief wenigstens zehn Tage vorenthalten
... nach vielem Schicken erhielt ich endlich das Paquet und
mit welchem Genuss las ich zum drittenmal dieses interes-
sante Product wieder! Der Gegenstand bleibt der nemliche,
allein auf so hübschem geglätteten Papier ist es doch etwas
Anderes, es ist, als sähe man einen theuren Freund in einer
schönen, hell erleuchteten Wohnung; auf dem Fliesspapier
ist's mir, als sei er nicht einlogirt, als es für ihn passe und
zieme, als habe er nicht, was ihm gebühre – schelten Sie
mich thöricht, kindisch, so ist's und nicht anders! Nie habe
so enthusiastisch, so gescheut und so dumm und absurd
über etwas sprechen hören, als über diesen Roman, und nie
sind die Buchhändler so bestürmt worden, – es war wie vor
einem Bäckerhause, in einer Hungersnoth – die ersten vier
Sendungen waren so vergriffen, dass sie nicht einmal Zeit
hatten, es in den Zeitungen setzen zu lassen. Was ich von
feinen gebildeten Menschen kenne, urtheilen und beherzi-
gen es meist, eine Classe, die eine gewisse französische
Bildung haben, radotirt stark darüber.«

Gräf. S. 428,2.

Goethe im Gespräch mit Riemer im Dezember 1809:

»Unter andern Philister-Kritiken über die ›Wahlverwandtschaften‹, gleich nach ihrer Erscheinung, war auch die: daß
man keinen Kampf des Sittlichen mit der Neigung sehe. –
Goethe bemerkte dabei gegen mich: ›Dieser Kampf ist aber

---

9 Dieser Brief ist wahrscheinlich die Antwort auf eine weitere Mitteilung
Goethes und nicht auf die oben angeführte.

hinter die Scene verlegt, und man sieht, daß er vorgegangen sein müsse. Die Menschen betragen sich wie vornehme Leute, die bei allem innern Zwiespalt doch das äußere Decorum behaupten. Der Kampf des Sittlichen eignet sich niemals zu einer ästhetischen Darstellung: denn entweder siegt das Sittliche oder es wird überwunden. Im ersten Falle weiß man nicht, *was* und *warum* es dargestellt worden; im andern ist es schmählich, das mitanzusehen. Denn am Ende muß doch *irgend* ein Moment dem Sinnlichen das Übergewicht geben, und dieses Moment gibt der Zuschauer gerade *nicht* zu, sondern verlangt ein noch schlagenderes, das der Dritte immer wieder eludiert, je sittlicher er selbst ist. In solchen Darstellungen muß stets das Sinnliche Herr werden, aber *bestraft* durch das Schicksal, das heißt: durch die sittliche Natur, die sich durch den Tod ihre Freiheit salviert. So muß der *Werther* sich erschießen, nachdem er die Sinnlichkeit Herr über sich werden lassen; so muß *Ottilie karterieren*[*] und *Eduard* desgleichen, nachdem sie ihrer Neigung freien Lauf gelassen. Nun feiert erst das Sittliche seinen Triumph.‹«

HA VI, 622.

G o e t h e im Gespräch mit einem Unbekannten (1809):

»Ob die ›Wahlverwandtschaften‹ wahr sind, ob sie auf Thatsächlichem beruhen? Jede Dichtung, die nicht übertreibt, ist wahr, und alles, was einen dauernden tiefen Eindruck macht, ist nicht übertrieben. Uebrigens soll es den Menschen gleichgültig sein; der blossen Neugierde muss man nicht Rede stehen. Das Benutzen der Erlebnisse ist mir immer alles gewesen; das Erfinden aus der Luft war nie meine Sache, ich habe die Welt stets für genialer gehalten, als mein Genie.«

Gräf. Nr. 865 a.

---

[*] *Anmerkung Riemers:* »Nach dem griechischen kartereín, *sich enthalten* (der Speise, des Schlafs u. s. w.), von Goethe der Kürze wegen gebraucht, wie öfter solche fremdsprachige Worte in dem Cotterie-Jargon, den wir unter uns führten.«

G o e t h e an Reinhard am 31. 12. 1809:

»Die ›Wahlverwandtschaften‹ schickte ich eigentlich als ein
Circular an meine Freunde, damit sie meiner wieder einmal
an manchen Orten und Enden gedächten. Wenn die Menge
dieses Werkchen nebenher auch liest, so kann es mir ganz
recht sein. Ich weiss, zu wem ich eigentlich gesprochen
habe, und wo ich nicht missverstanden werde. [. . .]
Das Publicum, besonders das deutsche, ist eine närrische
Caricatur des *demos*; es bildet sich wirklich ein, eine Art von
Instanz, von Senat auszumachen, und im Leben und Lesen
dieses oder jenes wegvotiren zu können, was ihm nicht
gefällt. Dagegen ist kein Mittel als ein stilles Ausharren. Wie
ich mich denn auf die Wirkung freue, welche dieser Roman
in ein paar Jahren auf manchen bei'm Wiederlesen machen
wird. Wenn ungeachtet alles Tadelns und Geschreis das, was
das Büchlein enthält, als ein unveränderliches Factum vor
der Einbildungskraft steht, wenn man sieht, dass man mit
allem Willen und Widerwillen daran doch nichts ändert, so
lässt man sich in der Fabel zuletzt auch so ein apprehensives
Wunderkind gefallen, wie man sich in der Geschichte nach
einigen Jahren die Hinrichtung eines alten Königs und die
Krönung eines neuen Kaisers gefallen lässt. Das Gedichtete
behauptet sein Recht, wie das Geschehene.«

Gräf. Nr. 863.

R e i n h a r d an Goethe[10] am 16. 2. 1810:

»Was Sie vom Wiederlesen der ›Wahlverwandtschaften‹ vor-
aussagen, ist bei mir bereits eingetroffen. Ich habe sie wie-
dergelesen und ich bin leicht dahin gelangt, mir von Ottiliens Eigenthümlichkeit (denn um diese Hauptfigur scheinen
mir alle andern sich zu gruppiren) eine deutliche Rechenschaft abzulegen. Dieses liebliche Wesen steht unter einer
Art von Naturnothwendigkeit, die von ihr auf alle ihre

---

10 Zur Beurteilung Eduards vgl. auch Goethes Antwort (S. 135), Solgers Brief
(S. 159 ff.), Goethes Gespräch mit Eckermann (S. 166 f.) und den Artikel
der Herausgeberin »›Die Wahlverwandtschaften‹: ein neuer Ansatz zum
Verständnis Eduards. Zur Kritik der Goethe-Kritik«.

Umgebungen ausgeht, durch Anziehen und Zurückstossen.
Sie existirt so zu sagen in einem beständigen Zustand der
Magnetisation. Weder in ihrem Wirken noch in ihrem Leiden ist volles, helles Bewusstsein; sie handelt und empfindet,
sie lebt und stirbt so und nicht anders, weil sie nicht anders
kann. Dieser Roman hat mir manche Ihrer Aeusserungen in
Karlsbad wieder in's Angedenken gebracht, und ich glaubte
darin die Befugniss zu finden, sie besser zu verstehen als
mancher Andere. Was Eduard betrifft, so versieht er sich
freilich darin, dass er sich etwas nachsieht, aber wer sieht
sich nicht etwas nach, und wer hätte darum das Recht, ihn
einen ärmlichen Charakter zu schelten? Aber unser verfei-
nertes Lesepublicum hat sich, wie das französische für's
Theater, für Moralität und Drang gewisse conventionelle
Regeln geschaffen, nach denen die Charaktere wie Puppen
am Drahte sich bewegen sollen, und in diesem Sinne haben
Sie vollkommen recht, dass das Gedichtete sein Recht
behaupte wie das Geschehene, um so mehr, wenn das
Gedichtete so tief aus der Natur gegriffen ist, dass es
sogleich lebendig in die Reihe des Geschehenen eintritt.
Spiritualistisch freilich sind Ihre Charaktere und Ereignisse
nicht, und für Jacobi werden sie ein Aergerniss sein, sowie
für Schelling eine himmlische Erscheinung. Indessen, wenn
wir jemals zu einer tieferen Kenntniss der Geheimnisse
unserer Natur gelangen, so dass wir im Stande sind, uns
davon Rechenschaft abzulegen, so ist es möglich, dass Ihr
Buch alsdann als eine wunderbare Anticipation von Wahr-
heiten dastehe, von denen wir jetzt nur eine dunkle Ahnung
haben.«

Gräf. S. 430 f., 1.

Goethe an Reinhard am 21. 2. 1810:

»Da Sie mir meine liebe Ottilie so echt, gut und freundlich nehmen und auch dem Eduard Gerechtigkeit wider-
fahren lassen, der mir wenigstens ganz unschätzbar scheint,
weil er unbedingt liebt, so gewinnen Sie gewiss diesem zweiten Theile des Farbenwesens so viel ab, dass er

dem ersten, der Ihre Gunst erwerben konnte, die Wage
hält.«

Gräf. Nr. 870.

Joseph von Görres (1776–1848) an Arnim am 1. 1.
1810:

»Ich habe mich gefreut über das Kunstwerk (Goethes Wahlverwandtschaften), wie man aus Stückchen Jugend, die ins
Alter hineinscheinen, ein Ganzes zusammensetzen kann,
das aus einem Stücke nach purer Jugend aussieht. Das ist
noch eine starkschlagende Ader, die Ottilien herausgeblutet
hat, die verspricht hundert Jahre Leben, ein warmer Blut-
strom treibt wundersame Werke und Kunstgestänge, und es
quillt wie roter Wein oben für alles Volk, Eduard aber ist
gleichsam der Ochs, der zur Krönung der schönen Gestalt
gebraten wird. Einiges mir fatale Beiwerk ist auch dabei wie
bei Wilhelm Meister, gefrorne Fensterblumen und wohl
ausgespritzte Präparate. Ich kann mich gar nicht gewöhnen
ans gemeine Leben in der Poesie, weit eher an die Poesie im
Leben, es kömmt mir manches bloß wie gebohnt und nicht
geschnitzt vor. Gar sauber ist aufgeräumt und jedes an
seinem Ort, es sind keine Kinder in der Haushaltung, die
alles durcheinanderwürfen und kleine Tümpelchen hinein-
pißten, alles wie bei einem alten Junggesellen, wo eine
gleichfalls etwas bejahrte Jungfer Ordnung hält. Die allzu
große Absichtlichkeit in allen Anlagen hat mich auch
gestört. Kurz, ich schneide nur Ottilie heraus und fasse sie
in einen goldnen Rahmen [...] habe aber doch den größten
Respekt dafür und weiß, daß ich nichts dergleichen machen
kann [...].«

Josef von Görres' Ausgewählte Werke und Briefe.
Hrsg. von Wilhelm Schellberg. Bd. 1. Kempten/
München: Kösel, 1911. S. 135.

Rudolf Abeken (1780–1866) in einer anonym erschienenen Rezension im »Morgenblatt für gebildete Stände« vom
22., 23. und 24. Januar 1810:

»Über Goethes Wahlverwandtschaften

1.

– Dass die ›Wahlverwandtschaften‹ viele Menschen nicht ansprechen, dass so sonderbare Urtheile über sie gefällt werden, befremdet mich nicht. In der That, man sieht es oft genug, wie Gegenstände, welche dem Menschen nahe liegen und ein fast allgemeines Interesse haben, leicht und oberflächlich dargestellt, ihre Wirkung nicht verfehlen; wie sie aber die Menge und die für die Welt Gebildeten kalt lassen, wie sie oft gar nicht begriffen werden, wenn ein grosser Geist sie klar in ihrem tiefsten Grunde und in ihrer höchsten Bedeutung ausspricht. – Ist es nicht so mit dem Gegenstande, mit dem jener herrliche Roman sich beschäftigt? – Dass es Menschen gibt, die ihrer Natur nach verwandt sind, dass diese Verwandtschaft Liebe erzeugt, welchen Kampf, welches Unglück diese veranlasst, wenn menschlicher Irrthum und irdische Verhältnisse ihren Weg durchkreuzen, das ist das Thema fast aller Romane. Wenigstens liegt der Gedanke einer natürlichen Verwandtschaft, wenn auch dunkel, dem zum Grunde, was von Sympathie geredet wird. Solche Bücher werden immer geschrieben und immer gelesen werden; jeder Leser hat dergleichen gesehen und erlebt; er wird bewegt, und fühlt, dass auch er dem Loose unterworfen ist, welches die Liebe trifft. –

Dasselbe Thema finden wir in den ›Wahlverwandtschaften‹; aber wie anders behandelt! wie klar bis in die tiefsten Geheimnisse, wie selbstständig und voll innern heiligen Lebens liegt es vor uns da! – Hier sehen wir, wie dieselben ewigen Gesetze, die in dem walten, was wir Natur nennen, auch über den Menschen ihre Herrschaft üben und ihm oft mit unwiderstehlicher Strenge gebieten; wie es *eine*, nur gesteigerte, Kraft ist, die leblose Stoffe zu einander zwingt und diesen Menschen zu einem andern zieht. Schilt mich nicht um dieser Aeusserung Willen. Ruht doch auch die Liebe der Eltern zu dem Kinde auf der Natur und entspringt aus ihr; und doch wird dieser Trieb durch Freiheit zu einem

schönen sittlichen Verhältnisse. – Die neuere Naturlehre
wird noch manches Geheimniss in Bezug auf den Menschen
enthüllen, vor dessen Offenbarung dem grauen möchte,
welcher die Kräfte der Natur nicht als lebendige und ewige
erkennt, und welchen die Beobachtung der Menschen und
ihrer Schicksale nicht gelehrt hat, dass etwas in ihrem tiefsten Innern liegt, was über jenen Kräften ist, was vielleicht
einer höhern Welt angehört. – Das sind die heiligen hohen
Gedanken, die im tiefsten Grunde der Seele entspringen,
welche der Mensch mit freier Gewalt festhält, die ihm ewig
vorschweben als höchste Muster, als Sitte, als unveränderliches Gebot. Wo wir solche Gedanken wahrnehmen, da ist
unser Interesse für den Menschen entschieden; und wenn
der Gang der Dinge auf Erden und irdische Verhältnisse mit
ihnen jene Gesetze der Natur in Streit bringen, der nicht rein
zu schlichten ist, da werden wir zur höchsten Theilnahme
bewegt. Das Mächtigste führt ihn, und das Liebste, dem wir
die längste Dauer unter uns wünschten, soll ihm zum Opfer
fallen. Es ergreift uns ein Gefühl, nicht unähnlich dem, was
jene köstlichen Worte in der ›Euphrosyne‹ in uns erwecken
[V. 69 f., 77 f., W. 1, 283 f.]:

Ach, Natur, wie gross und sicher in allem erscheinst du!
    Himmel und Erde befolgt ewiges festes Gesetz.
Alles entsteht und lebt ihm gemäss; – nur über den Menschen
    – – – – herrschet ein schwankendes Loos.

Wo in den übrigen Wesen die Natur ihre Kräfte walten lässt,
da entsteht Leben, da ist Dauer; und den Menschen vernichtet sie oft durch eben diese Kräfte. – Das ist das tragische
Princip, das in den ›Wahlverwandtschaften‹ herrscht, und
das unwiderstehlich uns ergreift und die Menschheit in uns
erschüttert.

2.

Hier sehen wir zwei Naturen vor uns, durch das Geschick
getrennt, durch Verwandtschaft gewaltsam zu einander

gezogen, durch *natürliche* Verwandtschaft. Das wunderbare Kopfweh der beiden Liebenden ist von grossem Gewichte. Eduard fühlt alsbald, wie nahe er Ottilien angehört; er gibt sich dem Zuge hin, ohne Widerstand zu leisten, und seine Leidenschaft ist mit Bewusstsein vermählt. – Anders Ottilie. Nicht von bewusster Leidenschaft, sie wird vom Schicksal hingerissen, und findet sich von seinem Strome gefasst, ehe sie weiss, dass sie hineingerathen ist. Es *musste* also sein. – Da beginnt das Tragische der Geschichte, und schon im Anfange des Buches, wir wissen nicht *wie*, ergreift uns der Schmerz und die bange Ahnung – welche ihre höchste Höhe erreicht an Ottiliens Geburtstage, da Eduard das Feuerwerk in die Lüfte rauschen lässt.

Hier ist das erhabene Gedicht in seiner Begeisterung, in einem heiligen Wahnsinne, einer Gährung, von welcher aus sich das glühendste Leben in alle Enden verbreitet. Es ergreift uns ein Schwindel, und doch erkennen wir die ruhige Weisheit, die nüchterne Mässigung, die alles lenkt und alles ordnet, wodurch das Werk ein vollendetes, selbstständiges Ganzes wird, das sich selbst trägt und erhält. So thut sich der Schöpfer in seinen Werken kund.

Und jener Wahnsinn ist zugleich ein Symbol für das Geschick der Liebenden. Eduards Leidenschaft hat zu Ottiliens Fest das Feuerwerk bereitet; nichts auf der Welt vermag ihn von der Ausführung zurückzuhalten. Und wie die Feuerkugel, mit brennbarem Stoffe gefüllt, wenn sie einmal in Brand gerathen ist, sausend durch die Luft fährt, und ihre Bahn durchstürmt und keinen Halt kennt – bis sie zerstiebt und sich vernichtet, – so fährt das Geschick mit den Liebenden dahin, da es sie ergriffen und dem Untergange geweiht hat.

Was vermögen hier menschliche Klugheit und Verstand? Der *Mittler* spricht wohlmeinend und verständig; aber wo nach menschlichem Ansehn noch zu rathen ist, da entfernt er sich, aus Princip, wie er's nennt, und er selbst wird am Ende ein Diener des Geschicks:

Denn wer sich vermisst, es klüglich zu wenden,
Der muss es selber erbau'n und vollenden.
          [Schillers ›Braut von Messina‹ V. 2490 f.]

3.

Einen schönen Gegensatz gegen Eduards und Ottiliens leidenschaftliche Liebe macht Charlottens Neigung zu dem
Hauptmann. Auch sie werden von einander angezogen; aber
des Hauptmanns fester Sinn und Verstand und Charlottens
Mässigung und Vernunft sind von der Art, dass ein nicht zu
schlichtender Kampf zwischen diesen und der Leidenschaft
nicht entstehen konnte. In des edeln Weibes Seele wohnt das
Recht und das Mass; das schöne Gleichgewicht in ihr, wie
zart es gebildet sein mag, widersteht dem andrängenden
Ungestüm andrer Gewalten. Daher kommt die himmlische
Milde, die Klarheit der Vernunft, mit welcher Charlotte
durch die ganze Geschichte waltet. – Wodurch sie sich von
Ottilien unterscheidet, das hat der Dichter am deutlichsten
durch den Pendul ausgedrückt, der in ihrer Hand ruhig,
unbeweglich schwebt, da er hingegen, von Ottilien berührt,
in die heftigsten Schwingungen geräth.

4.

Halte ja manche Nebenpersonen, vor allem die, welche
gegen eine der Hauptpersonen eine Anziehungskraft beweisen, nicht für unbedeutend. So ziehen sich, wenn wir Stoffe
von geringerer oder grösserer Verwandtschaft in die Lage
bringen, dass sie ihre Kräfte gegen einander äussern können,
auch die weniger verwandten an, aber nur ein wenig, und sie
kommen zu keinem vereinten Leben. Lass die inniger verwandten Raum gewinnen, sie vermählen sich und vor ihnen
verschwinden die Kräfte der übrigen.

5.

Einen herrlichen Gegensatz gegen Charlottens Gesinnung
machen die Weltgebildeten, der Graf und die Baronesse mit
ihrem Raisonnement; und das tolle Treiben Lucianens, ihr

weltliches Rasen, hebt die himmlische Ruhe Ottiliens, in welcher sie, wie auch ihr Geschick *raset*, beharret und zunimmt.

Es ist nicht ohne Bedeutung, dass Luciane die Affen so liebt, und dieser Zug macht uns auf eine neue Verwandtschaft aufmerksam, die in dem reichen Buche uns dargelegt wird. Denn wie dieses mit eigner Lust und schöner Begeisterung die fernsten Grenzen berührt und vor die Seele bringt, welche der Mensch erreichen kann, so zeigt es auch im Contraste, welche niedrige Neigungen und Aehnlichkeiten selbst den gebildeten Menschen unter seine Sphäre hinabziehen können. Luciane ergötzt sich an Affen und vergleicht sie mit Menschen, während Ottilie Engel malt und selbst ein Engel wird in dieser Umgebung.

6.

Welch ein herrliches, reiches Bild hat uns der Dichter vor die Augen gebracht in der Scene, da Ottilie die Mutter Gottes vorstellt! – Ich möchte diese, in Rücksicht auf die Wirkung, die sie in dem Gedichte hervorbringt, das Gegenstück zu jener Nacht-Scene nennen, da Ottiliens Geburtstag mit dem Feuerwerke gefeiert wird. – Charlotte sitzt vor dem Heiligen-Bilde und betrachtet das schlafende heilige Kind; und sie gedenkt dessen, das sie unter dem Herzen trägt, denkt, was es ihrem Hause werden soll in der Zeit der Noth, und Thränen treten in ihre Augen. – Ach, es soll kein Versöhner für sie sein; es wird geboren, und seinem Gesichte ist das aufgeprägt, was den nicht zu lösenden Streit erzeugt und erhält. Es kommt in die Welt, aber nicht als Bote des Lebens, sondern des Todes; und der Greis, der es in seine Arme nimmt, fährt hin, aber ach! nicht in *Frieden* – Als eine wahre Versöhnerin dagegen steht Ottilie da in dem herrlichen Bilde; sie ist die Schmerzenreiche, die Betrübte, der das Schwert durch die Seele dringt; aber wir ahnen in ihr auch die Heilige. Die Nacht verschwindet, und das heilige Licht bricht herein.

7.

Man hat es befremdend gefunden, dass in Ottiliens Tagebuche keine Reflexionen über ihre Liebe zu Eduard vorkommen. Aber ist Ottilie in einem Zustande, dass sie Betrachtungen über ihre Liebe anstellen kann? – Sie wird fortgerissen von ihrem Geschicke und ist, ohne Schuld, einer fremden Macht anheimgefallen. – Und konnte die hohe, seltne Bildung ihres Geistes, konnte die himmlische Ruhe, in der ihre Seele bei allen Stürmen beharrt, besser dargestellt werden, als durch dieses Tagebuch? – Und ihre Blätter offenbaren, was in ihrer Seele vorgeht, was ihr selbst nicht bewusst ist; und wunderbar ergreift es uns, wenn wir sehen, in welcher nahen Verbindung der menschliche Geist, der nur auf die Gegenwart, und höchstens auf die Vergangenheit angewiesen scheint, mit der Zukunft steht. – Hier sitzt Ottilie im alten Kirchenstuhle in der heiligen Capelle, wie im Todtenreiche, und erwartet die Geliebten, die das heilige ernste Leben mit ihr beginnen sollen. Sie ist dem Tode geweiht, und auch ihr Jahr ist fast abgeklungen.

›Wir blicken so gern in die Zukunft, weil wir das Ungefähre, das sich in ihr hin- und herbewegt, durch stille Wünsche so gern zu unsern Gunsten heranleiten möchten‹ [Theil 2 Capitel 4, W. 20,239,3–6]. Blickst du auch in die Zukunft, herrliche Ottilie! und weisst du, was du wünschest, und weisst du, was es ist, das dich heranbewegt? – Der unerbittliche Tod hat seine Sichel schon geschärft; der Halm muss fallen.

›Doch in der abgesichelten Aehre liegt überschwänglich viel Nährendes und Lebendiges‹ [Theil 2 Capitel 3, W. 20,225,6 f.].

So beginnt das herrliche Tagebuch. Es nimmt fast einen umgekehrten Gang mit Ottiliens Tagen. Es wird heitrer, macht tiefe zarte Bemerkungen über das Leben, und in den Ansichten vom Werthe des Menschen und von seiner Erziehung offenbart sich eine schöne Geistesverwandtschaft jener edeln Natalie. – Warum konnte der beiden Geschick nicht verwandt sein? – Zarte, innige Beziehungen sind überall in den Blättern zerstreut; wer vermöchte sie alle zu enthüllen? und wer wollte sie erläutern? – Das hiesse von der schwellenden Traube den zarten Duft abwischen, mit dem der frische Morgen sie angehaucht, oder den Staub vom Schmetterlingsflügel streifen, um ihn unter dem Mikroskope zu betrachten.

Gegen das Ende wird die Stimmung wieder ernster. Zwar ist der Frühling gekommen; ›das Jahresmährchen ist an seinem artigsten Capitel, dessen Vignetten Veilchen und Maiblumen sind‹ [Theil 2 Capitel 9, W. 20,309,15–19]. Aber wir ahnen die Astern als Schlussvignette des letzten, ernsten Capitels.

Das Tagebuch ist an seinem Ziele; es schliesst mit dem schönen Gedanken: ›dass ein Leben ohne Liebe ein schlechtes Schubladenstück ist, wo man überall von vorn anfangen muss und überall enden möchte‹ [Theil 2 Capitel 9, W. 20,311,3–9]. – Ist es Ottilie, die diese Bemerkung macht? – Ist es das Buch selbst, das hier in seine Tiefen blickt und die Gottheit erkennt, die in ihm waltet? – wie eine alte Sage spricht, dass Menschen kurz vor ihrer Vollendung ihr eignes Selbst erblicken. – Ich weiss es nicht. Aber dem Ende nahet sich das Buch, der Vollendung; und eine schmerzliche Ungeduld ergreift uns. Denn ›wenn Knospen und Blüthen kommen, dann wird man ungeduldig, bis das volle Laub hervortritt, und der Baum sich als eine Gestalt uns entgegendrängt‹. ›Und alles Vollkommene in seiner Art muss über seine Art hinausgehen, dass es etwas Andres, etwas Unvergleichbares werde‹ [Theil 2 Capitel 9, W. 20,310,20–27].

8.

Denn was ist es, das bei der tiefen Trauer, die uns erfüllt, bei dem herzzerreissenden Schmerze uns beruhigt und eine Ahnung des Himmels gibt? – Das ist es, was jeglicher wahren Tragödie die Kraft verleiht, uns zu erheitern und in die seligen Regionen zu erheben, was bei den ungeheuern Schicksalen der wirklichen Welt den edeln Menschen aufrecht erhält und mit dem Leben versöhnt. – Die Würde der

menschlichen Natur, die in dem furchtbaren Drange der
Noth und des Leids erst recht hervortritt, siegreich, anbe-
tungswürdig. – Siehe Ottilien an. Sie ist der Naturnothwendigkeit unterworfen; ihr Geschick reisst sie blind dahin; da
sie von Eduard schon entfernt ist, wird sie unwillkürlich
wieder in seine Nähe gezogen; und da sie schon wie ein
abgeschiedner Geist in den Gemächern des einst so freuden-
reichen Hauses wandelt, bewegt sich jene Kraft noch sichtbar in ihrem Innern; es ist, als ob dieses durchsichtig vor
unsern Augen läge.
Aber wie gross und frei erhebt sie sich über diese Nothwendigkeit in ihrem festen Anhalten an die heiligen Gedanken,
die ihr selbstgeschaffenes Gesetz und ihr höheres Leben
sind. Ergriffen konnte sie werden von jener Nothwendigkeit, beherrscht konnte sie werden von ihr, sie, die sogar das
dringendste, furchtbarste Bedürfniss der Speise sich verweh-
ren kann; *vernichtet* werden konnte sie, aber nicht *überwunden.* – Man liest in den Leben der Heiligen, dass sie zu
ihrer Heiligkeit durch Busse gelangten; hier hast Du eine
solche Busse und eine Heilige, die sich kühn unter die
Herrlichsten stellen kann.
Dieser Triumph des Menschen musste, sollte anders das
Gedicht zu unsrer völligen, seligen Befriedigung sich
schliessen, klar vor unsre Seele gebracht werden; das war die
letzte Aufgabe des Meisters, und er hat sie herrlich gelöst.
Wir nennen diejenigen Heilige, die durch ihre Tugend die
niedere Welt überwinden, und als Heilige thut sich Ottilie
uns kund in ihrem Scheiden, und der Himmel selbst verklärt
sie, und umgibt sie mit dem heiligen Scheine, da sie wunder-
thätig wirkt, und den Sterblichen Trost und Genesung in
ihrer Nähe zu Theil wird. – Engel umgeben sie, wie sie in
ihrem Sarge, mit Blumen geschmückt, daliegt, und lächeln
ihr freundlich zu; das wunderbar genesene Kind kniet zu
ihren Füssen; und zur Seite der Verklärten, in der heiligen
Capelle, steht der liebenswürdige Freund und weint über
ihr, und mit ihm weinen die Edeln der ganzen Erde, trau-
ernd über das verlorene Kleinod.

9.

Wirf nun noch einen Blick auf den ›Werther‹, der mit dem vor uns liegenden Gedichte in mehr als einer Hinsicht verwandt ist, des Meisters frühestes Werk, das ihn schon ankündigt in seiner Kraft; und erfreue Dich mit mir an der Betrachtung, zu welcher Höhe die Kunst steigen kann, wenn der Künstler sich, seiner Kraft vertrauend, muthig ein fernes Ziel steckt, nach dem er unablässig wandelt, und wenn ihm die belebende Wärme der Seele zu Theil geworden ist, die auch auf dem weitesten Wege nicht erkaltet.

Und lass mich noch Eines hinzusetzen, um desswillen mir eben in dieser Zeit dieses Buch eine herrliche Erscheinung ist. Vielleicht spricht ein individuelles Gefühl aus mir. Vielleicht dass mehrere hierüber gleiche Gedanken und Empfindungen mit mir hegen. – Die grossen politischen Begebenheiten des Tages ziehen alle unsre Aufmerksamkeit auf sich, und wir vergessen darüber, dass wir noch in einer andern Hinsicht in einer bedenklichen Zeit leben. – Was hat die neuere Naturlehre, obgleich sie erst ihre grossen Entdeckungen verbreitet, nicht für Wunder an's Licht gebracht? und wen hat wohl nicht, vorübergehend oder dauernder, ein Schauer erfasst, wenn er von den Organen des Gehirns, von den magnetischen Curen, von der Gewalt, die ein menschlicher Körper gegen den andern übt, gehört hat? – Ist nicht wohl manchem das alte Gespenst des Materialismus wieder erschienen? – Da ist es gut, wenn der Mensch überzeugend auf eine Kraft in seinem Innern aufmerksam gemacht wird, die über die Natur erhaben ist, die ihn zum Herrn der Welt macht. Der Philosoph wirkt mit seiner Wissenschaft nur auf einen engen Kreis; aber des Dichters Wort verbreitet sich weit und dringt gewaltig in die Seele jedes Menschen, dem Sinn und Gefühl verliehen sind. – Und siehe, hier zeigt uns der Dichter in Charlotten, wie Mass und ruhige Vernunft eine Stimmung der Seele erzeugen, an der die Gewalt der Natur sich bricht; und ist diese heftiger und lebendiger im Menschen – wirf einen Blick auf Ottilien. Es gibt eine Kraft in der menschlichen Seele, die nicht zu berechnen ist, die

auch das Ungeheuerste überwindet. Ottilie erfreuet uns und
tröstet uns, wenn wir uns versucht fühlen, auf Eduard zu
zürnen, der, besonders in den letzten Scenen, in der That
nur ihre Folie ist und nur durch einzelne liebenswürdige
Eigenschaften und durch den Muth, mit dem er Gefahren
entgegengeht, unser Interesse gewinnt. Wir freuen uns, dass
er im Tode in der Nähe der Geliebten ruht; die heilige
Ottilie wird alsbald für ihn bitten können am Throne des
Richters. – Um so natürlicher kommt mir dieser Gedanke,
da in dem Buche so viele Winke vorkommen, die auf ein
künftiges Leben deuten. Wird dort das Heilige, das Ottilie
mit hinüber nimmt, Gesetz und Element sein? – Doch sei
dem, wie ihm wolle; die höchste der Aufgaben ist mir in
dem Buche auch für diese Welt befriedigend gelöst. – Und
Ottilie selbst weiset mit ihren letzten Worten in das Leben
zurück; und da wir ihre Hülle in der heiligen Capelle liegen
sehen, und uns verlangt, dem verklärten Geiste in jene
Regionen zu folgen, da erinnert uns der liebenswürdige
Künstler, der an ihrem Sarge steht, wie viel Edles und
Schönes auf Erden wohnt, und dass in des Menschen Seele
eine Kraft lebt, die einen Himmel auf der Erde zu schaffen
vermag.«

Gräf. S. 438–447,1.

Johann Diederich G r i e s (1775–1842) an Abeken am 23. 3.
1810:

»Ihr Brief, lieber Abeken, hat mir [Gries] eine sehr angenehme Ueberraschung gemacht. Ich kann Ihnen nicht sagen,
wie sehr es mich freut, Sie als den Verfasser eines Aufsatzes
kennen zu lernen, der unstreitig unter allem, was über die
›Wahlverwandtschaften‹ geschrieben worden ist, bei weitem
den ersten Platz einnimmt. Das will nicht viel sagen, meinen
Sie vielleicht, denn das Uebrige ist freilich nicht weit her. So
lassen Sie sich denn an der Versicherung des grossen Meisters genügen, der Ihnen das Zeugniss gibt, dass Sie den
rechten Fleck getroffen haben.
Goethe hatte Ihren Aufsatz schon im ›Morgenblatt‹ gelesen

und gleich damals seine grosse Zufriedenheit darüber geäussert. Diess brachte Riemern auf den Gedanken, ihn hier von Frommann nachdrucken zu lassen, um, wie er sagte, Goethen eine angenehme Ueberraschung zu machen. Es gehe fast kein Tag hin, wo Goethen oder ihm nicht etwas über die ›Wahlverwandtschaften‹ gesagt oder geschrieben werde, und meistens sehr abgeschmacktes Zeug. Um nun nicht immer dasselbe wiederholen zu müssen, habe er diesen Nachdruck veranstaltet. So geht nun Ihr Aufsatz, der durch des Meisters Siegel und Unterschrift gleichsam Gesetzeskraft erhalten hat und völlig wie eine *interpretatio authentica* anzusehen ist, in alle Welt, um die Heiden zu bekehren, wozu der Himmel sein Gedeihen gebe. Goethe und Riemer verschicken und vertheilen ihn an alle Freunde und Bekannte. ...

Was nun den Verfasser anbetrifft, so war Riemer auf den Gedanken gekommen, es sei kein andrer als Schelling. Er hatte diess auch Goethen und andern ziemlich plausibel zu machen gewusst; ...

Da ich mich hauptsächlich mit Frommann über diesen Punct oft sehr lebhaft gestritten hatte, so konnte ich mir den Triumph nicht versagen, ihm Ihren Brief noch ganz brühwarm zu überschicken. Dadurch haben denn auch die andern das Geheimniss erfahren, und Goethe besonders hat mehrmals seine Freude darüber bezeigt.«

Gräf. Nr. 869.

A b e k e n über Goethes Reaktion am 27. 3. 1810:

»Er dankte mir [Abeken] für meine Theilnahme an den ›Wahlverwandtschaften‹, und sprach über das Buch. Hätte ich nur alles behalten! Doch schien er sich in Hinsicht auf meine ›Fragmente‹ besonders darüber zu freuen, dass ich das Buch als ein für sich bestehendes, mit eigenem Leben begabtes Ganzes angesehen. ›Ein solches Werk‹, sagte er ungefähr, ›wächst einem unter den Händen und legt einem die Nothwendigkeit auf, alle Kraft aufzubieten, um seiner Meister zu bleiben und es zu vollenden; wo denn die Scheere nicht gespart werden darf.‹ – Die Leser seien ihm die liebsten, die

sich ganz und gar in einem Buche verlieren könnten. Sonst
sprach er von dem Werke mit einer Bescheidenheit, die mir
wunderbar schien; als wenn es nur für seine Zeit etwas sein
sollte.«

Gräf. Nr. 871.

Abeken über Wielands Reaktion am 10. 4. 1810:

»Von Wieland, dem das Buch ziemlich excentrisch und von
dem Mass, das er sich gebildet und angeeignet, abweichend
erscheinen mochte, wurden meine ›Fragmente‹ nicht so gut
aufgenommen. Ich musste einen schalkhaften Tadel von ihm
hinnehmen, als ich (am 10. April [1810]) mit Griesbachs, ..
Mittags bei ihm speisete. Uebrigens war er nicht so unge-
recht, dass er das Kind mit dem Bade hätte verschütten
sollen. Einzelnes entzückte ihn, so das von Eduard über
Ottilie am ersten Morgen nach ihrer Ankunft auf seinem
Schlosse ausgesprochene Wort: ›Sie ist ein angenehmes
unterhaltendes Mädchen,‹ worauf Charlotte antwortet:
›Unterhaltend? sie hat ja noch nicht den Mund aufgethan‹
[Theil 1 Capitel 6, zu Anfang, W. 20,65,19–22]. ›Für dieses
eine Wort, sagte Wieland, würde ich, wenn ich der Herzog
wäre, Goethen ein Rittergut schenken.‹ Sollte wohl Wieland
in seiner Bewunderung das volle Gewicht, das Goethe in
diese Worte gelegt, erkannt haben? Wie sehr Wieland auch
das Mass ehrte und beachtete – wo er auf etwas ihm besonders Zusagendes und Schönes stiess, konnte er im Lob
überschwänglich sein.«

Gräf. S. 453 f., 2.

Caroline (1766–1829) an Wilhelm von Humboldt am
7. 2. 1810:

»Goethens Roman [...] habe ich endlich bekommen und
gelesen. Er hat mich als ein außerordentlich poetisches
Produkt, ich meine Ottiliens Charakter, unendlich frap-
piert, und das Geheimnisvolle einer tiefen Natur ist unbe-
schreiblich in diesem Wesen ausgedrückt oder der Ahndung
hingegeben. Charlotte ist mir *zu klug*, sie ist es ach! noch in
den zerreißendsten Momenten des Lebens. Die Männer sind

mir gar zu wenig angedeutet. Ich begreife wohl, daß Eduard ein von Natur schön und reiches Gemüt hat, allein die Heirat mit einer *alten* und *reichen* Frau in früher Jugend ist mir ein Anstoß, ein Makel [...].«

Wilhelm und Caroline von Humboldt in ihren Briefen. Hrsg. von Anna von Sydow. Bd. 3. Repr. Osnabrück: Zeller, 1968. S. 333.

Wilhelm (1767–1835) an Caroline von Humboldt am 6. 3. 1810:

»Dein Urteil über die Wahlverwandtschaften ist auch großenteils das meinige. Die Staël schreibt mir fast aus der Seele darüber. Sie sagt: ›le ... ne me plait pas du tout (das ist für mich zu stark) il tend à dépouiller la vie de toute ... l'on-y meurt d'amour, sans que pour cela les sentiments inspirent plus d'interet et que les caractères paraissent plus sérieux, il semble qu'il cherche à caractériser en tout l'empire du hasard.‹ Das letztere finde ich äußerst wahr. Schicksal und innere Notwendigkeit vermisse ich vor allen Dingen darin. Auch glaube ich im Gespräch mit Goethe entdeckt zu haben, daß sehr viel Reminiszenzen in dem Roman aus dem wirklichen Leben angebracht sind, die er nun nicht genug poetische Kraft oder Stimmung gehabt hat, in ein Ganzes gehörig zu verschmelzen. Ihm aber darf man so etwas nicht sagen. Er hat keine Freiheit über seine eigenen Sachen und wird stumm, wenn man im mindesten tadelt. Es schadet dem Verhältnis und hilft nicht der Sache.«

Ebd. S. 356.

Christoph Martin Wieland (1733–1813) an seine Tochter Charlotte Geßner am 10. 2. 1810:

»Verzeihe, liebes Kind, daß ich Dein Verlangen, mein Urteil von den ›Wahlverwandtschaften‹, an welchen dieser Titel, dünkt mich, das einzige Alberne ist, zu wissen, diesmal nicht stillen kann. Das Werk wird von den Einen zu übermäßig gelobt, von den Andern vielleicht zu scharf getadelt; auch gehört es von einer Seite unter die besten, von der andern unter die tadelnswürdigsten Produkte seines geniali-

schen, aber das Publikum gar zu sehr verachtenden Urhe-
bers. Das Buch muß, wie Goethe *selbst* sagt, *dreimal* gelesen
werden...«

HA VI, 645.

Goethe an Meyer am 27. 4. 1810:

»Die beiden Contradrucke folgen auch. Das gute Kind[11]
kann wohl was und könnte noch mehr lernen, aber das
schlimmste ist, sie denkt falsch wie die sämmtliche Thee-
companie ihrer Zeitgenossinnen: denn in unsrer Sprache zu
reden, so hole der Teufel das junge künstlerische Mädchen,
das mir die heilige Ottilie schwanger auf's Paradebett legt.
Sie wissen besser als ich, was ich sage. Jene können nicht
vom Gemeinen und Niederträchtigen, von der Amme, von
der Madonna loskommen und dahin zerren sie alles, wenn
man sie auch gelinde davon zu entfernen wünscht. Das
todte, wirklich todte Kind gen Himmel zu heben, das war
der Augenblick, der gefasst werden musste, wenn man
überhaupt solches Zeug zeichnen will. So wie im andern
Falle in der Capelle für malerische Darstellung nichts gelten
kann, als das Herantreten des Architekten. Aber wo sollte
das Völklein, bei allem freundlichen Antheil, hernehmen,
worauf es ankommt.«

Gräf. Nr. 872.

Goethe im Gespräch mit einer Unbekannten (Sommer
1810?):

»Ich [?] kann dieses Buch durchaus nicht billigen, Herr von
Goethe; es ist wirklich unmoralisch, und ich empfehle es
keinem Frauenzimmer.
Darauf hat Goethe eine Weile ganz ernsthaft geschwiegen,
und endlich mit vieler Innigkeit gesagt: ›Das thut mir leid,
es ist doch mein bestes Buch. Glauben Sie nicht, dass es die
Grille eines alten Mannes ist, ja, man liebt das Kind am
meisten, welches aus der letzten Ehe, aus der spätesten Zeit
unserer Zeugungskraft stammt. Aber Sie thun mir und dem

11 Sophie Reinhard (1775–1843).

Buche Unrecht; das Gesetz in dem Buche ist wahr, das Buch
ist nicht unmoralisch, Sie müssen es nur vom grösseren
Gesichtspuncte betrachten, der gewöhnliche moralische
Massstab kann bei solchem Verhältnisse sehr unmoralisch
auftreten.‹«

Gräf. Nr. 865.

Johann Heinrich Jung-Stilling (1740–1817) an Fouqué
am 12. 11. 1810:

»[...] Was Göthe betrifft, so kann ich Ihnen nichts weiter
von ihm sagen, als was alle Welt weiß; ich hab' ihn 1775 im
Herbst zuletzt gesehen, und auch seitdem keinen Umgang
mehr mit ihm gehabt. Seine Wahlverwandtschaften hab' ich
gelesen und bin dadurch in der Vermuthung bestärkt worden, die ich schon damals hatte, als wir zusammen studirten:
Der *Fatalismus* ist sein Glaubenssystem, seine natürliche
Gaben, Anlagen und Triebe, verbunden mit den äußern
Umständen, sind seine unbezwingbaren Führer; diese reißen
ihn unaufhaltbar mit sich fort. Er kann nicht dafür, daß er
das ist, was er ist, das ist – Gott verzeihe mir! – Gottes
Sache [...].«

Briefe an Friedrich Baron de la Motte Fouqué.
Hrsg. von J. E. Hitzig und H. Kletke. Repr. Bern:
Lang, 1968. S. 178 f.

Goethe an Marianne von Eybenberg am 7. 12. 1810:

»Der Prinz de Ligne hat an den Herzog einen äusserst
lustigen Brief geschrieben. Ich lasse hiebei die Stelle copiren,
welche meine ›Wahlverwandtschaften‹ betrifft. Sie rechnen
mir diese kleine Eitelkeit nicht hoch an; da sich so viele
Gegner alle Mühe geben, diess Werklein zu discreditiren, so
mag es wohl auch erlaubt sein, unter Freunden, was Freunde
denken, mitzutheilen.

›Aidé d'une bonne traduction,[12] j'ai lu avec admiration les
„affinités électives“: et je plains les hommes begueules, et les
femmes qui souvent le sont moins, de n'avoir pas trouvé, au

12 Im Jahre 1810 erschienen zwei französische Übersetzungen (s. Literaturhinweise).

lieu d'immoralités qui n'existent pas, tous les secrets du
coeur humain, le developpement de mille choses qu'on n'a
pas senties, parcequ'on ne reflechit pas, des tableaux du
monde, de la nature, et deux portraits piquants et neufs,
Lucienne dans un genre et Mitler dans un autre. Quel chef
d'oeuvre, même en francais, que les tablettes d'Ottilie! et
que de profondeur, et d'attachant, et d'imprévu dans cet
ouvrage, où il y a la plus grande superiorité sur ceux des
autres nations! – J'espere et Vous aussi surement, Monsei-
gneur, que le Major et Charlotte se consolent un peu à
présent, et que s'ils ont des petites fantaisies de part et
d'autre, ils se les confient: car c'est là la seule manière d'être
heureux en mariage, etc.‹

Hierauf folgen einige Honnetetäten für des Autors Persönlichkeit, wie es einem so gewandten Welt- und Hofmanne
geziemt. Treffen Sie den Prinzen irgendwo, so sagen Sie
ihm etwas Freundliches und Verbindliches in meinem
Namen.«

Gräf. Nr. 877.

c. Von 1811 bis zu Goethes Tod

Zacharias Werner (1768–1823) an Goethe am 23. 4. 1811
(Werner war am 19. April zum Katholizismus übergetre-
ten.):

»Sie werden von mir gar nichts mehr hören noch wissen
wollen! Warum, das wissen Sie schon jetzt, indem ich dies
schreibe:

> Keimt ein Glaube neu,
> Wird oft Lieb' und Treu'
> Wie ein altes Unkraut ausgerauft!

so heißt es in dem Gedicht [›*Die Braut von Korinth*‹ V.
12–14], welches, nächst Gott und Ew. Excellenz, niemand
so gut versteht als ich! Nicht in mir wird Lieb' und Treue
gegen Sie ausgerauft werden, kein Glaube kann und wird
meine Liebe, meine Treue, meine Dankbarkeit gegen Sie
ausraufen, am wenigsten der christliche, den ich, nachdem

ich ihm lange heimlich auf den schändlichsten Irrwegen nachgerannt bin, endlich gefunden und öffentlich bekannt habe. Beides verdanke ich – o zürnen Sie nicht, Huldvollster! – Ihren ›Wahlverwandtschaften‹. ›Nur unter der Bedingung einer völligen Entsagung‹, heißt es darin, ›hatte Ottilie sich verziehen, nur diese Bedingung war für ihre ganze Lebenszeit unerläßlich‹. Diese von Gottes Geist Ihnen in die Feder dictierten, und als ich sie zuerst, vor Ihrer Herrlichkeit erstarrend las, von Gottes Blitz auf der nämlichen Stelle, an der ich jetzt dieses schreibe, illuminierten ewigen Worte, sie sind es und – was auch der deutsche Pöbel über mich lügen mag – sie, diese Worte, (und nicht der Sinnentand, die Phantasterei, die Gaukelei, womit man alles Heilige und auch die Kirche, die ewig heilige überkleistert hat) sind es, die mich katholisch gemacht haben und mich zwingen, es, mag auch über mich ergehen, mag auch dabei von mir zu Grunde gehen, was da wolle, es lebenslang und ewiglich zu bleiben!«

HA VI, 646 f.

Dem Brief waren neben anderen folgende Gedichte beigefügt:

Die Wahlverwandtschaften.

Vorbei an Gräbern und an Leichensteinen
Die schön vermummt die sichre Beut' erwarten
Hin schlängelt sich der Weg nach Edens Garten
Wo Jordan sich und Acheron vereinen.

Erbaut auf Triebsand will getürmt erscheinen
Jerusalem; allein die gräßlich zarten
Meernixen, die sechstausend Jahr schon harrten
Lechzen im See, durch Opfer sich zu reinen.

Da kommt ein heilig freches Kind gegangen,
Des Heiles Engel trägts, den Sohn der Sünden,
Der See schlingt alles! Weh uns! – Es war Scherz!

Will Helios die Erde denn entzünden?
Er glüht ja nur sie liebend zu umfangen!
Du darfst den Halbgott lieben, zitternd Herz!

HA VI, 647.

Vergebens! den die Schuld verstockt,
Der wird zum Abgrund hingelockt
Selbst durch der Schönheit Strahlen:
Kunst, Andacht reizten mein Gelüst,
Durch Romas Tempel rannt' ich wüst
Genüssen nach und Qualen.

Da liess der Herr den Blitz erglühn:
›Nur der Entsagung wird verziehn!‹
Sprach Gott in Blitzesflimmer.
Ottiliens erstarrter Schmerz
Schoss wie der Blitz in's wunde Herz,
Und ich entsagt' für immer.

Gräf. S. 409,1.

Wieland an eine Unbekannte (1811):

»Mit lebhaftem Interesse habe ich Ihr Urtheil über Goethes
›Wahlverwandtschaften‹ gelesen und wie so oft den Scharf-
sinn Ihres Verstandes bewundert, der immer dem Herzen
die Wagschale hält und wo Sie wollen dominirt. Diess
scheint mir der Fall mit Goethens genialischem Geistespro-
duct gewesen zu sein. Da Ihnen die moralische Tendenz so
wenig als mir gefallen konnte, wollten Sie sich auch durch
[›nichts‹ scheint hier ausgefallen] mehr rühren lassen, und
Ihr feiner Witz behielt die Oberhand. – Gerne gebe ich
Ihnen zu, dass die Stellen, welche Sie vorzüglich choquirt
haben, auch mein Gefühl beleidigten, allein ich bin toleran-
ter im Puncte der Liebe, als meine strenge Freundin. Was ich
nicht selbst erfahren, kann ich mir dennoch als möglich
denken – und ich finde die Nüancen der Entstehung dieser
im Anfang so unschuldigen Neigung so zart und fein, dass
sie, wie mich dünkt, die zartesten Saiten des menschlichen
Herzens berühren. – Mir schauderte innerlich davor, dass
ein so reines unschuldiges Kind als diese Ottilie so verstrickt
werden konnte, und ich finde den Gang ihrer Empfindung
nicht [verschrieben für ›recht‹?] natürlich. Auch die Liebe,
welche sie dem neuen Ankömmling beweist, alles bürgt für
die Reinheit ihrer Gefühle für Eduard. Dieser Eduard aber

wäre mein Mann auch nicht, er zeigt am unrechten Ort Kraft und Festigkeit, doch scheint es mir, Goethe wollte auch keinen Helden aus ihm machen. Er schildert ihn wie alle übrigen Personen mit allen ihren Mängeln und Gebrechen und liebenswürdigen Eigenschaften. Das Leben und Weben dieser Person [›Personen‹?] geht so natürlich an uns vorüber. Wir glauben sie spielend auftreten zu sehen, und ich gestehe Ihnen, meine Freundin, dass ich dieses wirklich schauerliche Werk nicht ohne warmen Antheil zu nehmen gelesen habe.«

Gräf. S. 422 ff., 2.

Friedrich Schlegel (1772–1829): Über Liebe und Ehe in Beziehung auf Goethes »Wahlverwandtschaften« (1811):

»Der *Roman*, wenn mit der Kunst der Darstellung auch Welterfahrung und Kenntnis der Gefühle verbunden ist, zieht alle Leser besonders an, weil er sie mit dem beschäftigt, was jedem für sich das Wichtigste und Liebste ist. Das lebhafte Gefühl der Jugend ahndet in der sinnvollen Welt des Dichters alle Rätsel, alle noch unbekannten Freuden und Schmerzen der wirklichen. Wer diese schon erkannt hat, versinkt von neuem mit dem Dichter gern noch einmal in den Traum der Jugend zurück. Die häuslichen und geselligen Verhältnisse, Freundschaft, Liebe, und die Ehe, die bald von dem einen, bald von dem andern Gefühl ausgeht, auch wohl beide umfassen möchte, das ist der Inhalt jedes guten und schönen, jedes gedankenvollen Romans. In *Goethes* ›Wahlverwandtschaften‹, über die schon so vieles hin und wieder geschwatzt worden, ist der Hauptgedanke sehr einfach. Der sinnreiche Künstler stellt uns die *Ehe* dar, als begründet durch die Anziehung des Ungleichartigen; die *Liebe* durch Anziehung des Gleichartigen. Das ist das Geheimnis seines chemisch-moralischen Rätsels! Sehr wahr ist das alles nach dem gemeinen Lauf der Welt.«

Kritische Friedrich-Schlegel-Ausgabe. Hrsg. von Ernst Behler [u. a.]. Abt. 1. Bd. 3: Charakteristiken und Kritiken II. Hrsg. von Hans Eichner. München [usw.]: Schöning / Zürich: Thomas-Verlag, 1975. S. 176.

W i e l a n d an Karl August Böttiger am 13. 1. 1812:

»Sagen Sie mir doch *sub rosa*, was für eine Wirkung haben ..
Goethes ›Wahlverwandtschaften‹ in Dresden, Wien, Leipzig
und überhaupt im Publicum gemacht, und was urtheilen die
sani von ›Aus meinem Leben Wahrheit und Dichtung‹? Das
erstemal verkümmerte mir alles, was mir missfiel, den
Genuss dessen, was mir gefiel; doch hielt das Eine dem
Andern ziemlich das Gleichgewicht; das zweitemal gab ich
mir alle Mühe, mich selbst zu täuschen und mir *alles gefallen
zu lassen*. Das drittemal legte ich die ›Wahlverwandtschaften‹ in die eine Wagschale und mein Ideal eines guten
Romans in die andere, und siehe da, von dem ersten Augen-
blicke an, da die junge Heldin des Stücks erscheint, fing die
Schale des Goethischen Romans an zu steigen, und stieg, mit
wenigen Abwechselungen, immer höher, bis sie endlich an
den Wagebalken anstiess und dort wie an einem künstlichen
Magnet hängen blieb. – Dafür habe ich hingegen den ersten
Theil seiner sogenannten Biographie mit grossem Vergnügen
gelesen, ..«

                                        Gräf. S. 422 ff., 2.

G o e t h e im Gespräch mit Sulpiz Boisserée auf der Fahrt
von Karlsruhe nach Heidelberg am 5. 10. 1815:

»Unterwegs kamen wir dann auf die ›Wahlverwandtschaften‹ zu sprechen. Er legte Gewicht darauf, wie rasch und
unaufhaltsam er die Katastrophe herbeigeführt. Die Sterne
waren aufgegangen; er sprach von seinem Verhältniss zur
Ottilie, wie er sie lieb gehabt, und wie sie ihn unglücklich
gemacht. Er wurde zuletzt fast räthselhaft ahndungsvoll in
seinen Reden.«

                                        Gräf. Nr. 883.

Das »Conversations-Lexicon« von B r o c k h a u s zu den
»Wahlverwandtschaften« im Artikel »Roman« (1817):

»Um nun aber nach der Ilias auch noch eine Odyssee zu
geben, gefiel es dem Dichter, seine Wahlverwandtschaften
hervortreten zu lassen, ein blankpolirtes Meisterstück! und
wenn wir im Meister die lieblichste Frühlings- und Sommer-

blume erhalten haben, so sind jene eine Herbstblume, in ihrer Weise nicht weniger schön als dieser. Die den Wahlverwandtschaften so oft vorgerückte Unsittlichkeit wird, unsers Erachtens, dadurch widerlegt, daß es kaum eine größere und durchgreifendere Vertheidigung der *Ehe* geben kann, als gerade dies Buch und sein ganzer Inhalt. Denn die Heiligkeit der Ehe kann ja selbst die Bande der Natur überwältigen, und ihr werden alle Helden und Heldinnen des Stücks zum Opfer gebracht.«

> Zit. nach Hartmut Steinecke: Romantheorie und Romankritik in Deutschland. Bd. 2: Quellen. Stuttgart: Metzler, 1976. S. 13.

Arthur Schopenhauer (1788–1860) im 2. Band von »Die Welt als Wille und Vorstellung« (1819):

»Auch den ›*Wahlverwandtschaften*‹ von *Goethe* liegt, wie schon der Titel andeutet, wenn gleich ihm unbewußt, der Gedanke zum Grunde, daß der *Wille*, der die Basis unsers eigenen Wesens ausmacht, der selbe ist, welcher sich schon in den niedrigsten, unorganischen Erscheinungen kund giebt, weshalb die Gesetzmäßigkeit beider Erscheinungen vollkommene Analogie zeigt.«

> Schopenhauer: Sämtliche Werke. Bd. 3. Nach der 1. von Julius Frauenstädt besorgten Gesamtausg. neu bearb. und hrsg. von Arthur Hübscher. Wiesbaden: F. A. Brockhaus, 1961. S. 336.

Goethe an Joseph Stanislaus Zauper am 7. 9. 1821:

»Der sehr einfache Text dieses weitläufigen Büchleins sind die Worte Christi: *Wer ein Weib ansieht, ihr zu begehren* etc. Ich weiss nicht, ob irgend jemand sie in dieser Paraphrase wieder erkannt hat. Dem eigentlichen Sinne des Dichters gemäss war folgende Erfahrung. Eine sehr schöne, liebenswürdige, junge Frau gestand ihm: sie habe die ›Wahlverwandtschaften‹ gelesen und nicht verstanden; sie habe sie nicht wieder gelesen, und verstehe sie jetzt. Mehr sagte sie nicht; aber wahrscheinlich hatte sie der innere Beichtvater, bei ähnlichen überraschenden Regungen, auf jene Erfahrungen und Folgen hingewiesen und heilsame Warnungen angedeutet.«[13]

Gräf. Nr. 889.

G o e t h e im Gespräch mit Eckermann am 30. 3. 1824:

»Abends bei Goethe. Ich [Eckermann] war allein mit ihm. ... Wir kamen .. auf die ›Wahlverwandtschaften‹ zu reden, und Goethe erzählte mir von einem durchreisenden Engländer, der sich scheiden lassen wolle, wenn er nach England zurückkäme. Er lachte über solche Thorheit und erwähnte mehrere Beispiele von Geschiedenen, die nachher doch nicht hätten voneinander lassen können.

›Der selige Reinhard in Dresden‹, sagte er, ›wunderte sich oft über mich, dass ich in Bezug auf die Ehe so strenge Grundsätze habe, während ich doch in allen übrigen Dingen so lässlich denke.‹

Diese Aeusserung Goethes war mir aus dem Grunde merkwürdig, weil sie ganz entschieden an den Tag legt, wie er es mit jenem so oft gemissdeuteten Romane eigentlich gemeint hat.«

Gräf. Nr. 893.

Heinrich H e i n e (1797–1856) nach Ludwig von Diepenbrock-Grüters Tagebuch:

»Lüneburg, 20. Nov. 1826

Goethe sei der Verderber der Religion! Seine Wahlverwandtschaften stürzten alles Heilige, seien ein Protest gegen alle Religion, Sitte und Formen. Goethe und sämtliche Goethianer achteten nur den äußeren Anstand. Er, Heine, brenne, sich gegen ihn zu erklären, indes halte ihn seine Stellung in der schriftstellerischen Welt davon ab.«

Begegnungen mit Heine. Berichte der Zeitgenossen. Hrsg. von Michael Werner. Hamburg: Hoffmann & Campe, 1973. S. 145 f.

13 Siehe hierzu: »Goethes Roman ›Die Wahlverwandtschaften‹«, hrsg. von Ewald Rösch, S. 21.

Heinrich H e i n e in den »Reisebildern«, 2. Teil: Die Nordsee (1826–31):

»[...] wenn die armen Insulanerinnen, in ihrer Schwangerschaft, allerlei süßgebackene Gelüste bekommen und am Ende sogar Kinder zur Welt bringen, die den Badegästen ähnlich sehen, so ist das leicht zu erklären. Ich will hier durchaus auf kein unsittliches Verhältnis anspielen. Die Tugend der Insulanerinnen wird durch ihre Häßlichkeit, und gar besonders durch ihren Fischgeruch, der mir wenigstens unerträglich war, vor der Hand geschützt. Ich würde, wenn ihre Kinder mit badegästlichen Gesichtern zur Welt kommen, vielmehr ein psychologisches Phänomen erkennen, und mir solches durch jene materialistisch-mystischen Gesetze erklären, die Goethe in den ›Wahlverwandtschaften‹ so schön entwickelt.«

Heine: Sämtliche Werke in zwölf Teilen. Hrsg. von Paul Beyer [u. a.]. T. 6. Leipzig: Hesse & Becker [1921]. S. 82.

Karl Wilhelm Ferdinand S o l g e r (1780–1819): »Über die Wahlverwandtschaften« (undatierter und unadressierter Brief aus dem Jahre 1809, veröffentlicht 1826 in Solgers nachgelassenen Schriften):

»Wenn ich meine vorläufige Meinung über die ›Wahlverwandtschaften‹ sagen soll, so muss ich schon diessmal nach Art der Recensenten, die freilich nicht meine Lieblingsart ist, mit etwas allgemeiner Theorie anfangen. Doch bitte ich recht sehr, diess nur als ein vorläufiges Wort anzusehen. Es ist hier wieder ein unerschöpfliches Kunstwerk, ein *immensum infinitumque*, und ich kann noch bloss vom ersten Eindruck sprechen.

... Ich möchte die Hoffnung fassen, dass aus diesem Werke, dergleichen ich lange eins gewünscht habe, den Menschen einmal ein Licht aufgehen werde über das Schicksal überhaupt, und besonders in der antiken Kunst, worüber alle neueren Kunstrichter unaufhörlich sprechen, und das keiner so verstanden hat, wie ich. Was ich aber darüber denke,

ziehe ich nicht bloss aus der Gestalt der Kunstwerke ab,
sondern ich sehe es in seinen innersten Gründen ein, welche
ich hier nicht entwickeln kann.

Die ganze alte Welt ist die Welt der Gattung als eins und aus
Einem Stücke. Das Ebenbild Gottes in ihr ist als die Idee der
gesammten Menschheit erschienen, und es gab nur Menschen innerhalb der Nationen. Es gab also auch nur ein
Geschick der Menschheit: denn diese war die erste Erzeu-
gung Gottes, die zweite erst setzte einzelne Menschen ab.
Diese Einzelnen konnten daher nur bestehen, so lange sie
das Geschick der Menschheit zu dem ihrigen machten:
wollten sie ihr eigenes für sich haben, so wurden sie von
jenem allgemeinen ergriffen und zertrümmert. Diess beweist
nicht allein die Kunst, welche es in seinen tiefsten Keimen
darstellt, sondern auch die Geschichte in den höchsten
Resultaten mit ihren Verbannungen, Ostracismen[14] u. s. w.
Kein grosser Mann Griechenlands, der es durch seine Individualität war, ist anders als im Elende gestorben.

Was ist nun aber jenes allgemeine Geschick der Menschheit?
Aeusserlich, was das Geschlecht begränzt, die physischen
Gebrechen, denen jeder unterworfen ist; innerlich die noth-
wendige Art zu denken, die unwillkürliche Verknüpfung
der Gedanken, die in dem Grossen und Kleinen, dem Edlen
und Schlechten dieselbe ist. Und dass er diesen allgemeinen
Gesetzen nicht entweichen kann, das stürzt eben den Einzelnen. Das Drama ist die wahrste Darstellung der Gattung
als des Erstgebornen und des Individuums als des Zweiten.
Die alte Kunst ist also in ihren innersten Gründen drama-
tisch; selbst in der Erzählung, wie bekannt, im Homer.

Ich übergehe die sogenannte romantische Welt, welches
mich zu weit führen würde, und komme auf die moderne.
Hier ist das Erstgeborne das Individuum, welches das Ebenbild Gottes in sich trägt. Und zwar trägt es dasselbe in sich
nicht als das Allgemeine oder als den absoluten Gott, sondern als das, welches gerade diesen bestimmten Punct endli-

14 Ostrazismus: das durch Kleisthenes in Athen eingeführte Scherbenge-
   richt.

cher Erscheinung (welchen wir eben Individuum nennen) mit seinem eigenen, durchaus nur ihm gehörigen Wesen beseelt. Es kann also heut zu Tage jeder seinen Gott nur in sich selbst finden und auch seine Philosophie und seine Kunst, oder wie Ihr es nennen wollt. Das Zweite ist die Gattung, und um kurz zu sein, sage ich nur, der Mensch lebt in der Gattung durch Anschauung aller übrigen Individualitäten, welches das System der Ehre und der zweckmässigen Staatseinrichtungen bildet. Sein Geschick aber ist seine Individualität, oder (recht verstanden) sein Charakter, und der Ausdruck dieses Geschicks die Liebe und Freundschaft. Nur dadurch kann ihm das Ebenbild Gottes in ihm zugleich wirklich werden. Der Mensch hat jetzt kein anderes Geschick als die Liebe. Wer seiner Individualität sein Verhältniss zu der Gattung unterwirft, oder diess mit ihr vereinigt, der kommt durch. Und das stellt die Kunst im Roman dar. Alle heutige Kunst beruht auf dem Roman, selbst das Drama (›Iphigenia‹, ›Tasso‹). Wer seine Individualität falsch versteht und meistert, oder (wie Krause so wahr sagt) die Stimme des Gewissens überhört und dem klügelnden Verstande folgt, der geht unter. Und das ist der Gipfel der heutigen Kunst, der tragische Roman. Bei den Alten gibt es dagegen eine (so zu sagen) romantische Tragödie, wo der Charakter gerechtfertigt und im Sturze selbst verklärt wird (›Oedipus in Kolonos‹).

Alles diess ist von mir sehr roh hingestellt. Ihr werdet Euch das Wahre herausfühlen. Die prótarchos átẽ [das heisst: der erste, alles folgende Unheil veranlassende, Frevel, nach dem ›Agamemnon‹ des Aeschylos V. 1151] liegt hier nicht bloss in dem Entschlusse, den Hauptmann und Ottilien kommen zu lassen, sondern schon in dem schwankenden Zustande, in dem die weislich von Gott getrennte Verbindung Eduards und seiner ehemaligen Geliebten, die ihm noch dazu selbst Ottilien bestimmte, doch geschlossen wird. Aber hier sind eben die Motive gerade in einander gewirrt, wie es sein muss, wo Unheil entstehen soll. Ich denke, niemand wird hier verkennen, wie im Verlaufe der Handlung selbst alles

von den Individualitäten ausgeht, und diese immer einseitiger werden (besonders Eduard), je mehr sie gegen die
Umgebungen zu kämpfen haben. Diese Betrachtung, dass
sie dadurch einseitiger werden, rechtfertigt mir auch den
Eduard, der mir sonst zu wenig seiner selbst mächtig ist.
Und doch bin ich nicht ganz mit ihm zufrieden. Ich glaube,
alles würde gewonnen haben, wenn er innerlich grösser
wäre, und doch fallen müsste. Aber das Grösste und Heilig-
ste darin ist wahrlich die so tief innerliche Ottilie, die ihr
keusches Inneres herausgeben muss an den Tag des Schicksals, der dieser Sturm ihre Knospe aufweht und ihren heiligen Blüthenstaub verstreut. Und göttlich ist es, dass auch ihr
erhabener Vorsatz und ihr Gelübde nichts mehr hilft. Sie
kann ihre eigene innere Macht nur noch dazu anwenden,
sich durch sich selbst zu vernichten. So ist es gründlich
durchgeführt.
Die vielen Reflexionen und Beobachtungen sind recht cha-
rakteristisch. Sie gehen immer auf Beobachtung und Unter-
suchung menschlicher Individualität, selbst wenn sie von der
Natur ausgehen. Seht, wohin selbst das Studium der Natur
diesen wahrhaften Dichter des Zeitalters geführt hat! In der
Natur selbst erkennt er die Liebe, das sind die Wahlverwandtschaften.
Eben dazu gehören die Details der Umgebungen, wovon ich
mir auch nicht ein Jota rauben lasse. Gerade diese sind das
sichtbare Kleid der Persönlichkeiten. Und sie haben noch
eine andere hohe Bedeutung. Sie sind das tägliche Leben,
worin sich die Persönlichkeit ausdrückt, sofern sie mit
andern in äussere Berührung kommt und sich von ihnen
unterscheidet. Diese bleiben immer der eigenthümliche
gleichartige Ausdruck desselben, während das Innere sich
gewaltsam umkehrt. Diese Umkehrung ist eben schrecklich
einleuchtend, wenn einmal der Blick zugleich auf die eigen-
thümlichen Umgebungen fällt, die immer dieselben blieben
oder gleichartig fortschritten.
Es könnte vielleicht scheinen, als wenn manches von dem,
was ich zuerst gesagt habe, einen Widerspruch erlitte durch

die Art, wie hier die Natur behandelt ist, ja wie sich dieses ganze Buch auf die Natur gründet. Der geheime innere Zusammenhang zwischen Eduard und Ottilien, ›die sich sogar in den Kopfschmerz getheilt haben‹, der zuletzt, wo sie so still neben einander zu sitzen pflegen, zur wahren Anziehungskraft wird, Ottiliens Auffinden des Steinkohlenlagers durch blosse hohe Sensibilität, die Thätigkeit des Pendels in ihrer Hand, endlich überhaupt die Wahlverwandtschaften selbst zeigen deutlich, dass hier die allgemeine Verwandtschaft der Natur mit sich selbst das Schicksal ist, welches alles hervorbringt. Nun könnte man sagen: also geht es nicht von den Individuen aus, sondern von jener allgemeinen Macht.

Aber bei tieferer Ansicht wird jeder entdecken, dass dieser Macht in der Hervorbringung der einzelnen Begebenheiten, Handlungen, Verhältnisse auch nicht der geringste Spielraum verstattet ist, sondern sie nur im Hintergrunde liegt, nicht als wirkliche Erscheinung hervortritt, sondern als das Wesen, welches innerhalb der Erscheinung ist. Und wie das durchgeführt ist, das ist wieder eine der allerausserordentlichsten Vollendungen der Kunst, der fast nichts aus irgend einer Zeit vorgezogen werden darf. Jede einzelne Regung oder Bewegung in dem ganzen Verlaufe ist unmittelbar in dem Charakter der Personen gegründet, und wo jenes Naturverhältniss ausdrücklich erwähnt wird, erscheint es entweder als zufällig bemerkt, oder gar als Folge der persönlichen Verhältnisse, wie eben jene gegenseitige Anziehung der beiden Liebenden. Ich muss noch einmal zurückgehn auf die Vergleichung mit den Alten. Bei ihnen beruht das Geschick nicht auf Gesetzen der sogenannten physischen Natur, sondern der sittlichen, und diese sondert sich auch schon ganz als Princip des Schicksals von jener ab. Bei ihnen werden auch die Handlungen der einzelnen Personen gänzlich vom Geschick selbst hervorgebracht, und der Charakter der Menschen supplirt jenes erst; hier ist es gerade umgekehrt.

Die Grösse des Gegenstandes und die erhabene und reine

Ansicht desselben hat eine solche Einfachheit der äusseren Hülfsmittel der Darstellung hervorgebracht, dass sich auch hierin das Werk der alten Tragödie sehr nähert, und dass man nach gemeiner Ansicht die Geschichte selbst fast nur das Gerippe eines Romans nennen könnte. Daher rührt auch die grosse Kürze der Erzählung gegen die langen und häufigen Reflexionen, und auch dieses, dass die Erzählung oft in das Präsens übergeht und mit kurzen, auf den ersten Anblick hart scheinenden Zügen Zustände der Personen umreisst.

Ueber die Details der Umgebungen habe ich mich schon geäussert. So wie diese das ganz tägliche wirkliche Leben der Personen immer in gleicher Schwebung erhalten und gleichsam als Folie dienen, so verhält sich die Einflechtung von allem, was jetzt Mode ist, als Gartenkunst, Liebhaberei an der Kunst des Mittelalters, Darstellung von Gemälden durch lebende Personen und was sonst dahin gehört, zu dem Leben der Leser und des gesammten Zeitalters. In der Behandlung dieser Dinge liegt ebenfalls eine Kunst, die ich nicht genug bewundern kann. Sie sind als vollkommen gültig, wahr und in der Zeit lebendig aufgefasst und von dem höchsten und reinsten Standpunct aus dargestellt. Sie sind sogar in die Handlung selbst als bedeutend verflochten: wenn zum Beispiel der Architekt am Ende beim Sarge Ottiliens dieselbe Stellung annimmt, die er einst als Hirte in dem Gemälde halten musste. So sind wir ganz auf einheimischem und frischem Boden der Zeit. In diesem Roman ist, wie im alten Epos, alles was die Zeit Bedeutendes und Besonderes hat, enthalten, und nach einigen Jahrhunderten würde man sich hieraus ein vollkommenes Bild von unserm jetzigen täglichen Leben entwerfen können.

Eben dazu gehören die überall ausgestreuten Reflexionen. Es ist heut zu Tage fast kein anderes Mittel da, auf Menschen zu wirken und in höherem Sinne in der menschlichen Gesellschaft gesellig zu leben, als eben das Privatgespräch und die Reflexionen darin. Wir müssen jetzt wahrlich unsere ganze Welt und unsere ganze Lebensthätigkeit hauptsächlich

darin suchen. Diese aber sind auch hier wieder recht, was sie
im gemeinen Leben sein sollen, Betrachtungen über das
Nächste, das was in den täglichen Sitten liegt, Betrachtungen
aber, welche nie in Philosophie übergehen, und doch im
wirklichen Leben selbst allemal tief in das Wesentliche und
wahrhaft Bedeutende eingreifen. Ja diese Reflexionen sind
eigentlich das wahre Leben, das wir führen, insofern wir uns
über das ganz Gemeine und Sinnliche erheben. Es trägt also
in ihrer Darstellung recht die höchste Aufgabe der Kunst,
nemlich das Tiefe und Innere in den Gestaltungen der reinen
Wirklichkeit selbst zum Sein zu bringen. Und wie vollkommen ist sie hier gelöst! Diese Reflexionen sind das Element,
worin das Einzelne athmet, sie sind das Accompagnement
zu den Arien der Begebenheiten und Handlungen. Wer aber
nicht einen Sinn hat, gebildet für Goethe und durch ihn, der
wird sie ohne Zweifel sehr langweilig finden.

Was [Friedrich Heinrich von der] Hagen über Ottilie sagt,
finde ich vortrefflich. An Zurechnung ihres Vergehens kann
niemand denken, der diese reine verschlossene Knospe zu
verstehen fähig ist. Sie weiss es ja in der That nicht, wie es
mit ihr und Eduard steht, sondern es *ist* so, ja sie selbst ist
das ganze Verhältniss. Dass dieses hervorspringt und wirklich von dem verstehenden Leser gefasst werden kann, ist
allein eine Glorie um Goethes Haupt. Eduard bleibt mir
immer noch ein wenig zu weichlich. Was mir dieses allein
rechtfertigt, ist, dass Ottilie rein die Hauptperson ist und
sein muss. Sie ist ja das wahre Kind der Natur und ihr Opfer
zugleich. Mit diesen zwei Worten ist alles Schöne und
Grosse ausgesprochen, was von Frauen zu sagen ist. Und
wie unendlich und unerschöpflich ist diess! Es musste nothwendig hier eine Frau die Hauptperson sein.

Ich eile nur noch einige Bemerkungen über die Nebenpersonen beizufügen. Vor allen liebe ich nur den Architekt.
Dieses ist eine grossartige Figur, eine der höchsten vielleicht
im ganzen Werke, wie voll Grazie und Grösse. Weise ist er
nur unter die Nebenfiguren gestellt; ich möchte sagen, er
war zu trefflich zum Haupthelden der Tragödie. Wohlver-

standen, diese Trefflichkeit liegt zugleich mit in dem zufällig
erscheinenden Umstand, dass ihn keine überwiegende
Gewalt an den Tag des Schicksals reisst. Aber solche
Umstände liegen mit in der Person. Ich muss innerlich
lachen, wenn es heisst: ›Ja wie würde sich der nun zeigen,
wenn er in diese oder jene Lage käme?‹ Er kommt aber nicht
darein, und das gehört schon mit zu ihm. Also ist diese stille
innerliche Grösse eines jugendlichen Heros etwas sehr
Hohes, selbst mit dadurch, dass sie an Umständen nicht
geprüft wird. Denn bei'm Prüfen freilich wird immer etwas
von einer solchen Ganzheit abgerieben. Nur entzieht er sich
der Prüfung freilich nicht durch absichtliche Beschränkung,
sondern durch seine Natur. Er gehört zu dem, was bei den
Alten der Chor war.
Der Gehülfe der Pensionsanstalt hat einen Anstrich von
Pedanterei. Sein Verhältniss zu Ottilien ist aus unserm heutigen eigensten Leben herausgegriffen. Er gehört zu den
einsichtsvollen, verständigen Personen, die Goethe so sehr
liebt, und streift an das Erhabene einer solchen Art von
Bildung, wie es im ›Wilhelm Meister‹ einigemal hervortritt.«

Gräf. S. 474–480,1.

Goethe im Gespräch mit Eckermann am 21. 1. 1827:

»Ich [Eckermann] ging diesen Abend halb Acht zu Goethe
und blieb ein Stündchen bei ihm. ...
... ›Da will ich Ihnen doch etwas zeigen‹, sagte Goethe, ›das
für Sie Interesse haben wird. Reichen Sie mir doch einen der
Bände, die vor Ihnen liegen. Solger ist Ihnen bekannt?‹ –
Allerdings, sagte ich, ich habe ihn sogar lieb. ... ›Sie wissen,
er ist vor mehrern Jahren gestorben‹, sagte Goethe, ›und
man hat jetzt eine Sammlung seiner nachgelassenen Schriften
und Briefe herausgegeben ... seine Briefe sind vortrefflich.
In einem derselben schreibt er an Tieck[15] über die „Wahlver-

---

15 Der Brief war nicht, wie Goethe annimmt, an Tieck gerichtet, da Solger erst
   1810 dessen Bekanntschaft machte. Man weiß nicht, an wen er adressiert
   ist.

wandtschaften", und diesen muss ich Ihnen vorlesen, denn
es ist nicht leicht etwas Besseres über jenen Roman gesagt
worden.‹

Goethe las mir die treffliche Abhandlung vor, und wir
besprachen sie punctweise, indem wir die von einem grossen
Charakter zeugenden Ansichten und die Consequenz seiner
Ableitungen und Folgerungen bewunderten. Obgleich Solger zugestand, dass das Factum in den ›Wahlverwandtschaften‹ aus der Natur aller Charaktere hervorgehe, so tadelte er
doch den Charakter des Eduard.

›Ich kann ihm nicht verdenken‹, sagte Goethe, ›dass er
den Eduard nicht leiden mag, ich mag ihn selber nicht
leiden, aber ich musste ihn so machen, um das Factum
hervorzubringen. Er hat übrigens viele Wahrheit, denn
man findet in den höhern Ständen Leute genug, bei denen
ganz wie bei ihm der Eigensinn an die Stelle des Charakters
tritt.‹

Hoch vor allen stellte Solger den Architekten, denn wenn
alle übrigen Personen des Romans sich liebend und schwach
zeigten, so sei er der einzige, der sich stark und frei erhalte.
Und eben das Schöne an seiner Natur sei nicht sowohl
dieses, dass er in die Verirrungen der übrigen Charaktere
nicht hineingerathe, sondern dass der Dichter ihn so gross
gemacht, dass er nicht hineingerathen *könne*.

Wir freuten uns über dieses Wort. ›Das ist freilich sehr
schön‹, sagte Goethe. – Ich habe, sagte ich, den Charakter
des Architekten auch immer sehr bedeutend und liebenswürdig gefunden, allein dass er eben desswegen so vortrefflich sei, dass er vermöge seiner Natur in jene Verwickelungen der Liebe nicht hineingerathen *könne*, daran habe ich
freilich nicht gedacht. – ›Wundern Sie sich darüber nicht‹,
sagte Goethe, ›denn ich habe selber nicht daran gedacht, als
ich ihn machte. Aber Solger hat recht, es liegt allerdings in
ihm.‹

›Dieser Aufsatz‹, fuhr Goethe fort, ›ist schon im Jahre 1809
geschrieben, und es hätte mich damals freuen können, ein so
gutes Wort über die „Wahlverwandtschaften" zu hören,

während man in jener Zeit und später mir eben nicht viel
Angenehmes über jenen Roman erzeigte.‹«

Gräf. Nr. 902.

Goethe im Gespräch mit Eckermann am 6. 5. 1827:

»›Es war im ganzen‹, fuhr Goethe fort, ›nicht meine Art,
als Poet nach Verkörperung von etwas *Abstractem* zu streben. . . .
Wollte ich jedoch einmal als Poet irgendeine Idee darstellen,
so that ich es in *kleinen* Gedichten, wo eine entschiedene
Einheit herrschen konnte und welches zu übersehen war,
wie zum Beispiel die „Metamorphose der Thiere“, die
„der Pflanzen“, das Gedicht „Vermächtniss“, und viele
andere.
Das einzige Product von *grösserm* Umfang, wo ich mir
bewusst bin nach Darstellung einer durchgreifenden Idee
gearbeitet zu haben, wären etwa meine „Wahlverwandtschaften“. Der Roman ist dadurch für den Verstand fasslich
geworden; aber ich will nicht sagen, dass er dadurch besser
geworden wäre! Vielmehr bin ich der Meinung: *je incom-
mensurabler und für den Verstand unfasslicher eine poetische
Production, desto besser.*‹«

Gräf. Nr. 903.

Goethe im Gespräch mit Eckermann am 21. 7. 1827:

»Sie wissen, Aristoteles sagt vom Trauerspiele, es müsse
Furcht erregen, wenn es gut sein solle. Es gilt dieses jedoch
nicht bloss von der Tragödie, sondern auch von mancher
andern Dichtung. [. . .] Diese Furcht nun kann doppelter
Art sein: sie kann bestehen in Angst, oder sie kann auch
bestehen in Bangigkeit. Diese letztere Empfindung wird in
uns rege, wenn wir ein moralisches Uebel auf die handelnden Personen heranrücken und sich über sie verbreiten
sehen, wie zum Beispiel in den ›Wahlverwandtschaften‹. Die
Angst aber entsteht im Leser oder Zuschauer, wenn die
handelnden Personen von einer physischen Gefahr bedroht
werden [. . .].«

Gräf. Nr. 904.

Goethe an Zelter am 21. 11. 1827:

»Die Kunden [das Publikum] erlauben wohl dem Schneider, hier oder dort ein gewisses Tuch auszunehmen, den Rock aber wollen sie auf den Leib gepasst haben, und sie beschweren sich höchlich, wenn er ihnen zu eng oder zu weit ist; am besten befinden sie sich in den polnischen Schlafröcken des Tags und der Stunden, worin sie ihrer vollkommensten Bequemlichkeit pflegen können, da sie, wie Du Dich wohl erinnern wirst, sich gegen meine ›Wahlverwandtschaften‹ wie gegen das Kleid des Nessus geberdet haben.[16]«

Gräf. Nr. 905.

Goethe im Gespräch mit Eckermann am 9. 2. 1829:

»Goethe sprach viel über die „Wahlverwandtschaften", besonders dass jemand sich in der Person des Mittler getroffen gefunden, den er früher im Leben nie gekannt und gesehen. ›Der Charakter‹, sagte er, ›muss also wohl einige Wahrheit haben und in der Welt mehr als einmal existiren. Es ist in den „Wahlverwandtschaften" überall keine Zeile, die ich nicht selber erlebt hätte, und es steckt darin mehr, als irgend jemand bei einmaligem Lesen aufzunehmen im Stande wäre.‹«

Gräf. Nr. 906.

Goethe an Zelter im Januar 1830:

»Zum Scherz und Ueberfluss lass mich in Gefolg des Vorigen erwähnen: dass ich in meinen ›Wahlverwandtschaften‹ die innige, wahre Katharsis so rein und vollkommen als möglich abzuschliessen bemüht war; desshalb bild' ich mir aber nicht ein, irgend ein hübscher Mann könne dadurch von dem Gelüst, nach eines Andern Weib zu blicken, gerei-

---

16 »Das heisst eigentlich: rasend, wild schreiend vor Schmerz, mit dem ungestümen Bestreben, sich davon zu befreien; wie Herakles that, als das Gewand, welches Deïaneira, seine Gattin, mit dem vergifteten Blute des Kentauren Nessos bestrichen hatte, seine unaufhaltsam zerstörende Wirkung ausübte.
Der hier von Goethe gewählte Vergleich fällt auf durch seine ausserordentliche Stärke. [...]« (Gräf, S. 484,1).

nigt werden. Das sechste Gebot, welches schon in der Wüste
dem Elohim-Jehova so nöthig schien, dass er es, mit eigenen
Fingern, in Granittafeln einschnitt, wird in unsern löschpa-
piernen Katechismen immerfort aufrecht zu halten nöthig
sein.
Verzeihung dieses! denn die Sache ist von so grosser Bedeutung, dass Freunde sich immer darüber berathen sollten; ja
ich füge Folgendes hinzu: es ist ein gränzenloses Verdienst
unsres alten *Kant* um die Welt, und ich darf auch sagen, um
mich, dass er, in seiner ›Kritik der Urtheilskraft‹, *Kunst* und
Natur neben einander stellt und beiden das Recht zugesteht:
aus grossen Principien zwecklos zu handeln. So hatte mich
Spinoza früher schon in dem Hass gegen die absurden
Endursachen geglaubiget. Natur und Kunst sind zu gross,
um auf Zwecke auszugehen und haben's auch nicht nöthig,
denn Bezüge gibt's überall und Bezüge sind das Leben.«

Gräf. Nr. 907.

Goethe an Zelter am 31. 10. 1831:

»Die Frömmler habe ich von jeher verwünscht, die Berliner,
so wie ich sie kenne, durchaus verflucht, und daher ist es
billig, dass sie mich in ihrem Sprengel in den Bann
thun.[17]«

Gräf. Nr. 909.

d. Nach 1832

Ludolf **Wienbarg** (1802–72) in den »Ästhetischen Feldzü-
gen« (1834):

»Man mag sagen, Goethe hat die moderne Poesie entadelt,
weil er ihr den Gehalt der Begeisterung entzog, sie zu
ministeriell, zu vornehm, zu behaglich behandelte und das

---

17 »Zelter hatte am 27. October gemeldet: ›Unser theologischer Eiferer *Hengstenberg* soll eine bleischwere Kritik über die ›Wahlverwandtschaften‹
   entlassen haben. Ich kenn' ihn nicht, und wenn er Dich nicht versteht,
   wirst Du ihn auch nicht kennen‹ [...]
   Die von dem streng orthodoxen Theologen Hengstenberg in Berlin heraus-
   gegebene ›Allgemeine evangelisch-lutherische Kirchen-Zeitung‹ hatte 1831
   in den Nummern 57–61, vom 16., 20., 23., 27. und 30. Juli (Spalte

Götterroß vor den Wagen der gemeinen Alltäglichkeit, ja vor den Leichenwagen der gesellschaftlichen Entartung spannte – dieses sind nicht allein neueste Vorwürfe der Bewegungsmänner wie Menzels und Börnes, sondern bereits alte Vorwürfe der Romantiker, durch Novalis-Hardenberg gegen ihn ausgesprochen. Das Wahre davon ist, daß er nur zu treu seiner Neigung und seinem Grundsatze Folge leistete, wonach ihm *die Muse nur als Begleiterin, nicht als Leiterin des Lebens* erschien.

Man muß bedauern, und wohl niemand hat dieses schmerzlicher empfunden als er selbst, daß die höchste Potenz des Lebens, das nationale Leben, zur Zeit seiner Jugend- und Mannesjahre völlig erloschen war in deutschen Landen; man muß bedauern, daß das gesellschaftliche ästhetisch-sittliche Leben seiner Zeitgenossen unwürdig war seines großen dichterischen Genius; man kann sogar in diesem Betracht die Poesielosigkeit eines ›Wilhelm Meister‹, der ›Wahlverwandtschaften‹ usw. ebenso tatsächlich nennen, als die Poesielosigkeit jener sozialen Zustände, denen diese Dichtungen entkeimten – aber den Grundsatz muß man stehenlassen, und seine Neigung darf man nicht schelten. Dieser Grundsatz ist der Stern in der Nacht der Poesie, Goethes Werke sind Magnetnadeln, die nach diesem Polarstern hindeuten. Poesie und Leben sind Inseparabeln [...] Wer die Poesie vom Leben trennt, trennt das Leben von der Poesie. Diesen Goetheschen Grundsatz nennen wir das große Goethesche Samenkorn, ausgestreut in die Literaturen des neunzehnten Jahrhunderts, so lange kritisch-polemisch wuchernd, in liebender Sehnsucht keimend, in zürnender Ungeduld drängend, bis es herausschlägt an den hellen Tag und die Welt mit ungeahnter Schönheit überrascht.«

Wienbarg: Ästhetische Feldzüge. Berlin/Weimar: Aufbau-Verlag, 1964. S. 200 f.

449–488) einen anonymen Aufsatz über Goethes Roman gebracht. In dem Exemplar der Königlichen Bibliothek zu Berlin ist (nach freundlicher Mittheilung Ludwig Geigers) der Name Göschel mit Bleistift beigeschrieben« (Gräf, S. 487 f., 3).

Georg Wilhelm Friedrich H e g e l (1770–1831) in den »Vor-
lesungen über die Ästhetik«, Bd. 1 (1835):

»Ein ähnliches Anfügen von einzelnen Zügen, die aus dem
Inhalte nicht hervorgehn, finden wir selbst noch in den
Wahlverwandtschaften wieder: die Parkanlagen, die lebenden Bilder und Pendelschwingungen, das Metallfühlen, die
Kopfschmerzen das ganze aus der Chemie entlehnte Bild der
chemischen Verwandtschaften sind von dieser Art. Im
Roman, der in einer bestimmten prosaischen Zeit spielt, ist
dergleichen freilich eher zu gestatten, besonders wenn es wie
bei Göthe so geschickt und anmuthig benutzt wird, und
außerdem kann sich ein Kunstwerk nicht von der Bildung
seiner Zeit durchweg frei machen, aber ein Anderes ist es
diese Bildung selber abspiegeln, ein Anderes die Materialien
unabhängig vom eigentlichen Inhalt der Darstellung äußer-
lich aufsuchen und zusammenbringen.«

Hegel: Sämtliche Werke. Hrsg. von Hermann
Glockner. Bd. 12. Repr. Stuttgart-Bad Cannstatt:
Frommann, 1971. S. 399 f.

Ferdinand Gustav K ü h n e (1806–88) in seiner Rede »Wie
die Kunst bei den Deutschen nach Brot geht!« (1835):

»In den Wahlverwandtschaften ist von vorn herein verzichtet auf alle Bewegung in der Mitte des Volkes, auf allen
Zusammenhang mit dem Strom des ganzen Lebens. Es ist
ein aristokratisch abgefeimtes Quälerleben, höchst subtil,
mit höchst spinnefeiner Dialektik der menschlichen Neigungen, ein Kabinetsstück des vornehm abgepferchten Salonle-
bens, an dessen glatten Felsenwänden der Hülferuf der
duldenden Menschenseele wie ein sterbendes Echo schwach
verhallt. Hätte Goethe nur den Meister und nicht auch die
Wahlverwandtschaften geschrieben, so hätte man noch über
die Möglichkeit träumen können, aus seiner Poesie einen
Nationalroman hervorgehen zu sehen, in welchem das ganze
volle deutsche Herz zu seinem Rechte gekommen.
Mit diesem Werke brach Goethe förmlich mit seinem Volke.
Er hatte nie recht an eine Gesammtheit geglaubt, es nie so

zuversichtlich wie Schiller sich imaginirt, daß im Deutschen etwas Nationelles, das sich als ein Ganzes ideell fortbildet, schlummere. Dieser Glaube ist aber eine Religion für den deutschen Schriftsteller, diese Religion darf nicht aufgegeben werden. [...]«

Zit. nach Hartmut Steinecke: Romantheorie und Romankritik in Deutschland. Bd. 2: Quellen. Stuttgart: Metzler, 1976. S. 120.

Theodor M u n d t (1808–61) in »Die Kunst der deutschen Prosa« (1837):

»Der gewöhnlichen Wirklichkeit ferner stehend, auf idealen Sonnenhöhen, wandelt die sanftgezügelte Sprache des Tasso und der Iphigenia dahin, während feinausgebildet, mit allen Rücksichten der Gesellschaft, die Wirklichkeit ihren angemessenen Stil im Wilhelm Meister und den Wahlverwandtschaften sich erschafft. Der Roman ist diejenige Kunstform, in welcher die Einheit von Poesie und Prosa schon durch die Idee des Kunstwerkes selbst geboten wird, indem die realen und gegebenen Lebensverhältnisse sich darin mit den höheren und allgemeinen Anforderungen der Weltansicht durchdringen. Die dichterische Prosa des Werther setzte sich aber in den beiden andern Romanen Goethe's auf ein geklärteres und ruhigeres Maaß der Diction zurück und fesselte die poetischen Ausschweifungen durch den geselligen Ton und Anstand der Darstellung, der eine bedeutsame Heranbildung auch des deutschen Privatlebens bezeichnet. Das radicale Element im Werther, das auch im Stil allen frei umherschwärmenden Natur- und Frühlingstrieben der Subjectivität folgt, ordnet sich im Wilhelm Meister und den Wahlverwandtschaften mit Grazie den Bedingungen der Gesellschaft unter, die mit aristokratischen Einflüssen die feingeschliffene Schreibart behaucht. Doch nimmt die Prosa auch hier nach Maßgabe des Inhalts einen größeren oder geringeren Schwung, und versagt sich bei einer Erhebung ihres Gegenstandes keine Blüthen und Farben der

Sprache, obwohl stets innerhalb einer leisen Nüancirung
gehalten.«

Mundt: Die Kunst der deutschen Prosa. Repr.
Göttingen: Vandenhoeck & Ruprecht, 1969. S.
350 f.

Franz Grillparzer (1791–1872) in seinem Tagebuch
(1841):

»Was in diesen Wahlverwandtschaften am meisten stört, ist
gleich von vornherein die widerliche Wichtigkeit, die den
Parkanlagen, kleinlichen Baulichkeiten und dergleichen
Zeug, fast parallel mit der Haupthandlung, gegeben wird. Es
ist als ob man ein Stück aus Goethes Leben läse, der auch
seine unvergleichlichen Gaben dadurch zum Teil paralysiert
hat, daß er fast gleichen Anteil an derlei Zeitvertreib wie an
den wichtigsten Angelegenheiten seines eigentlichsten Beru-
fes nahm. Es soll aber eine Abstufung des Interesses geben,
und was man an Nebensachen verschwendet, wird immer
der Hauptsache entzogen. Durch dieses Ausspinnen der
Nebensachen hat er sich zugleich zweitens den Raum
genommen, den Chemismus seiner Wahlverwandtschaften
gehörig ins Psychologische oder vielmehr Moralische zu
übertragen. Die Charlotten springen nicht so leicht mit ihrer
Neigung ab und es braucht eine große Stufenleiter von
Ereignissen und Empfindungen bis die Ottilien der Verirrung, ja dem Vergehen auch nur im Gedanken Raum geben.
Angedeutet ist manches: z. B. daß Charlotte früher selbst
ein Verhältnis zwischen Eduard und Ottilien habe einleiten
wollen, aber die abgeschmackten Parkgeschichten nahmen
allen Raum zur genauern Entwicklung fort. Abscheulich ist,
wie sie jetzt dasteht, die Geschichte jener ehelichen Nacht,
gleich in Verbindung mit der Gelegenheitmacherei zwischen
dem Grafen und der Baronesse.
Aber all das zugegeben, welch ein unendliches Meisterstück
ist dieses Werk: An Menschenkenntnis, Weisheit und Empfindung, Darstellungsgabe, Charakterzeichnung und dichte-
rischer Veredlung des scheinbar Gewöhnlichen hat es in
keiner Literatur seinesgleichen. Vor dem fünfzigsten Jahre

kann man es kaum völlig würdigen, aber es gehört ebenso-
wohl zum Fluch als zum Segen des Gereiftseins, daß man es
kann.«

Grillparzer: Sämtliche Werke. Ausgewählte Briefe,
Gespräche, Berichte. Hrsg. von Peter Frank und
Karl Pörnbacher, Bd. 3. München: Hanser, 1964.
S. 772 f.

Georg Gottfried Gervinus (1805–71) in »Neuere
Geschichte der poetischen National-Literatur der Deutschen«, 2. Teil (1842):

»In den Wahlverwandtschaften *(1809)* und in den kleinen
Erzählungen, die vereinzelt in dem Taschenbuch für Damen
(seit *1809*) erschienen, und durch einen romantischen Faden
unter dem Titel der Wanderjahre Meisters zusammenge-
schlungen werden und ein wunderlich anziehendes Ganze
bilden sollten, huldigte Göthe theils dem Mährchenge-
schmack des Tags, theils anticipirte er den Uebergang zu der
eigentlichen Novelle. Diese Gattung [...] vertrug sich vortrefflich mit jener neuen Neigung, dem Unbedeutenden
Gewicht zu leihen: ›ganz einfache Lebensmomente werden
darin aus herkömmlicher Gleichgültigkeit heraus und auf
ihre bedeutende Höhe hervorgehoben.‹ Die Wahlverwandtschaften waren Anfangs auch nur auf eine kleine Erzählung
berechnet, wie die übrigen, in denen das formale Prinzip der
Romantiker vorwaltet und die wenig anderes Verdienst, als
das der Erzählung haben; allein noch drängte sich hier ein
Herzensantheil hinzu, der diesen Stoff ausdehnte, und dieses Werk zu dem Meisterstück der neuern Novellistik
machte. Die Wahlverwandtschaften sind übrigens darum
nicht mehr mit jenem frischen pathologischen Antheil
geschrieben; wie einst Werther; sie vergleichen sich vielmehr
mit den Novellen des Cervantes grade dadurch, daß sie jene
durchsichtige Helle, jene Plan- und Regelmäßigkeit im Entwurf und Ausführung, jene Quadratur der Anlage, jene
gradlinige Richtung der Empfindungen und Leidenschaften,
und die letzte Vollendung einer berechneten und mit künst-

lerischem Bewußtsein durchgeführten Darstellung an sich
tragen. Die Entfaltung des Satzes: wie die Menschen nicht
wissen, dem Dämon in sich selbst, der ursprünglichen
Stimme der Natur zu folgen, und ihr mit Warnungen und
Hemmungen sich offenbarendes Schicksal zu verstehen, wie
sie ihm vielmehr oft entgegen treten und mit freier menschlicher Willkühr, wohl auch aus Pflichtgefühl zuwider arbeiten, und wie sie dieß ins Verderben zieht, die Verkörperung
dieses Gedankens, sagen wir, ist so leicht durchgeführt und
in so trefflichen Gegensätzen gehalten (wie z. B. Charlotte
erst der Pflicht folgt, dann, durch ein *erlittenes* Unglück
gemahnt, dem ersten und natürlichen Gefühle; Ottilie dagegen erst dem Gefühle, und dann, durch das *verursachte*
Unglück geschreckt, der Pflicht), daß wir auch im Cervantes
nur Einzelnes entfernter zu vergleichen wüßten; und dieß
um so mehr, als ein Vorzug hinzukommt, den der ältere
Meister nicht wohl haben konnte. Göthe schlingt wohlthu-
end durch die spannenden inneren Verhältnisse der Menschen die Geschichte des Parks hindurch und läßt angenehm
in der Natur ausruhen, besänftigt hier für die Unruhe, die
das leidenschaftliche Getriebe der Menschen aufregt, und
hält den Leser mehr in einer harmonischen Stimmung, als es
in den alten Novellen durch die Isolirung der moralischen
Welt der Fall ist. In der ganzen legendarischen Wendung am
Ende dagegen und manchen Einzelnheiten verfällt Göthe
auch hier den romantischen Wunderlichkeiten des Tags. Bei
der Aufnahme dieses Werks hatte Göthe von dem Materialismus der modernen Welt von neuem zu leiden. Was jene
physikalischen Beziehungen angeht, die dem naturforschen-
den Dichter ein willkommenes Bild boten, so kritisirte
man die Statthaftigkeit eines wissenschaftlichen Satzes, wo
nur der Phantasie ein Symbol gegeben war, vor welcher
alles statthaft ist, was sich als möglich fesseln läßt. Und
was den moralischen Klagepunkt angeht, so hat sich
Göthe mit Recht beschwert, daß das Publikum trotz der
geübten poetischen Gerechtigkeit sich nicht zufrieden

gab, das sich sonst immer über deren Vernachlässigung beschwert.«
Gervinus: Historische Schriften. Bd. 6. Leipzig: Engelmann, 1842. S. 710 ff.

Karl August V a r n h a g e n   v o n   E n s e (1785–1858) in seinem Tagebuch am 28. 6. 1843:

»General von Rühle erzählte mir [Varnhagen von Ense], Goethe selbst habe ihm einmal gesagt, er habe die erste Anregung zu den ›Wahlverwandtschaften‹ durch Schelling erhalten, wie Kapp in seinem Buche richtig bemerkt. In der Charlotte wollte man die Herzogin Luise erkennen, in dem Hauptmann den Freiherrn von Müffling, jetzigen Gouverneur von Berlin, in Luciane einige Züge des Fräulein von Reitzenstein, und so noch andre, – in dem Maler einen jungen Künstler aus Cassel. – Goethe sagte einmal zu Rühle: ›Ich heidnisch? Nun, ich habe doch Gretchen hinrichten und Ottilien verhungern lassen, ist denn das den Leuten nicht christlich genug? Was wollen sie noch Christlicheres?‹ – Das erinnert an die empörte Antwort, die er Knebeln wegen der sittlichen Bedenken desselben gegen die ›Wahlverwandtschaften‹ gab: ›Ich hab's auch nicht für Euch, ich hab's für die jungen Mädchen geschrieben!‹«
Gräf. Nr. 864.

Karl G u t z k o w (1811–78) in »Vom deutschen Parnaß« (1854):

»Die Schopenhauer, die Huber, die Hanke, die Tarnow[18] variirten mehr oder weniger in jedem ihrer Werke das Thema der Goethe'schen Wahlverwandtschaften, *die Liebe, die sich geirrt hat, die Ehe, die etwas Anderes besitzt, als was sie besitzen möchte.* Das Thema wurde später leidenschaftlicher und hitziger erörtert. Immer stärker erhoben sich die Anklagen gegen die vielen Veranlassungen, welche die moderne Welt darbietet, sich in der Liebe zu irren und

18 Gutzkow bezieht sich hier auf die folgenden Schriftstellerinnen: Johanna Schopenhauer (1766–1838), Therese Huber (1764–1929), Henriette Hanke (1785–1862) und Fanny Tarnow (1779–1862).

vorzugsweise gegen die größte der bekannten Vexiranstalten
nicht bei dem Rechten oder bei der Rechten angekommen zu
sein, gegen die Ehe. Die originellste Erscheinung auf diesem
Gebiete blieb wol die Gräfin Hahn-Hahn. Sie besaß dichte-
risch-lyrischen Fonds und Kenntniß der Welt genug, um das
Thema der verfehlten Wahl nach allen Seiten hin zu variiren,
bis sie, da ihr etwa Balzac's Witz und Humor nicht zu
Gebote standen, mit dem herbstlichen Welken ihrer Gefühle
auch dieser Lebensanschauungen überdrüssig wurde und
vor dem Spiegel einer großen Selbstzufriedenheit die
bekannte geistliche Toilette machte.«

Zit. nach: Hartmut Steinecke: Romantheorie und
Romankritik in Deutschland. Bd. 2: Quellen.
Stuttgart: Metzler, 1976. S. 242.

Joseph von Eichendorff (1788–1857) in seiner
»Geschichte der poetischen Literatur Deutschlands«, T. 1.
(1857):

»Sein ›Werther‹ läßt spielend und kämpfend seine natürlichen Gefühle in der ungebundensten Freiheit sich entwik-
keln, und ›Wilhelm Meister‹ geht bei der Welt in die Lehre,
die ihm alle seine Anlagen zu Fähigkeiten ausbilden soll;
während die humanistische Selbsterziehung in den ›Wanderjahren‹ zu einer förmlichen Universität des Menschenge-
schlechts erhoben ist, zu einer allgemeinen Weltbürgerei mit
dem Wahlspruch: ›Wo ich nütze, ist mein Vaterland.‹
Hier wird anstatt der Hausfrömmigkeit eine Weltfröm-
migkeit und demnach zu beliebiger Wahl gleichzeitig eine
ethnische und eine philosophische Religion gelehrt, die
christliche Religion dagegen, ›jene Verehrung des Wider-
wärtigen, Verhaßten, Fliehenswerten‹, dem Abiturienten
zuletzt nur ausstattungsweise noch mitgegeben, damit er
wisse, ›wo er dergleichen zu finden habe, wenn ein solches Bedürfnis sich in ihm regen sollte‹. – Allein die Zög-
linge machen dieser Allerweltsschule keine sonderliche
Ehre; sie führt den Werther zum Selbstmord, den Wil-

helm Meister zur ökonomischen Philisterei und die Helden der ›Wahlverwandtschaften‹ zum geistigen Ehebruch.
[...] seine unmittelbar aus der Gegenwart gegriffenen Romane: Werther, Wilhelm Meister und die Wahlverwandtschaften, sind ein fortlaufendes Epos der Bildung des Jahrhunderts, ihrer Leiden und Freuden, ihrer Irrtümer und Laster. Was seinen Helden fehlt, fehlt seiner Zeit, und kann nicht dem Dichter, sondern uns zum Vorwurf gereichen; und jedenfalls wird man aus jenem historischen Romanzyklus für alle Zukunft diese Zeit besser als aus den Geschichtsbüchern studieren und verstehen können.«

Eichendorff: Werke. Bd. 3: Schriften zur Literatur. München: Winkler, 1976. S. 746 ff.

Friedrich Hebbel[19] (1813–63) an Emil Kuh am 16. 7. 1859:

»Zunächst habe ich Goethes Wahlverwandtschaften vorgenommen und es ist mir mit der Lectüre wunderlich gegangen. Der Roman scheint mir ungefähr aufgebaut, wie Charlottens Mooshütte, die der Hauptmann mit so vielem Grunde tadelt; überall Stifte und Drähte, deren Zweckmäßigkeit einleuchtet, deren Schönheit aber äußerst zweifelhaft ist. Dieser Mittler, und der Gebrauch, den der Dichter von ihm macht; diese eingeschobene Novelle u. s. w. Die letzte Parthie kann ihre pathologische Wirkung auf das menschliche Gemüth freilich nicht verfehlen, aber das Ganze bezeichnet doch auf frappante Weise den Uebergang aus dem organischen Gebiet in das der Mosaik!«

Hebbel: Sämtliche Werke. Hist.-krit. Ausg. Hrsg. von Richard Maria Werner. Bd. 6: Briefe. Berlin: Behr, 1906. S. 265.

19 Hebbels erste Stellungnahme zu den »Wahlverwandtschaften« im Vorwort seines Dramas »Maria Magdalena« (1844) ist dem Text S. 191 ff. zu entnehmen.

Theodor Fontane (1819–98): Goethe, Die Wahlverwandtschaften (1870):

»Über den Charakter Ottiliens

Ich weiß doch nicht, ob Ottiliens energische Ablehnung
[...] psychologisch richtig ist. Sie liebt Eduarden mit einer
Art von Unbefangenheit, die teils aus der Liebe selbst,
namentlich aber daraus erwächst, daß sämtliche Personen
über den Ehepunkt sehr *aufgeklärt*, in einem schönen Sinne
frei denken. Diese wohlmotivierte, auch der Zeitanschauung
völlig entsprechende Unbefangenheit läßt es durch Monate
hin zu keiner Reue kommen, nun stirbt das Kind, und ›Gott
hat ihr plötzlich auf eine schreckliche Weise die Augen
geöffnet‹. Die Möglichkeit solcher Wandlung – wer wollte
sie bestreiten. Aber ein göttliches Gesetz, ein unerbittliches,
heiliges Gesetz, ist entweder da oder nicht da. *Ist* es da, d. h.
für mich da, so muß ich schon im Beginn meines Fehltritts
das schmerzliche Gefühl der Sünde haben, ist es aber für
mich *nicht* da, stehe ich, samt meiner ganzen Umgebung, in
einer sittlichen Anschauung, die sich dem Gesetz entzieht,
so ist doch solche Wandlung sehr schwer. Wenn unser
Schuldmaß nicht *sehr* schwer in die Waage fällt, so sind wir
in sittlichen Dingen doch meist von den Anschauungen
unserer Umgebung, von der Atmosphäre abhängig, in der
wir leben.
Vielleicht muß man es so fassen. Sie (Ottilie) trägt das
geoffenbarte Gesetz in sich, ihre sittliche [...] und das
göttliche Gesetz decken einander. Ein rätselvoller Zug der
Natur aber zwingt ihr einen Ehebruch, in wie feiner Gestalt
auch, beinah auf, und die sittliche Anschauung des Hauses
wie der Zeit ist derart, daß die immer vorhandene Gewis-
sensstimme eingelullt wird. Erst der Tod des Kindes, das
Mißbilligungs-, das Zorneszeichen, das Gott gibt, macht das
bis dahin eingelullte Gewissen – eingelullt ebensosehr durch
eine gewisse Vorstellung vom dem *Recht* des Herzens wie
durch die Anschauungen der Umgebung – plötzlich wach.
Nun ist alles Kommende natürliche Folge.

Aber es will mir scheinen, daß dies nur eingeschläferte, aber von Anfang an *vorhandene* Gewissen, dies Stehen in der heiligen Überlieferung, dies sich eins Wissen damit, in der ersten Hälfte des Romans mehr betont werden müßte. So ist das erwachte Gewissen plötzlich da, ohne daß wir vorher empfunden haben: es schläft nur.

Eine schöne Menschlichkeit, ein feiner Individualismus, dem das *natürliche* Gesetz zur Seite steht, tritt in Konflikt mit dem geoffenbarten, *göttlichen* Gesetz und unterliegt ihm wie immer. Nicht die Natur, das Darüberstehende bleibt Sieger.«

> Fontane: Aufzeichnungen zur Literatur. Ungedrucktes und Unbekanntes. Berlin/Weimar: Aufbau-Verlag, 1969. S. 17 f.

Heinrich K u r z (1805–73) in seiner »Geschichte der deutschen Literatur« (1876):

»Wir wenden uns endlich zu den Romanendichtern, welche seit den Freiheitskriegen und besonders in den zwanziger Jahren bis zu Ende des Zeitraums aufgetreten sind. Im Allgemeinen waren die Zeitverhältnisse, wie für das Drama, so auch für den Roman, höchst ungünstig; es wurde durch sie, wie wir schon früher ausführlicher entwickelt, die Gleichgültigkeit in den Lebensanschauungen und mit ihr die Frivolität mächtig befördert. Es ist daher auch erklärlich, daß *Göthe's* ›Wahlverwandtschaften‹, obgleich schon mehrere Jahre vorher erschienen, jetzt erst einen größeren Einfluß ausübten, und zwar leider nur in Bezug auf den Inhalt, die Wahl und die Durchführung der Stoffe, nicht aber auch in Bezug auf die künstlerische Behandlung und die Sprache, die immer schwächlicher, süßlicher, unwahrer wurde.«

> Kurz: Geschichte der deutschen Literatur. Bd. 3. Leipzig: Teubner, [7]1876. S. 515.

»Aber wenn dies dem Buch [*Wanderjahre*] auch eine hohe philosophische und historische Bedeutung zuweist, so ist dasselbe dagegen als poetisches Gebilde durchaus verfehlt. Die ›Wanderjahre‹ erscheinen beinahe nur als Träger und

Rahmen einer Reihe von Novellen, die einen großen Theil
des Ganzen bilden, und auch poetisch das Bedeutendste
sind.

Vom künstlerischen Standpunkte betrachtet, stehen ›Die
Wahlverwandtschaften‹ (2 Thle. Tüb. 1809) ohne Zweifel
viel höher, ob wir uns gleich auch mit ›Ottiliens Tagebuch‹
nicht versöhnen können, welches uns als ein nur zu wohlfei-
les Mittel erscheint, der epischen Entfaltung des Charakters
zu entgehen. Göthe sagte selbst von diesem Roman, daß er
das einzige Product von größerem Umfange sei, wo er sich
bewußt sei, nach Darstellung einer durchgreifenden Idee
gearbeitet zu haben. So ganz richtig ist diese Bemerkung
wohl nicht, denn auch in den ›Lehrjahren‹ und besonders in
ihrer Fortsetzung, den ›Wanderjahren‹, ist die didaktische
Tendenz nicht zu verkennen. Auch führen wir diese Stelle
aus Eckermanns Gesprächen vorzüglich wegen der nachfol-
genden Bemerkung an. ›Der Roman‹, fügt er nämlich hinzu,
›ist dadurch für den Verstand faßlicher geworden, aber ich
will dadurch nicht sagen, daß er dadurch besser geworden
wäre!‹ (Eckermann 3,173). Dies ist ohne Zweifel die beste
Charakteristik, die man von den ›Wahlverwandtschaften‹
geben kann; Göthe hat es selbst gefühlt, daß er darin gegen
seine Natur von der Idee ausgegangen ist, was er sonst so
streng tadelte, und diese auf dem Wege des poetischen
Schaffens zur sinnlichen Anschaulichkeit zu bringen suchte.
Vergleichen wir den Roman mit den auf ähnlichem Wege
entstandenen Dichtungen Schillers, so werden wir leicht
erkennen, daß dieser unendlich mehr Kraft besaß, die Idee
zu gestalten als Göthe, obgleich derselbe ohne Zweifel doch
auch mancherlei Lebenserfahrungen und Erlebnisse zum
Grunde legte, wie denn die ›Wahlverwandtschaften‹ schon
deshalb auch bedeutend sind, weil sie das Leben der höheren
Stände während der französischen Unterdrückung zur
Anschauung bringen. Göthe war offenbar durch seine
naturhistorischen Studien zur Bearbeitung der ›Wahlverwandtschaften‹ angeregt worden, es haben dieselben deshalb
auch eine zu dogmatische Haltung erhalten, die das freie,

frische Leben oft niederdrückt. Es ist daher ganz verfehlt, diesen Roman mit dem ›Werther‹ zusammenstellen zu wollen, da ihm gerade Alles abgeht, was jenen so bewundernswürdig macht. Während in diesem jede Zeile der lebendigste und wahrste Ausdruck des tiefsten Seelenlebens ist, erscheinen die ›Wahlverwandtschaften‹ als eine fortwährende Sophisterei des reflectirenden Verstandes.

Durch die ›Wahlverwandtschaften‹ wurde jene Reihe von Romanen hervorgerufen, die man als Ehe- oder sogar als Ehebruchsromane bezeichnet. [...] Schon in den ›Lehrjahren‹ sind die Geschlechtsverhältnisse in einer Weise dargestellt, die sich poetisch nicht immer rechtfertigen läßt und daher auch unsittlich erscheint. In den ›Wahlverwandtschaften‹ ist dies noch in höherem Maße der Fall. Wir wollen nicht einmal erwähnen, daß Eduard den Grafen in tiefer Nacht in das Schlafgemach der Baronesse führt, also den gemeinen Kuppler macht; selbst die Hauptbegebenheit ist widerlich, da es sich nicht um die naturgemäße Leidenschaft junger Leute handelt, da vielmehr die Hauptpersonen gereifte Männer und, mit Ausnahme Ottiliens, ältere Frauen sind, deren Empfindungen nicht in das Gebiet der reinen Liebe gehören, sondern sich als unedle Triebe nach sinnlicher Wollust darstellen. Das Verhältniß Eduards zu seiner Gattin ist nicht nur widerlich, es ist auch unwahr. [...] Auch die Entwickelung der Begebenheit ist widerlich, weil der Knoten nicht sowohl eine Lösung findet, als vielmehr durch den ganz unnatürlichen Selbstmord Ottiliens zerhauen wird, der einzigen unschuldigen Gestalt im ganzen Roman. Es war die Wahl des Stoffs somit ein vollkommener Mißgriff des Dichters, den er auch durch die glücklichste Ausführung nicht wieder gut machen konnte.«

Ebd. S. 534 f.

Carl Sieber: Rilkes äußerer Weg zu Goethe (1892):

»Die Reihenfolge, in der Rilke Goethe las, ist sehr merkwürdig: es ist keinerlei Plan erkennbar, Rilke las ja auch ohne irgendwelche Anleitung. Ob Rilke je den Faust gelesen

hat, ist aus seinen Briefen bisher nicht zu sehen, und ob
Rilke eine Goethe-Biographie gelesen hat, ist gleichfalls
nirgends festzustellen. Die Veranlassung, zu lesen, wurde
meist erst von außen an ihn herangetragen, im übrigen las er,
was gerade bei irgendeinem Ereignis in seinem Lebenskreise
ihm passend schien.

Schon als er Ende Juni 1892 die Handelsakademie Linz wegen
eines Liebesabenteuers verließ, suchte er ein gleiches Erleb-
nis in seinem Goethe, der, als er von dort nach Prag abreiste,
›den besten Platz im Koffer‹ bekam. Er findet die Analogie
in den Wahlverwandtschaften, bezeichnenderweise nicht im
Werther, und gesteht: ›dieses Buch hat mich aber derart
angegriffen, daß ich den ganzen Abend geweint habe‹[20]. Ist
es die sittliche Strenge des Romans, die den auch gesundheit-
lich erschütterten René Rilke bis zu Tränen rührte, oder sah
er sich in Eduard gespiegelt, dem ›Lebensdilettanten‹ (Walzel)? Wir wissen es nicht, weil das den Linzer Hintergrund
bildende Abenteuer unserer Kenntnis entzogen bleibt. Rilke
schreibt nur an die Mutter am gleichen Tage: ›es ist so
wundervoll, so natürlich aufgefaßt – es ist halt – Goethe‹.«

Dichtung und Volkstum 37 (1936) S. 51.

Wilhelm S c h e r e r (1841–86) in seiner »Geschichte der
deutschen Litteratur« (1883):

»Ottilie, die Hauptfigur des Romanes, erscheint mit vielen
individuellen Eigenschaften porträtartig ausgestattet, wor-
unter jedoch die typisch bezeichnenden sich herrschend
hervorheben. Sie wird nach zwei Seiten hin contrastirt:
einmal mit Charlotte, und dann mit Luciane, Charlottens
Tochter aus erster Ehe. Dort unterscheidet sich das Mädchen von der Frau, hier ein Mädchen vom andern. Charlotte
ist ein abgeschlossener Character, Ottilie noch in der Entwickelung begriffen; jene ist bewußt, diese instinctiv; jene
handelt mit überlegener Einsicht nach dem allgemeinen
Gesetz, diese ganz aus persönlichem, aber reinem Gefühl;

20 Rilke an seine Mutter, 1892.

jene kennt das Leben und sieht die Welt mit selbständigem
Blicke, während diese wie blind dahin wandelt und sich von
anderen, besonders von dem Geliebten leiten läßt, bis es ihr
schrecklich tagt und ihr unter bitteren Leiden die Wahrheit
über Leben, Liebe und Pflicht aufgeht. Luciane ihrerseits
besitzt alle Eigenschaften, mit denen man unter den Menschen gut fortkommt; Ottilie alle Eigenschaften, um andere
zu beglücken. Luciane weiß sich Alles dienstbar zu machen;
Ottilie bemüht sich, Allen zu dienen. Jene ist glänzend,
diese bescheiden; jene egoistisch, diese hingebend. Luciane
tritt erst im zweiten Theil auf. Da lernen wir auch zwei
Bewerber Ottiliens näher kennen, und beide stehen wieder
im Contrast zu einander: der Architect und der pädagogi-
sche Gehilfe aus der Anstalt, in welcher Ottilie und Luciane
erzogen wurden. Jener ist Künstler, dieser Practiker; jener
Romantiker, dieser Rationalist; jener vertritt die Poesie,
dieser die Prosa. Jener versetzt die Geliebte als Engel in den
Himmel seiner gothischen Kapelle und überredet sie, als
heilige Maria im lebenden Bilde zu figuriren; dieser glaubt
ihr einen angemessenen Wirkungskreis zu eröffnen, wenn er
sie zur Pensionatsvorsteherin erhebt.«

Scherer: Geschichte der deutschen Litteratur. Ber-
lin: Weidmann, ⁷1894. S. 683.

Hermann HESSE (1877–1962) an seine Eltern am 14. 6.
1896:

»Allmählich lese ich die schon gelesenen Werke Goethes
wieder mehrmals durch und bin gerade an den Wahlverwandtschaften, einem seltsamen Buch, das als Ganzes mir
sehr imponiert und dessen Details mich doch selten anziehen
– das Gegenteil vom Wilhelm Meister und Faust II!«

Kindheit und Jugend vor Neunzehnhundert. Her-
mann Hesse in Briefen und Lebenszeugnissen.
Bd. 2. Frankfurt a. M.: Suhrkamp, 1978, S. 115.

2. 20. Jahrhundert

Oskar W a l z e l (1864–1944): Goethes »Wahlverwandtschaften« im Rahmen ihrer Zeit (1906):

»Hat Goethe an die ›magnetischen‹ Erscheinungen geglaubt,
die das 11. Kapitel des zweiten Teils erzählt? Ich möchte die
Frage bejahen. Wo immer von den Geheimnissen, von der
›Nachtseite der Naturwissenschaft‹, in den ›Wahlverwandtschaften‹ die Rede ist, nimmt der Erzähler sie als etwas
Selbstverständliches hin und übt keinerlei Kritik; genau so
hält er es, wie mit dem Wunderbaren in den ›Unterhaltun-
gen deutscher Ausgewanderten‹. Daß Ottilie, wenn sie über
ein verborgenes Steinkohlenlager schreitet oder wenn sie die
Pendelversuche macht, Kopfschmerz empfindet, ist für
Goethe nicht auffallender als die Tatsache, daß in geheimer
Sympathie sie manchmal auf der linken, Eduard auf der
rechten Seite Kopfschmerz hat. [...] Die wunderbaren
Erscheinungen an Ottiliens Leichnam nimmt Goethe im
selben Sinne wie ihren seltsamen Schlaf. Er glaubt an die
Möglichkeit des Vorganges, sucht aber nichts Übernatürli-
ches in ihm. Nanni ist nicht an allen Gliedern zerschmettert,
sie scheint es zu sein [...]; und so kann sie auch aufspringen,
sobald sie die Tote berührt hat. Früher hätte sie es nicht
zustande gebracht. Wir nennen das heute einen Fall von
Autosuggestion. Und gleiches vollzieht sich, wenn andere
an Ottiliens Leichnam Heilung suchen: ›Zärtliche Mütter
brachten zuerst heimlich ihre Kinder, die von irgendeinem
Übel behaftet waren, und sie glaubten eine plötzliche
Besserung zu spüren. Das Zutrauen vermehrte sich, und
zuletzt war niemand so alt und so schwach, der nicht an
dieser Stelle eine Erquickung und Erleichterung gesucht
hätte‹ [...]. Hier spricht nicht ein Wundergläubiger, aber
auch nicht ein Rationalist, der in all diesen Erscheinungen nur Täuschung erblickt. Goethe nimmt eine körperliche Wirkung an, die aus Seelischem entspringt. Er kennt
Wort und Begriff der Autosuggestion nicht, aber – wie
die Naturphilosophie – ahnt er verborgene Bezüge von

Körper und Seele, die der Aufklärung nur lächerlich erscheinen.«

Walzel: Vom Geistesleben alter und neuer Zeit.
Leipzig: Insel-Verlag, 1922. S. 420 f.

»Der Roman setzt sich denn auch zur kantischen Sittlichkeit
in Gegensatz, wenn er der Wahlverwandtschaft Eduards
und Ottiliens eine naturphilosophisch gedachte Gesetzmäßigkeit leiht, sie durch eine chemische Analogie aus der Welt
der Willkür und des Zufälligen zu einer Höhe emporhebt, in
der eine Notwendigkeit herrscht. Allein Goethe bleibt hier
nicht stehen; daß auch diese Naturnotwendigkeit durch den
Willen überwunden werden kann, zeigt er an Ottilien. Dem
Schicksal, das (im Sinne Abekens und Solgers) in dieser
Naturnotwendigkeit ihr bezwingend entgegentritt, weiß sie
erfolgreichen Widerstand zu leisten. So wird sie dem kate-
gorischen Imperativ gerecht, den Schiller ja auch – mag er
im einzelnen mannigfach von Kant abweichen – nie aufgegeben hat. Ganz im Sinne Schillers wird Ottilie in dem
Augenblick vom Schicksal erhoben, als das Schicksal sie
zermalmt. Und eben durch diese Wendung kommt die
›Idee‹ der ›Wahlverwandtschaften‹ zu ihrer reinsten Entwicklung.
Nicht bloß eine Rettung der von den Romantikern bedroh-
ten Ehe, sondern eine Korrektur der ganzen romantischen
Ethik liegt in dem Roman. Groß gedacht war die romantische Anschauung einer organischen Ethik. Allein die Forderung, daß der Mensch seine Persönlichkeit im Sinne des
natürlichen Gesetzes ausbilde, das in seiner Brust schlum-
mert, ist im Leben sehr schwer zu erfüllen. Wie soll er das
Gesetz richtig erkennen? Wie soll er nicht Falsches mit
Echtem verwechseln, nicht lockend irreführende Wünsche
des Herzens für Ansprüche des ihm innewohnenden Gesetzes halten? Ebendarum liegt ja Leben und Dichtung der
Romantik so weit ab von den großen Gedanken ihrer
Theorie.
Um solchen Irrwegen zu entgehen, bleibt immer noch der

beste Rat, Kants ethisches Gebot festzuhalten. Und anders
meint Goethe es nicht.«

Ebd. S. 428 f.

»Tatsächlich aber hat dieser Roman Goethe den Vorwurf
der Unsittlichkeit eingetragen. Und zwar im Lager der
Antiromantiker. Die Romantiker selbst haben ihn fast
durchaus begeistert aufgenommen. Waren sie doch selbst
zur Überzeugung gelangt, daß die Gesetzlosigkeit ihres
Lebensdilettantismus sich nicht länger halten ließe [...] Daß
aber Antiromantiker die ›Wahlverwandtschaften‹ unsittlich
gefunden haben, daß Romantiker ihnen zujubelten, die Tatsache ruht nicht zuletzt auf den Schlußworten des Romans:
›So ruhen die Liebenden nebeneinander. Friede schwebt
über ihrer Stätte, heitere verwandte Engelsbilder schauen
vom Gewölbe auf sie herab, und welch ein freundlicher
Augenblick wird es sein, wenn sie dereinst wieder zusammen erwachen.‹
Daß das Individuum nicht auf dieser Welt seine Entwicklung abschließe, daß es in eine höhere Welt aufzusteigen
berufen sei, war romantische Überzeugung. Keiner huldigte
ihr mehr als Novalis. Man hat – ob mit Recht oder mit
Unrecht, wage ich nicht zu entscheiden – Ottiliens freiwilli-
gen Hungertod auf Hardenbergs Wunsch zurückgeführt,
durch bloße Kraft des Willens der Geliebten nachzusterben.
Eine innere Verwandtschaft beider Vorgänge ist nicht zu
bestreiten. Ganz gewiß aber sind die Schlußworte im Sinne
Hardenbergs und seiner Genossen gesprochen. Der hoff-
nungsreiche Ausblick, der einer künftigen Welt die Lösung
aller Gegensätze dieser Erde zutraut, mußte die Romantiker
erobern.«

Ebd. S. 433 f.

Hugo von Hofmannsthal (1874–1929) in seinem Essay
»Balzac« (1908):

»Goethe ist in gewissem Sinne leichter zu lesen, und wer
liest ihn nicht? Obwohl er eine seiner tiefen und subtilen
Einsichten aussprach, als er sagte, seine Schriften seien nicht

geschaffen, populär zu werden, und ihr wahrer Gehalt
werde immer nur einzelnen aufgehen, die ähnliches in sich
durchgemacht hätten, so scheinen dieser einzelnen heute so
viele zu sein, daß die Wahrheit seines Wortes beinahe wieder
aufgehoben ist. Aber wer sich eines seiner Werke aufs neue
aneignen, wer ›Hermann und Dorothea‹, den ›Wilhelm Meister‹, die ›Wahlverwandtschaften‹ genießen will, muß sich
mit schon gereinigten Sinnen dem Buche nähern. Er muß
viel von sich, von der Atmosphäre seines Lebens draußen
lassen. Er muß die Großstadt vergessen. Er muß zehntau-
send Fäden seines augenblicklichen Fühlens, Denkens und
Wollens durchschneiden. [...] Er muß der ewigen Sterne
gedenken und sich durch sie heiligen. Dann freilich ist es
beinahe gleichgiltig, welches von Goethes Werken er auf-
schlägt: überall umfängt ihn die gleiche gesteigerte und
verklärte Wirklichkeit. Ihn umgibt in Wahrheit eine Welt,
ein Geist, der eine Welt ist. Die Sentenzen und die Gestalten, eine Idee oder die Beschreibung einer Naturerschei-
nung, ein Vers oder Mignon oder Ottilie, alles ist die gleiche
göttliche, strahlende Materie. Hinter jeder Zeile fühlt er den
Bezug auf ein Ganzes, auf eine erhabene Ordnung. Die
ungeheure Ruhe eines ungeheuren Reichtums legt sich beinahe bedrückend auf seine Seele, um diese Seele dann gren-
zenlos beglückend emporzuheben. – Aber dieser Arm, der
zu den Sternen heben kann, umschlingt nicht jeden. Auch
der lebendige Goethe gab sich nur wenigen und diesen nicht
zu jeder Stunde. Wer mit unruhiger Hand danach greift,
dem verschließt sich ein Gebilde wie die ›Wahlverwandtschaften‹, wie eine Muschel sich zuklappt. Solchen erscheint
Goethe kühl, fremd, sonderbar. Er imponiert mehr, als er
einnimmt. Sie verschieben es, ihn zu lesen – auf ruhigere
Tage, oder auf eine Reise. Oder er macht, daß sie sich nach
ihrer Jugend sehnen, nach einer höheren Empfänglichkeit.
Er scheint ihnen künstlich, er, der die Natur selbst war, und
kalt, er, dessen Liebesblick noch das starre Urgestein mit
Wärme durchdrang. Sie suchen nach einer Vorbereitung, ihn
zu genießen. Sie greifen nach einem Erklärer oder nach den

wunderbaren Briefen und Gesprächen, in denen er sich
selbst kommentiert, und erst auf diesem Umweg kommen
sie wieder zu seinen Werken zurück.«

Hofmannsthal: Prosa II. Frankfurt a. M.: S. Fischer, 1951. S. 380 f.

André François-Poncet (1887–1978): Der sittliche
Gehalt der »Wahlverwandtschaften«. Das Schicksalhafte
(1909):

»Goethe hat sich in den ›Wahlverwandtschaften‹ ganz offenbar die Darstellung eines moralischen Problems zur Aufgabe
gestellt. Er bezeichnet selbst den Roman in einer der Veröffentlichung vorausgehenden Anzeige, die Cotta ins ›Morgenblatt‹ setzte, als ›einen sittlichen Fall‹. Wie wir feststellen
konnten, war das Problem bereits in den ersten Kapiteln des
Romans klar und deutlich formuliert. Die Parallele der
Reden Mittlers und des Grafen erscheint lediglich als Hinweis auf seine allgemein menschliche Bedeutung. Das den
›Wahlverwandtschaften‹ zugrunde gelegte Thema, die psychologische Krisis, erschöpft sich in jener anfänglich gestell-
ten Frage: Wird die Liebe aus dem heraufbeschworenen
Konflikt mit der Ehe als Siegerin hervorgehen? Die Frage-
stellung läßt an Deutlichkeit nichts zu wünschen übrig –
dennoch wird man nicht behaupten können, daß sie in eine
eindeutige Lösung münde.«

François-Poncet: Goethes Wahlverwandtschaften.
Mainz: Kupferberg, 1951. S. 206.

»Bei den Zeitgenossen wie bei späteren Kritikern – allen
Nuancen persönlicher Auffassungen und der scheinbaren
babylonischen Begriffsverwirrung zum Trotz – behaupten
sich grundsätzlich zwei Deutungen. Die erste sieht in den
›Wahlverwandtschaften‹ einen Schicksalsroman; die Helden
sind der Spielball von Ereignissen und Gefühlen, die sie
weder vorauszusehen noch aufzuhalten vermögen und die
sie mit sich reißen in den Abgrund. Der zweite Deutungs-

versuch zeigt die menschliche Willensfreiheit als eine dem
heftigsten Verlangen und Bedürfnis der Natur überlegene
Macht, die alle zusammenwirkenden niederdrückendsten
Umstände triumphierend zu überwinden vermag. Die Frage
nach dem sittlichen Gehalt der ›Wahlverwandtschaften‹
scheint uns mit diesen beiden Hypothesen unlösbar verbunden. Wer den Roman als dichterische Gestaltung des unaus-
weichlich Schicksalhaften auffaßt, sieht ihn als unmoralisch
an. Wer ihn als eine Verherrlichung der sittlichen Freiheit
des Menschen empfindet, bezeichnet ihn damit als moralisch.«

Ebd. S. 210.

Zu Friedrich Hebbels Kommentar über die »Wahlverwandtschaften« im Vorwort zu »Maria Magdalena«:

»Hebbel sah, wie er im Vorwort zu seiner ›Maria Magdalena‹ schrieb, in den ›Wahlverwandtschaften‹ den Konflikt
zweier Mächte, den Kampf des Individuums mit der Idee.
Diese Idee ist eine moralische, der Eckstein unserer modernen Gesellschaft: die Heiligkeit der Ehe, die Mittler in
beredten Worten verkündet. Das antike Drama, meint Hebbel, sei entstanden, als das emanzipierte Individuum sich
seiner Persönlichkeit bewußt ward und gleichzeitig damit
die Bedrückung empfand, die die Idee ihm auferlegte. Das
Dramatische in den ›Wahlverwandtschaften‹ liege darin, daß
die Individuen den Zwang, den die Idee, d. h. die Verpflichtung, die Ehe heiligzuhalten, ihnen auferlege, verspürten,
zugleich aber sich ihres Rechtes bewußt würden, der Neigung, in ihrem Falle der Liebe, zu folgen. Diese Interpretation Hebbels, der seine ganze dramatische Theorie hier
miteinbezieht, setzt eine Fatalität voraus, und zwar eine
vorwiegend historische und soziologische. Der Gang einer
fatalen Entwicklung bestimmt allerdings, daß in gewissen
Epochen der Weltgeschichte derartige Konflikte ausbrechen, wobei Individuen sich zugrunde richten und durch ihr
Opfer den Fortschritt und die innere Harmonie der folgenden Generationen erkaufen.

Daß in den ›Wahlverwandtschaften‹ ein gewisser soziologischer Determinismus vorherrscht, scheint auch uns nicht zweifelhaft. Wir wissen, mit welcher Sorgfalt Goethe seine Helden und, wenn man so sagen darf, deren Umgebung als für ihre Zeit typisch zu gestalten bemüht war. Wir kennen auch die persönlichen Erfahrungen, die sonstigen Beobachtungen, die ihn zur Niederschrift dieses Romans veranlaßt haben. Offenkundig hat er die von ihm behandelte Frage als ein Gegenwartsproblem aufgefaßt, darüber waren sich alle einig; so offenbar war die Krise geworden, die die Ehe als Einrichtung durchmachte. In diesem Sinne mögen die Helden der ›Wahlverwandtschaften‹ wohl als ein Produkt ihrer Zeit und ihres Milieus erscheinen, von der Erziehung und den Sitten der Gesellschaft, in der sie leben, bestimmt; darauf hat Hebbel mit Recht hingewiesen.

Andererseits aber macht er Goethe den Vorwurf, er habe bei der Schilderung des Konfliktes des Individuums mit der Idee diese nicht in ihrer vollen Reinheit dargestellt. Die Ehe Eduards mit Charlotte sei grundsätzlich verwerflich, unmoralisch, und doch stelle Goethe sie als typisch für die Ehe überhaupt oder doch zumindest als natürlich und normal dar. Dies ist in Hebbels Augen eine unvorstellbare Nachlässigkeit, ein unverzeihlicher Irrtum, der den ganzen Roman schädigt. Auch von diesen Bemerkungen wäre einiges festzuhalten. Die Ehe Eduards und Charlottes ist tatsächlich verhängnisvoll, unklug, ja ungesund. Aber Goethe weiß es und macht daraus kein Hehl: ›Wir haben eine Torheit begangen‹, sagt Eduard zu dem Hauptmann, ›die ich nur allzu wohl einsehe. Wer in einem gewissen Alter frühere Jugendwünsche und Hoffnungen realisieren will, betrügt sich immer; denn jedes Jahrzehnt des Menschen hat sein eigenes Glück, seine eigenen Hoffnungen und Aussichten. Wehe dem Menschen, der vorwärts oder rückwärts zu greifen durch Umstände oder durch Wahn veranlaßt wird!‹ Goethe hat also den Irrtum, den Hebbel ihm zum Vorwurf macht, nicht begangen. Er hat die Heirat Eduards und Charlottes absichtlich so geschildert, wie sie ist, als eine ihrem Wesen nach verfehlte. Dies ist bezeichnend. Wäre diese Heirat vollkommen gewesen, d. h. hätte sie auf einer wirklichen Verwandtschaft der Naturen, auf einer rechten Liebe beruht, dann wäre der Konflikt gar nicht entstanden, nichts wäre stark genug gewesen, ihn ausbrechen zu lassen. Im Gegenteil, der Konflikt bricht aus, weil diese Heirat, die wie fast alle zeitgenössischen Ehen ohne ernste Selbstprüfung und aus unbedachter Leidenschaft geschlossen wurde, in sich die Möglichkeit birgt, daß sich außerhalb ihrer Grenzen eine Liebe entwickelt, die sie zum Scheitern bringt. Die Idee der Heirat erleidet durch diese unvollkommene Verwirklichung keine Einbuße. Daß sie trotz allem eine Zwang ausübende Gewalt bewahrt, die den natürlichen Ansturm der Liebe zu brechen vermag, beweist ihre Macht, die Macht, die Goethe ihr zuerkennt. [...] Es war also, einmal um das Drama überhaupt zu ermöglichen, dann um die Größe der moralischen Idee sinnfälliger darzustellen, notwendig, daß die dem Leser geschilderte Heirat die Höhe dieser Idee nicht ganz erreiche, blaß und unvollkommen bleibe.

Doch unterscheiden sich die ›Wahlverwandtschaften‹ von einem Hebbelschen Drama auch durch das Fehlen eines weiteren Elementes. Das Drama Hebbels setzt bei den Individuen eine genaue Kenntnis der Macht der Idee und das Wissen um die Gewalt des Ichs voraus. Hieraus ergibt sich folgerichtig der tödliche Ausgang des Konfliktes als einzig möglicher. In den ›Wahlverwandtschaften‹ wissen die Personen nur zum Teil um diese Dinge. Eduard glaubt sicher nicht an die Macht der Idee, sie ist für ihn nichts als ein Vorurteil, ist ohne Bedeutung. Ottilie ahnt bis zu ihrer plötzlichen Umkehr nicht einmal die Existenz dieser Idee. Charlotte und der Hauptmann sind die einzigen, die sie voll erfassen. Auch der tragische Held der Griechen ist sich der Allmacht des Schicksals nicht restlos bewußt; sie wird ihm erst zu seinem eigenen Schaden offenbar. Der Zuschauer jedoch ist durchdrungen von diesem Bewußtsein, das dem Helden abgeht. Hierin liegt die ganze Tragik des ›Oedipus

in Theben‹. Hieraus folgt auch, daß der griechische Held
sich nicht wie der Mohammedaner fatalistisch seinem
Schicksal beugt, sondern handelnd eingreift und kämpft, in
der Hoffnung, zu siegen und die unheilvollen Pläne des
Schicksals zu vereiteln. Hieraus ergibt sich endlich jene
tragische Ironie – die retrospektive Tragik, von der wir
vorhin sprachen. Wir fanden all das in den ›Wahlverwandtschaften‹. Die Personen handeln, auch wenn sie uns ›getrieben‹ erscheinen, sie glauben an die Macht und Wirksamkeit
menschlichen Wollens. Und doch fühlen wir, daß die auf sie
eindringenden Ereignisse die, man möchte sagen, mathema-
tisch genaue Verwirklichung des sie ankündigenden Orakels
darstellen. Außerdem veranlaßte uns Hebbels These zu der
Feststellung, daß die Idee einer ursprünglichen, ursächlichen
Verfehlung von Goethe bereits miteinbezogen wurde. Die
Heirat Eduards mit Charlotte war ein schuldbeladener
Bund. Es ist also gerecht, wenn sie in der Folge dafür
bestraft werden. Ihre Leiden sind keineswegs unmoralisch,
sowenig wie die des Orest, des Prometheus oder des Oedipus dem griechischen Publikum unmoralisch erschienen.«

Ebd. S. 221–224.

»Ottilie ist von den Gestalten des Romans gewiß diejenige,
die sich ihrer am wenigsten bewußt ist, und doch sieht sie
schließlich am klarsten. Sie verfügt nicht über eine Vernunft,
die ihr die Unterwerfung unter das moralische Gesetz pre-
digt. Dennoch ist sie es, die sich, als alle anderen bereit sind
nachzugeben, diesem moralischen Gesetz beugt. Mehr als
alle anderen ist sie der Herrschaft der Natur unterworfen
und steht doch souverän über der Natur. Körper und Seele
stimmen bei ihr, wie wir erwähnten, nicht gut überein.
Goethe wollte nicht, daß seine Heldin sei wie die meisten,
bei denen die innige Vermählung von Leib und Seele die
Kraft beider schwächt. Ottilie besitzt jene beiden Teile des
Menschlichen in ungetrübter Reinheit und Vollkommenheit. Sie ist Natur, kreatürlich lebend und den Naturgesetzen unterworfen; und doch steht sie über der Natur,

beherrscht sie. In der Natur lebend, versteht sie die Natur, erspürt und erfühlt sie inniger denn andere; sie erleidet die ganze Welt der natürlichen Gesetze und weiß um ihre rücksichtslose Härte. Doch auch als geistiges, denkendes Wesen steht sie in wunderbarer Vollendung da. Dieses Kind von sechzehn Jahren ermißt die Größe des moralischen Gesetzes, man könnte beinahe sagen, sie erschafft es aus Eigenem. Niemand hat sie darauf hingewiesen. Das moralische Gesetz entspringt ihrem tiefsten Wesensgrunde; denn Ottilies Seele ist vollkommen. Ottilie ist in der Tat mehr als kantisch. Sie entdeckt das moralische Gesetz nicht im Grunde ihres Herzens – sie erschafft es in einem spontanen, schöpferischen Akt. Diese Spontaneität läßt sie für ihre Umkehr ebensowenig verantwortlich erscheinen wie für ihre Liebe; doch gerade darin offenbart sich ihre Vollkommenheit. Weil der kategorische Imperativ als etwas Natürliches ihrem Denken entspringt, mühelos, plötzlich, erreicht sie den höchsten Grad menschlicher Vollendung. Jedenfalls ist ihr Wille, nachdem sie den Verzicht als notwendig eingesehen, so stark, ihre Freiheit so vollkommen, daß sie, sosehr sie auch den Gesetzen der physischen Attraktion unterworfen bleibt, dennoch die Notwendigkeit überwindet. Die Seele trägt über den Körper den Sieg davon, ohne Kampf, ohne Leiden; denn da sie sich nun zu dem gewollten Opfer bereitgefunden hat, erhob sie sich in jene Sphäre des Erhabenen, wo die physische Notwendigkeit nicht mehr besteht. Die ›Wahlverwandtschaften‹ schließen also mit dem Triumph der menschlichen Freiheit über das Natürlich-Schicksalhafte. So erscheint Ottilie, die aus eigenem Willen sich von den Fesseln befreite, die sie in der natürlichen Welt gefangen hielten, als ein wahrhaft göttliches Wesen. Dies ist der Sinn ihrer Apotheose am Ende des Romans. Die himmlische Glorie, die sich auf sie herniederläßt, verdeutlicht die moralische Absicht Goethes. Nein, der Mensch ist kein Sklave seines Schicksals; denn die Menschheit bringt Wesen hervor, die gleich Ottilie göttlich sind, die den Gesetzen der Natur zu widerstehen vermögen, auf Kosten ihrer Leidenschaft sich einem moralischen Ideal unterwerfen.«

Ebd. S. 229f.

Jakob Wassermann (1873–1934): Vorrede zu Goethes »Wahlverwandtschaften« (1913):

»Es scheint ein Gesetz zu sein, daß die großen Kunstwerke unmittelbar nach ihrem Entstehen den Zeitgenossen ein verzerrtes Bild darbieten; es scheint, als blendeten sie mehr, statt zu leuchten, und als ob sie erst in der Zeitenferne in ihrer wahren und unvergänglichen Gestalt erkennbar seien.
Desungeachtet waren die Stimmen vieler Freunde von ehrfürchtiger Bewunderung erfüllt, und das Urteil derer, die in Goethes Atmosphäre lebten und aus ihr die geistige Nahrung zogen, hat dem Werk schon damals jenen Platz eingeräumt, auf welchem es unnahbar seit einem Jahrhundert thront.«

Wassermann: Bekenntnisse und Begegnungen. Hrsg. von Paul Stöcklein. Bamberg: Verlag Bamberger Reiter, 1950. S. 66.

Walter Benjamin (1892–1940): Goethes Wahlverwandtschaften (1924):

»Das Verständnis der Wahlverwandtschaften aus des Dichters eigenen Worten darüber erschließen zu wollen, ist vergebene Mühe. Gerade sie sind ja dazu bestimmt, der Kritik den Zugang zu verlegen. Dafür aber ist der letzte Grund nicht die Neigung, Torheit abzuwehren. Vielmehr liegt er eben in dem Streben, alles jenes unvermerkt zu lassen, was des Dichters eigene Erklärung verleugnet. Der Technik des Romanes einerseits, dem Kreise der Motive andererseits war ihr Geheimnis zu wahren. Der Bereich poetischer Technik bildet die Grenze zwischen einer oberen, freiliegenden und einer tieferen, verborgenen Schichtung der Werke. Was der Dichter als seine Technik bewußt hat, was auch schon der zeitgenössischen Kritik grundsätzlich erkennbar als solche, berührt zwar die Realien im Sachgehalt, bildet aber die Grenze gegen ihren Wahrheitsgehalt, der weder dem Dichter noch der Kritik seiner Tage restlos bewußt sein kann. In der Technik, welche – zum Unterschied von der Form – nicht durch den Wahrheitsgehalt, sondern durch die Sachgehalte allein entscheidend bestimmt wird, sind diese notwendig bemerkbar. Denn dem Dichter ist die Darstellung der Sachgehalte das Rätsel, dessen Lösung er in der Technik zu suchen hat. So konnte Goethe sich durch die Technik der Betonung der mythischen Mächte in seinem Werke versichern. Welche letzte Bedeutung sie haben, mußte ihm wie dem Zeitgeist entgehn. Diese Technik aber suchte der Dichter als sein Kunstgeheimnis zu hüten. Hierauf scheint er anzuspielen, wenn er sagt, er habe den Roman nach einer Idee gearbeitet. Diese darf als technische begriffen werden.«

Benjamin: Gesammelte Schriften. Hrsg. von Rolf Tiedemann und Hermann Schweppenhäuser. Bd. I, 1. Frankfurt a. M.: Suhrkamp, 1974. S. 145 f.

Thomas Mann (1875–1955): Zu Goethe's »Wahlverwandtschaften« (1925):

»Und was denn also 1809, nach zweijähriger Arbeit, nachdem der Sechzigjährige ›was er vermochte, daran gewendet‹, bei Cotta in Tübingen ans Licht kam, war ein Kapitalwerk des Dichters, ein wohlausgewachsener Roman in zwei Teilen und Bänden, – der größte nicht, aber der höchste der Deutschen.

Er ist unser höchster, darum haben wir ihn gewählt: ein Gebild, so mondän wie deutsch, ein Wunderding an Geglücktheit und Reinheit der Komposition, an Reichtum der Beziehungen, Verknüpftheit, Geschlossenheit. Denn Rochlitz hatte recht, als er an Goethe schrieb: ›So sehr die Ausbeugungen, betrachtet man sie einzeln für sich, diesem zu widersprechen scheinen, so sehr bestätigen sie es, siehet man sie im Ganzen und aus dem Ganzen an.‹ Es ist ein Werk von so zarter und unerbittlicher Kenntnis des Menschenherzens, so ausgeglichen in Güte und Strenge, Klarheit und

Geheimnis, Klugheit und Ergriffenheit, Form und Gefühl,
daß wir es nur mit Staunen das unsere nennen.«

Thomas Mann: Gesammelte Werke. Bd. 9: Reden
und Aufsätze. Frankfurt a. M.: S. Fischer, 1960. S.
175.

»›Die Wahlverwandtschaften‹ sind höchste Dichtung in
ihrer Einheit von Gestalt und Gedanke. Sie *sind* im Künstlerischen wahrhaftig, was sie im Ideellen darstellen: Naturver-
geistigung, ›sittliche Kultur‹. Von jeher war große Kunst die
Künderin des dritten Reiches; Kunst ist das Vorbild der
Menschheit; und der Dichter, im Bunde gleichermaßen mit
beiden Mächten, Natur und Geist, ist wohl der Menschheit
Meister zu nennen.«

Ebd. S. 185 f.

Rudolf Kassner (1873–1959) in »Drei Versuche zu einer
Philosophie der Gestalt« (1930):

»Wenn Goethe einmal schreibt: ›Das Höchste wäre: zu
begreifen, daß alles Faktische schon Theorie ist. Man suche
nur nichts hinter den Phänomenen, sie selbst sind die
Lehre‹, so hat er uns den Weg schon gewiesen, den Weg
vom Idealismus Kants zu ebendem, was wir das physiogno-
mische Weltbild nennen. Es ist derselbe Weg, den Goethes
Kunst gegangen ist, er führt von der Iphigenie zur Ottilie in
den Wahlverwandtschaften.«

Kassner: Sämtliche Werke. Bd. 4. Pfullingen: Nes-
ke, 1978. S. 385.

Peter Suhrkamp (1891–1959): Goethes »Wahlverwandtschaften« (1944):

»Als etwas Funkelndes, Geschliffenes, Zaubervolles steht
die Novelle ›Die wunderlichen Nachbarskinder‹ in dem
Massiv des Romans, wie ein Edelstein in gewöhnlichem
Felsgestein steckt. In der Konzentration durch die Novel-
lenform ist diese Wirkung zunächst angelegt, dann wird sie
erhöht durch eine Steigerung im Gang der Ereignisse zum
Schauspielhaften und in den Chören der Mütter, der Väter,

des glücklichen jungen Paares am Schluß ins Opernhafte. Das derart völlig Herausgehobene über unsere Seinswelt bewirkt das Verzauberte; die Novelle bekommt etwas von der Endgültigkeit eines Märchens. Wir davor sind Schauende, suchen nicht nach der Kausalität in dem Geschehen oder überhaupt nach Motiven, sondern durchschauen alles. Das Gesetz allen Geschehens wird in wunderbarer Einfachheit und Vollständigkeit dem Geist gegenwärtig. Das Geschehen ist in den Spiegel des durchaus Geistigen gebannt, ohne darin abstrakt zu erscheinen. Diese Novelle allein würde schon die Bedeutung der Romanpartie, in der sie steht, innerhalb der Komposition hervorheben.

Gegenstand der Novelle ist Leidenschaft, Leidenschaft von echter Natur. Der Rahmen, in dem sie gezeigt wird, ist wieder die gute Gesellschaft. Leidenschaft ist auch der Geist, der die Vorgänge des Romans in Bewegung hält: sie schafft Verwirrungen, wirft aus der Bahn, bringt den Tod, auch Charlotte und der Hauptmann sind von ihrem Atem innerlich versengt, so daß sie nur als Erstarrte, als Schatten noch weiter leben können. Ein Gleichnis, denkt man zunächst, wäre die Novelle, und es ließen sich parallele Züge finden, vor allem im Hinblick auf das richtige Maß, mit dem im Roman gemessen werden soll. Aber in der Novelle ist alles völlig anders. Nur ein Zug ist da, der auch bei den Menschen des Romans auffiel: die Unverläßlichkeit. Hier wird sie an dem Nachbarmädchen deutlich; weder ist sie ihrer selbst sicher, noch können die Eltern, die Nachbarn und Freunde sich auf sie verlassen. Das Zerstörerische der Leidenschaft, das in dem Roman zur vollen Herrschaft kommt, deutet sich in der Novelle als Gefahr an. Das Mädchen verstrickt sich wiederholt in seltsamen Wahn; das Bedrohliche der Leidenschaft scheint da auch ein Element dämonischer Art. Die Vereinigung des wunderlichen Nachbarkinderpaares am Schluß, das zueinander gehört und durch die Eltern von Anfang an für einander bestimmt war, geschieht durch einen Zauber wie in einem Märchen. In jedem Märchen waltet der böse Zauber und der gute Zauber;

am Schluß der Novelle steht der gute Zauber, die Entzauberung: das Paar erscheint vor seinen Eltern als vollendetes ländlich-bäuerliches Brautpaar, und die Eltern erkennen im Augenblick ihr Eigenstes nicht, weder in den Gestalten noch in dem Verlöbnis. Die Novelle könnte schließen: ›Und danach lebten sie lange und glücklich miteinander, und wenn sie nicht gestorben sind‹ – mit jenem Schluß, der die Endgültigkeit jedes Märchens bestätigt und dem kein Zauber mehr folgt.«

Suhrkamp: Ausgewählte Schriften zur Zeit- und Geistesgeschichte. Frankfurt a. M.: Suhrkamp, 1951. S. 276 f.

Alfred Döblin (1878–1957) an Artur Kutscher am 7. 1. 1947:

»Nun zu Ihrer Frage betreffend Goethes Romantheorie als einer ›subjektiven Epopöe‹. Sie haben vollkommen recht, wenn Sie vermuten, daß ich vom Roman ganz und gar nicht diese Auffassung habe. Ich erinnere mich, vor längerer Zeit, etwa 1925–27, in der preußischen Akademie der Künste einen Vortrag über die Theorie des Romans gehalten zu haben, der auch im entsprechenden Jahrbuch der Akademie abgedruckt erschien. Ich untersuchte da, wie ich mich erinnere, den Unterschied zwischen einem Zeitungsbericht, etwa von einem Schadenfeuer, und der epischen Darstellung eines Vorganges. Was ich aber mit keinem Worte erwähnte und worauf ich mit keinem Gedanken verfiel, war eine subjektive Theorie. Mir sind solche subjektivistischen Vertreter des Romans gut bekannt [...] Aber dieser Subjektivismus ist nichts anderes als ein Verkennen des Epischen und eine Schwäche im Epischen. Es ist die feuilletonistische Degeneration des Romans. Da versteckt man seine Unfähigkeit zur Gestaltung hinter Reflektionen, Betrachtungen, und statt Vorgänge hinzustellen, täuscht man den Leser mit Essays, die andererseits in sich zu schwach sind, um isoliert bestehen zu können. [...]

Im Deutschen beginnt das Abgleiten ins Feuilletonistische schon bei Goethe. In den ›Wahlverwandtschaften‹ und im

›Wilhelm Meister‹ mixte er schon enorm die verschiedenen Branchen und glitt von einem Gebiet in das andere über. Es fehlte ihm gegenüber der Lessing, der ihn auf die Grenzen der Gebiete und ihre Grundstruktur aufmerksam machte.«

Döblin: Briefe. Olten / Freiburg i. Br.: Walter, 1970. S. 360 f.

Henry Hatfield: Zur Interpretation der »Wahlverwandtschaften« (1948):

»Kein Werk Goethes – mit Ausnahme des ›Faust‹ wahrscheinlich – ist so verschieden interpretiert und mit solchem Eifer debattiert worden wie die ›Wahlverwandtschaften‹. Von seinem Erscheinen an hat der Roman [...] die verschiedensten Meinungen hervorgerufen, Meinungen, die oft in sehr starken Worten Ausdruck fanden. In der Tat behandeln wenige Werke Fragen, die mit so großer Wahrscheinlichkeit die tiefsten Überzeugungen und Gefühle des Lesers berühren: Liebe, Ehe, das Wesen der Sittlichkeit, die Macht des Willens gegenüber der Leidenschaft. Eben diese Tatsache, daß die behandelten Probleme so fundamental sind, erklärt zum Teil das weite Auseinanderklaffen der Interpretationen; wenn des Lesers sittliche und religiöse Überzeugungen betroffen sind, dann fällt ihm ein objektives Urteil schwer.
Auch unter hochintelligenten Kritikern gibt es keine Annäherung in Richtung auf eine einheitliche Meinung. Die Ansicht, daß die ›Wahlverwandtschaften‹ ein unmoralisches oder zumindest ein amoralisches Werk sind, eine Ansicht, die im 19. Jahrhundert weit verbreitet war, wird heute allgemein abgelehnt; [...].«

Rösch. S. 175.

»[...] in Goethes Roman ist es die Wahlverwandtschaft, und nicht etwa die Ehe oder das Sittengesetz, die triumphieren wird, selbst im zukünftigen Leben. Etwas anderes anzunehmen hieße, dem berühmten letzten Satz des Buches, der die Gräber von Eduard und Ottilie beschreibt, echte Bedeutung und Ehrlichkeit absprechen:

Friede schwebt über ihrer Stätte, heitere, verwandte Engels-
bilder schauen vom Gewölbe auf sie herab, und welch ein
freundlicher Augenblick wird es sein, wenn sie dereinst wie-
der zusammen erwachen.

Obgleich dieser Satz, der ja eine Wiedervereinigung in einem
christlichen Himmel impliziert, eine Konzession an den
romantischen Zeitgeist darstellen mag und auch als weiterer
Beweis dafür aufgefaßt werden kann, daß Goethe ein ver-
söhnliches Ende liebte, so ist seine zentrale Intention doch
mit Sicherheit eine Rechtfertigung der Liebe zwischen Ottilie und Eduard, nachdem ihre Liebe nun nicht mehr mit der
sozialen Einrichtung der Ehe in Konflikt steht. Ottilie wird
aus zwei Gründen als Heilige angesehen. Am offensichtlich-
sten natürlich, weil sie ›verzichtet‹ hat, aber sie ist auch eine
Heilige der Liebe, die, obgleich sie ihre Gefühle gegenüber
Eduard zügeln muß, sie doch niemals leugnet.

Ein Vergleich mit Dante demonstriert, wie weit wir entfernt
sind von christlicher Moral, von dem ›Gesetz‹, wie es allgemein verstanden wird. Dante spricht mit der größten Sympathie und Kraft von dem Ursprung der schuldigen Liebe
zwischen Francesca da Rimini und Paolo Malatesta. Sie
bricht plötzlich und unwiderstehlich aus, eine wahre Wahlverwandtschaft. Dante ist so tief bewegt von dem Schicksal
der Liebenden, daß er in Ohnmacht fällt. Aber sie sind in
der Hölle, und in der Hölle werden sie bleiben.*

Goethes Haltung gegenüber der Liebe zwischen Eduard und
Ottilie wird immer wohlwollender, je mehr der Roman sich
dem Schluß nähert. Die ganze Beziehung erscheint sozusa-
gen verklärt. Das Band zwischen ihnen erscheint nicht mehr
als etwas Unheimliches, es wird ruhig akzeptiert. Die vier
Hauptpersonen leben in einer Atmosphäre des Friedens,
obzwar auch einer Atmosphäre der herbstlichen Melancho-
lie. ›Keines trug mehr dem andern etwas nach; jede Art von

---

* ›Inferno‹. V, 73–142. Man kann einwenden, daß Ottilie und Eduard, anders
als Dantes Liebende, nicht in des Wortes üblicher Bedeutung »sündigen«.
Trotzdem ist die Parallele stichhaltig, so glaube ich, denn sie zerstören tatsächlich die ursprüngliche Ehe.

Bitterkeit war verschwunden‹ [...]. Es scheint jetzt fast unwesentlich zu sein, daß die Ehe von Charlotte und Eduard zerstört worden ist: all unsere Sympathien werden auf die Liebenden gerichtet. Sogar Eduard, der schwächste und für viele Leser der am wenigsten anziehende der vier, erhält eine beträchtliche Anziehungskraft. Heute würden sich wenige Leser mit Rochlitz darüber beschweren, daß man nicht erfährt, was mit Charlotte und dem Major geschieht, ihr Schicksal scheint nicht mehr sehr wichtig zu sein. Man kann sagen, glaube ich, daß die Reaktionen und Gefühle der Liebenden, der Träger des Naturgesetzes, im ganzen Roman mit größerer Kraft und überzeugender gezeigt werden als das Wirken des Sittengesetzes. Sobald der gegenseitigen Anziehung Einhalt geboten ist, wobei sie aber nicht zerstört oder besiegt wird durch das Sittengesetz, wird sie als jenseits aller Schuld und allen Tadels betrachtet und in der Tat sogar als der Verehrung würdig. Die gegenseitige Anziehung erhebt sich über die Welt der Körper, wie sie sich erhoben hat über die soziale Welt: Ottilie, die wie Gretchen ein Symbol des Ewig-Weiblichen ist, zieht Eduard aufwärts in einen Bereich, wo das Band zwischen ihm und Charlotte keine Bedeutung mehr hat.

Der Konflikt zwischen Liebe und Ehe gewinnt einen neuen Aspekt. Ihre Ehe erscheint als eine Manifestation des Sozialgesetzes, nicht sosehr als eine des höchsten Sittengesetzes. Im Hinblick auf den Schluß erscheinen Goethes Worte zu Riemer wesentlicher als einige seiner anderen Aussagen über die Idee der ›Wahlverwandtschaften‹ und verdienen es, hier angeführt zu werden:

Er äußerte, seine Idee bei dem neuen Roman ›Die Wahlverwandtschaften‹ sei: soziale Verhältnisse und die Konflikte derselben symbolisch gefaßt darzustellen (s. S. 91, Gräf, Nr. 687).

Der Sieg der sozialen Einrichtung ist schließlich nur ein Pyrrhus-Sieg. Liebe, aufgefaßt als eine Naturgewalt, die jedoch über das rein Körperliche hinausgeht, trägt den

moralischen Sieg davon, um einen Ausdruck aus dem Sport
zu entlehnen.

Fassen wir zusammen: Goethes Haltung in den ›Wahlverwandtschaften‹ ist nicht neutral: Es liegen Werturteile vor.
Sie ist nicht amoralisch: Traditionelle Verhaltensnormen in
der Gesellschaft werden verteidigt und Abweichungen von
ihnen, auch solche in Gedanken, rigoros bestraft. Aber wie
der Schluß zeigt, ist das Werk keine Verherrlichung der Ehe
oder der hergebrachten Verhaltensnorm als solcher. Das
Band zwischen Eduard und Charlotte zerfällt zur Bedeu-
tungslosigkeit. Der Roman ist auch nicht etwa christlich:
Eine Leidenschaft, die von der Kirche verurteilt wird, wird
verherrlicht. Goethes Standpunkt ist im innersten moralisch
nach seinen eigenen Maßstäben, aber das sind nicht die
Maßstäbe seiner Kritiker, weder der wohlwollenden noch
der anderen. Wie er gegenüber einer Dame bemerkte, die
sich über die ›Unmoral‹ des Romans beschwerte:

*Das Gesetz in dem Buche ist wahr, das Buch ist nicht
unmoralisch, Sie müssen es nur vom größeren Gesichtspunkte
betrachten; der gewöhnliche moralische Maßstab kann bei
solchem Verhältnisse sehr unmoralisch auftreten* (s. S. 151,
Gräf, Nr. 865). Die Werte der Gesellschaft müssen in der
Gesellschaft verteidigt werden, aber es sind nicht die höchsten Werte.«

Ebd. S. 188 ff.

Hans Heinrich B o r c h e r d t (1887–1964) schreibt 1949:

»Man muß sich aber darüber klar sein, daß kein Geringerer
als Goethe dem spätromantischen Schicksalsgedanken mit
den *Wahlverwandtschaften* den Weg bereitet hat, und zwar
zu demselben Zeitpunkt, an dem er Zacharias Werner auf
die Motivwelt des *24. Februar*, dieser ersten Schicksalstragö-
die, hinwies. Freilich handelt es sich bei Goethe nicht um
den Glauben an irrationale Schicksalsmächte voll dämonischer Tücke, sondern um die ehrfurchtsvolle Anerkennung
geheimnisvoller Naturgesetze, die in ihrer bindenden
Gewalt gegenüber den ethischen Postulaten erst dem alten

Goethe nach dem Tode Schillers zum Bewußtsein gekommen waren. Diese Erkenntnis höchster Gesetzlichkeit bestimmt auch den kompositionellen Aufbau des ganzen Werkes. Innere und äußere Form erleben also gegenüber der hochklassischen Zeit einen völligen Wandel, der sich in seiner ganzen Tragweite erst erschließt, wenn man sich zunächst das Zusammenwirken von Motiven, Idee und kunstvoller Gliederung vor Augen führt.«

Borcherdt: Der Roman der Goethezeit. Urach/ Stuttgart: Port, 1949. S. 476.

Paul Stöcklein (geb. 1909): Stil und Geist der »Wahlverwandtschaften« (1951/52):

»1. Der Erzähler

Goethe hat nie verschlossener, lakonischer, verschwiegener erzählt als hier; manchmal ist es, als scheue er sich, heilige Bilder preiszugeben. Der Sinn muß erraten werden.

Der Roman, über den Goethe einen damals modernen Fachausdruck der Chemie (ein ›Kunstwort‹, wie es heißt) gesetzt hat, befremdet den (vielleicht Stimmung suchenden) modernen Leser durch eine analytische, fast wissenschaftlich lehrhafte, kühl antiromantische Erzählweise. Der Erzähler hat sich seine Form in einer gewagten Verbindung der psychologischen Novelle (auch der Anekdote) mit der goetheschen ›Wissenschaft‹ von den Naturgesetzen des menschlichen Herzens und der Gesellschaft konstruiert. Hatte Goethe schon den ›Meister‹ ein Pseudoepos genannt, so gilt dies auch verändert für diesen Roman; auch er ist nicht frei von den Spuren der Arbeit; in ihm hat sich der psychologische Roman seine erste, noch nicht vollkommene, aber höchst zukunftsreiche Form geschaffen.

Was bedeutet in diesem Roman ›Wissenschaft‹? Nicht nur den kleinen Kursus Chemie oder die pädagogischen Vorträge des ›Gehülfen‹! Jedes Wort, jedes Tun und Gebaren, ja alles, was ›passiert‹, wird von einem ausdruckswissenschaftlichen Geiste notiert und gewissermaßen als graphologisches

Zeugnis ausgewertet (nicht zufällig spielen sogar graphologi-
sche Einzelheiten eine Rolle).

Alles muß der Leser mit Wachheit, mit durchschauendem
Sinn und verknüpfendem Weltverstand aufnehmen und darf
nie einer Erwartung von Lyrischem Raum geben. [...]

Es gilt vor allem, den Erzähler zu fühlen. Wir könnten ihn
namentlich benennen, wenn die ›Wahlverwandtschaften‹
noch als Novelle in den ›Wanderjahren‹ stünden. Dort
erzählen sehr verschiedene Persönlichkeiten in sehr verschiedenen Stilen. Jetzt können wir ihn nur fühlen, ihn, der
Goethe ist und doch wieder nicht Goethe. Der Erzählende
kann uns allmählich deutlich werden aus Tonfall und
Gebärde, deutlich bis zur Erscheinung seines Gesichtes.
Goethe erzählt hier jedenfalls ganz anders als in dem unmittelbar darnach begonnenen farbigen Erzählwerk ›Dichtung
und Wahrheit‹. Hinter diesem einfachen klaren Tonfall, der
niemals schwankt, auch wenn das Erregendste zu erzählen
ist, hinter diesem weltkundigen ›hohen Konversationston‹,
der in seiner Gesellschaftlichkeit die Äußerung persönlicher
Gefühle oder behagliches Malen ausschließt, hinter dieser
lakonischen Erzählweise, die gelassen Tatsachen an Tatsachen scharfäugig und vieldeutig knüpft, hinter dieser (zu
klassischer Einfachheit stilisierten) Hofsprache des 18. Jahrhunderts, zu der kein lebenswarmer Hauch aus den Gründen der Volkssprache gedrungen zu sein scheint, hinter all
dem taucht allmählich immer deutlicher ein faszinierendes
Gesicht auf, das Gesicht des Erzählers: ein grauhaariges,
gepflegtes, vornehmes, faltengeprägtes Gesicht, fraglos noch
aus dem echten 18. Jahrhundert, dem eleganten und rationa-
len, vergleichbar dem des Abbé aus den ›Unterhaltungen‹,
doch weltläufiger, härter und geheimnisvoller. Dieser
Erzähler im Empiresessel scheint für einen Club erfahrenster
Weltleute zu erzählen, für die ein Wink genügt.

[...]

Das Gesetz des Erzählens scheint Sachlichkeit, nichtsdesto-
weniger ist es manchmal vernichtende Sachlichkeit, so wenn
er Luciane und ihren Mangel an Erziehung, wenn er Taktlo-

sigkeiten Mittlers mit knapper Beiläufigkeit berichtet; er ist
zu vornehm, um ein Wort der Kritik einzuschalten, so daß
der stumpfe Leser nichts merkt. Er setzt lebenserfahrene,
scharfblickende Hörer voraus. Hier liegt etwas fast Engli-
sches in seiner Art. (Ebenso in seiner Neigung zum under-
statement.)
[...]
Das durchgehend Wesentliche des Stils: Spannungsweite
zwischen dem verworren süßen Geheimnis des sehnend
irrenden Herzens und der wasserkühlen Klarheit dieses
Stilelements, zwischen der Welt der Ahnungen, Warnungen, Mirakel und der Weisheit dieses wohlwollend skepti-
schen Erzählers, für den übrigens, wenn man genau hinhört,
so geheimnisvolle Dinge wie die doppelte Ähnlichkeit des
Kindes mehr in der Vorstellung, auch im bösen Gewissen,
bestehen als in Wirklichkeit, für den auch die Wunder des
Schlusses eigentlich eine ungeklärte, undurchschaute Sache
sind, die aber seine Ehrfurcht in der Schwebe beläßt. Welche
Spannungsweite zwischen der bangerregenden Schwüle inti-
mer Verirrung und der durchschauenden Geistigkeit des
Erzählers, der das Erzählte entgiftet, der alles wie hinter
Glas zeigt, so daß kein Hauch der Schwüle mehr den Leser
erreichen kann. Welch neuen Klang hat Frömmigkeit und
Überwelt in diesem Mund, den Falten der Enttäuschung
umspielen, der am Ende der Geschichte sehr geheimnisvoll
und andeutend verstummt und dadurch eindringlicher pre-
digt, als es ein Frommer könnte.«

Zeitschrift für deutsche Philologie 71 (1951)
S. 47–52.

»2. Die Novelle im Roman

Die Novelle von den Nachbarskindern überrascht zunächst
durch den lakonischen Tonfall – wir suchten ihn zu erklären
–, der mit weltläufiger Selbstverständlichkeit in knappen
Skizzenstrichen und gedrängten Symbolen Schicksale hin-
wirft, wobei das scharfe Auge des Erzählers nach den sonderbaren Tiefen der Seele zu spähen scheint. Und parado-

xerweise zeigt dieses kleine Kunstwerk gleichzeitig elementare, ungemilderte Farbenklänge, die an das Glück des Märchens erinnern; auch klingt es aus als Märchenoper. Alles
wird verständlich, wenn wir auf die wirklichkeitsgraue Folie
blicken. Im Innern der Gesellschaft, die der Roman zeigt –
es ist das Durchschnittsbild der hohen Gesellschaft jener
Zeit –, wohnt ein matt und richtungslos gewordenes Leben,
das den Elementen Einlaß gibt, ohne sie gestalten zu können. Auf die Macht der Elemente weist der Titel. Dieser
Gesellschaft erzählt jener weltkundige Engländer die
Geschichte vom gesunden Dasein, in dem die Leidenschaften, Konventionen durchbrechend, gerade und offen zur
Gestalt finden, während sie hier im Verborgenen schwelen
und das Chaos vorbereiten. Einer hochverfeinerten und
jeden Anstoß vermeidenden Gesellschaft, deren Lebenswis-
sen gestört, deren Fühlen unsicher geworden ist, wird hier
von einem Psychologen das Rätsel der Vitalität, des Eros
gezeigt, in seiner unverbildeten Form: wie aus Urtagen der
Seele, schön wie ein Märchen!
Der Zustand, da das Sinnliche und Sittliche sich noch nicht
getrennt hatten, um Goethes Formulierung zu gebrauchen,
wird einer notvollen unheilbaren Trennung gegenüberge-
stellt. Echte, ›angeborene‹ Zusammengehörigkeit steht der
›Wahlverwandtschaft‹ des Romans in pointierter Wortwahl
gegenüber, die mit Elementargewalt alles zerstört: der
ergriffene ›Augenblick‹ dem stets verfehlten. Die sicher fas-
sende Hand der stets nervösen. Eine Leidenschaft, die herb
und keusch erscheint (selbst vor dem Nackten), tritt der
bedrückten Schwüle der Schloßatmosphäre entgegen. Dieses
Paar weicht dem Blick der Eltern aus (Medaillon), jenes
sucht und erzwingt ihren Segen. Es scheint, als ob die
weiche, bange Spätherbstluft des Herrensitzes diese Luft-
spiegelung starken Menschentums aus sich hervortreibe,
deren Stellung im ganzen wir schon berührt haben.
Eine Einzelheit, mitten aus der Novelle, sei als beispielhaft
herausgegriffen: Das Paar findet sich überraschenderweise
im reißenden Element zusammen, das der Mann als

Schwimmer meistert. Ein Sprung, gleichsam ein ›Stirb und werde‹, war durchlebt; ein Sich-Aufgeben ohne ein Sich-Verlieren! – ›Elementar‹ werden zwar auch die ›Wahlverwandten‹ des Romans zueinander getrieben, aber Eduard ist nur der Getriebene, ›Müssende‹; nicht der Schwimmende, sondern der sich Verlierende, wenn er es auch selbst nicht weiß.

Das Sinnbild des Wassers durchzieht den Roman. Der Trieb, den es symbolisiert, ›trägt‹ den ›mit ihm Bekannten‹, verschlingt den Ahnungslosen, Schwachen. Diese Novelle ist bis in jede Einzelheit symbolische Darstellung des Eros. Auf ihrem Höhepunkt verläßt der Erzählende für einen Augenblick seinen vorandringenden Rhythmus und weist ahnungsvoll auf den Hintergrund. ›... stürzte er sich ins Wasser und schwamm der schönen Feindin nach. Das Wasser ist ein freundliches Element für den, der damit bekannt ist und es zu behandeln weiß. Es trug ihn und der geschickte Schwimmer beherrschte es. ... Er wußte sie zu fassen und zu heben ... Er blickte mit emporstrebendem Haupt umher und ruderte ...‹ Der Erzähler weiß, warum er hier breiter als sonst wird und gibt im letzten Satz ein vollkommen deutliches Symbol. – Hier ›faßt‹ der Liebende die Geliebte. Eduards Herz kann nur strömen, nicht fassen.

Im ethischen Sinne ist diese Novelle ein Märchen. Die Wirklichkeit ist schwieriger. Woher der Mensch die Kraft gewinnen könne, damit die ›zudringenden Mächte‹ ihm nicht über dem Kopf zusammenschlagen, diese Frage beantwortet erst der Roman. Es sei das ›Heilige, das uns unsichtbar umgebend allein gegen die ungeheuren zudringenden Mächte beschirmen kann‹. – So Ottilie. Nur so gelangt der Mensch in die Gesundheit zurück; ja vielleicht enthielt das Reich der Ursprünglichkeit (in der Novelle) keimhaft schon das ›Heilige‹ in der Ehrfurcht und Treue zum Natürlichen. Anders ausgedrückt: Es gibt zwei Reiche der Ursprünglichkeit: das der Natur und das des ›Heiligen‹; das eine ist verkörpert in den ›Nachbarskindern‹, das andere in Ottilie;

beide im Gegensatz zur Gesellschaft. Ohne das zweite bleibt
uns das erste nur ›Märchen‹.«

Ebd. S. 57 f.

Hans M. Wolff schreibt 1952:

»Wie Mäßigkeit das Element Charlottes, so ist Leidenschaft-
lichkeit der Grundzug von Ottilies Charakter. Ihr Leben
wird erst dann im vollen Sinn des Wortes ein Leben, wenn
sie liebt und geliebt wird; erst wenn Leidenschaft ihr Herz
befruchtet, blüht sie auf und zeigt sich in vollem Glanze.
Ihre ganze Existenz in der eines Mannes aufgehen zu lassen,
sich rückhaltlos hinzugeben und unterzuordnen, ist ihr
innerstes Bedürfnis. Solange sie auf sich allein angewiesen ist
wie etwa in der Pension, leistet sie wenig und kann nicht
äußern, ›was in ihr liegt und was sie vermag‹ (I,5); sobald sie
liebt, kommen alle ihre Tugenden zum Vorschein, erst dann
kann sie sich wirklich entwickeln. Trotz der Leidenschaft-
lichkeit ihrer Natur ist aber auch Ottilie ganz Dame; ausdrücklich wird von ihr gesagt, daß ›das Schickliche‹ mit ihr
›geboren‹ sei (II,6): Auch sie ist Meisterin über ihr äußeres
Benehmen, so daß die Eleganz ihrer Erscheinung und ihrer
Bewegungen niemals durch ein Hervorbrechen der Sinnlichkeit gestört wird. Die Selbstbeherrschung ist jedoch bei ihr
nur äußere Hülle, unter der sich ein unbezähmbares, leiden-
schaftliches Herz verbirgt. Wahre Mäßigung und Entsagung
ist ihr unmöglich; sie kann ihre Gefühle in sich verschließen,
doch kann sie sie nicht innerlich meistern. Die Harmonie
von Gefühl und Sittlichkeit, deren Charlotte teilhaftig ist,
fehlt ihr völlig; wenn Leidenschaft ihr Herz ergreift, ist sie
ihr hoffnungslos ausgeliefert. Während Charlotte jene reine
Menschlichkeit symbolisiert, die auf Unterwerfung unter
das sittliche Gesetz beruht, und infolgedessen dem ›Reich
der heitern Vernunftfreiheit‹ angehört, gehört Ottilie von
Natur aus dem dunklen Bereich an, das sich der Vernunft
entzieht, und nichts kann sie gegen ›die ungeheuren zudringenden Mächte beschirmen‹ (II,15). Wie sich Charlotte mit
den edlen Frauen aus Goethes früher Weimarer Zeit in

Parallele stellen läßt, so steht Ottilie in Parallele zu den leidenschaftlich liebenden Frauen aus Goethes Sturm- und Drang-Periode; Stella und selbst Gretchen, obwohl letztere sozial einer anderen Schicht angehört, stehen ebenfalls unter dem Bann der dunklen Gewalten, die jede Lenkung des Lebens nach Vernunft und Gesetz, jede Selbstüberwindung unmöglich machen.«

Wolff: Goethe in der Periode der Wahlverwandt-
schaften. München: Francke, 1952. S. 177 f.

Emil S t a i g e r (geb. 1908): Die Wahlverwandtschaften (1956):

»Über Stile, Weltanschauungen, Glaubenssätze läßt sich nicht streiten. Wer nicht von Goethe ausgeht und auf Goethe ausgerichtet bleibt, der wird es der Romantik danken, daß sie der Welt das Übermächtige, Dämonische und Gnadenhafte wieder nahezubringen gewußt, die Tore zum Jenseits aufgeschlossen und eine allzu lang verachtete Religion erneuert hat. Aber beizufügen wäre, daß eben eine solche Leistung, man möge sie nun verehren oder bedauern, nur einer in ihrem Selbstgefühl erschütterten Zeit gelingt. Denn allein der Ohnmacht wird ein Übermächtiges offenbar. Ein Himmel öffnet sich nur dem Menschen, dessen irdisches Haus zerfällt. So sehen wir jene Romantiker selbst, die in der Epoche der ›Wahlverwandtschaften‹ zum Katholizismus übertreten. Sie zeugen von der Unzulänglichkeit der menschlichen Existenz, von ihrer Gefährdung und ihrer Erlösung durch Gottes Gnade und Christi Blut. Doch was sie niederzufallen zwingt und ihren Blick nach oben richtet, das ist, historisch betrachtet, nur ihre eigene Unzulänglichkeit, Bedrängnis in einer Fülle, die zu gliedern es ihnen an Kraft gebricht, ein Schwindelgefühl, ein Verlangen nach Halt, Buße für einen vermessenen Anspruch.
Goethe hat keine Vermessenheit und keinen Selbstbetrug zu büßen. Wir meinen aber zu sehen, daß auch ihm sich der Verführer naht und Trost in himmlischen Räumen verspricht. Je folgerichtiger er das Schicksal Eduards und Otti-

liens durchführt, desto dringender wird das Bedürfnis, aus-
zubrechen und sich unsichtbaren Armen anzuvertrauen. Er
prüft die Möglichkeit; er verwirft sie; er schließt sie wenigstens nicht ganz aus. Dann aber bleibt er in der Schwebe: Er
läßt das Unbekannte offen und hält an der Würde des
Menschen fest. So steht er zur Romantik ähnlich wie seiner-
zeit zum Sturm und Drang. Damals fühlte er sich zu einer
titanischen Selbstherrlichkeit versucht und widerstand ihr;
schon in Frankfurt besann er sich auf die Grenzen der
Menschheit. Jetzt, da die Selbstpreisgabe lockt, versichert er
sich der freien Vernunft. Ihre Herrschaft ist bedroht. Sie ist
vielleicht sogar ein Wahn. Doch kein nach menschlichem
Vermögen erforschtes Schicksal widerlegt sie unumstößlich,
und kein Wunder hat uns jemals der Verpflichtung, ihr zu
folgen, überhoben. So gilt es, in Geheimnis und in Klarheit
auszuharren [...].«

Staiger: Goethe. Bd. 2. Zürich: Atlantis, ³1962.
S. 514 f. © Artemis Verlag, Zürich, 1977.

Kurt May: Goethes »Wahlverwandtschaften« als tragischer Roman (1957):

»Für ein sozialgeschichtliches Interesse ist die Welt, in der in
den ›Wahlverwandtschaften‹ gelebt wird, überwiegend verkörpert von Vertretern einer müde und passiv gewordenen
Aristokratie, die noch ganz unberührt ist von den revolutio-
nären Erschütterungen. Die ethischen, religiösen, auch die
kunstschöpferischen Substanzen sind in diesem Lebenskreis
schwach geworden. Man erinnert sich der bitteren Anklage
Fichtes, des Redners an die deutsche Nation vom Winter
1807 gegen die Selbstsucht der einzelnen und der Stände in
Deutschland als Wurzel aller anderen Verderbtheit. Im
Goetheschen Roman verkörpert die Figur der Luciane eine
ins Spielerische entartete Rokokogesellschaft. Die wenigen
bürgerlichen Personen des Romans bleiben im Hintergrund
mit selbstgefällig nutzlosem Salbadern oder mit lehrhaft
wohlmeinenden Reden über das Wahre, Gute und Schöne.
Auch die Besseren, wie der Gehilfe, stehen hilflos auf der

Szene, wo die tragischen Opfer fallen müssen. Aus solcher Welt werden Ottilie und Eduard hinausgedrängt. Hier können sie nicht atmen, weil sie hier nicht lieben dürfen, und als Liebende können sie das Gesetz der sittlichen Ordnung nicht erfüllen, das den Bruch der heiligen Ehe verbietet. Die gesellschaftliche Welt, die zurückbleibt hinter den beiden Abgeschiedenen, liegt in tiefem Schatten, wie reif zu ihrem eigenen Untergang. Nur die Natur dauert fort in ewiger Gesetzlichkeit und Schönheit.«

May: Form und Bedeutung. Stuttgart: Klett, [2]1963. S. 108 f.

Keith A. D i c k s o n : Raumverdichtung in den »Wahlverwandtschaften« (1965):

»Die einmalige Eigenart von Goethes realistisch-symbolischer Szenerie in den ›Wahlverwandtschaften‹ liegt in ihrer Fähigkeit, dem Leser das Zusammenspiel von Charakterzügen und Wechselbeziehungen zu vermitteln, das bis zur Entwicklung der *stream-of-consciousness*-Technik im Roman kaum durch irgendein anderes Mittel hätte übertragen werden können. Und man kann sicher von einer klassischen Sparsamkeit in Goethes Romankunst sprechen, neben der die sprachliche Feuerwerkskunst eines James Joyce oder das monumentale ›Themengewebe‹ eines Thomas Mann äußerst barock erscheinen.«

Rösch. S. 349.

Ernst L o e b (geb. 1914): Liebe und Ehe in Goethes »Wahlverwandtschaften« (1970):

»Auch Eduards und Ottiliens Liebe, vergleichbar Tristan und Isoldes, Ophelias oder auch Peregrinas sündig-heimatloser Liebe, gehört dem Göttlichen an, und nur sie. In keiner der anderen Verbindungen der *Wahlverwandtschaften* ist diese heiligende Kraft wirksam: nicht bei Eduard und Charlotte, deren spätsommerliche Vereinigung dem Schicksal Trotz bietet, anstatt es zu erfüllen. Auch Charlottes Neigung zum Hauptmann fehlt der Zug zum Unbeding-

ten*, und der aus Pflicht gebotene Verzicht führt am Ende in
beiderseitige Vereinsamung, der nur die Blässe einer erkal-
tenden Erinnerung bleibt. Sicher wird man bei dem rationa-
len Ehe-Experiment des Grafen und der Baronesse nicht von
›Liebe‹ in jenem dämonisch geheiligten Sinne sprechen können, und sicher auch bei jenem ›Affenwesen‹ nicht, das
Luciane in oberflächlicher Gefallsucht mit aller Welt und
ihrem Verlobten treibt. Daß endlich der unheilstiftende
Mittler nicht für Goethe spricht, sollte überdeutlich sein –
hätte sich doch die Nutz- und Zweckmäßigkeitsmoral dieses
bibelfesten Eiferers gerade da erfüllen müssen, wo in Wahrheit die Wendung zur Katastrophe liegt: in jenem ›Ehebruch
im Ehebett‹**, der uns den liebeleeren Liebesvollzug als
größtes Vergehen, als eine so große Sünde erkennen läßt,
daß hier der Eltern Fluch, nicht ihr Segen, fortwirkt und
jenes in der *Iphigenie* verkündete Bibelwort tragisch und
aufschlußreich umkehren muß.***«

Rösch. S. 426 f.

Gonthier-Louis F i n k : Goethes »Wahlverwandtschaften«.
Romanstruktur und Zeitaspekte (1971):

»Durch die Komplexität der Romanstruktur, die anschei-
nend überraschenden Wendepunkte, die nuancierte Verwendung der verschiedenen Zeitaspekte, durch die Haltung
des Erzählers gegenüber der Wirklichkeit und seine
begrenzte Optik, durch die Vielschichtigkeit der Symbolik
ist dieser Roman zweifelsohne modern. Durch die extreme
Vereinfachung der Handlung und die tiefe Einheit des Werkes, die hinter der scheinbaren Vielfältigkeit der Themen
und der Gestalten durchleuchtet, verriet Goethe aber auch
klassischen Stilwillen, denn nicht zuletzt war er bemüht, das
Problem der Kontinuität, das ihn schon während der klassischen Zeit beschäftigt hatte, in den Vordergrund zu stellen.
Wie in den ›Lehrjahren‹ erinnerte er an die Werte, die das

---

  * Grete Schaeder, »Gott und Welt«, S. 308.
 ** Paul Stöcklein, »Wege zum späten Goethe«, S. 13.
*** »Es erbt der Eltern Segen, nicht ihr Fluch« (Iphigenie, 717).

Individuum gegen den Ansturm der feindlichen Kräfte
beschützen können, aber in dem Bewußtsein, daß die mora-
lisch-soziale Krise die Gesellschaft selbst und ihre Kultur
mitfortzureißen drohte, stellte er seiner Zeit gleichsam als
Warnung die Ethik der Entsagung entgegen, die er dann in
den ›Wanderjahren‹ weiter ausbauen sollte, und das zu einer
Zeit, wo sie unter der idyllischeren Form der Resignation
von der Biedermeierzeit gepflegt wurde.«

Rösch. S. 483.

Werner K o h l s c h m i d t (geb. 1904) in seiner »Geschichte
der deutschen Literatur von der Romantik bis zum späten
Goethe« (1974):

»Soziologisch spielt die Handlung unter Landedelleuten mit
dem Hintergrund des höfischen und des Offiziersmilieus.
Dadurch unterscheidet sich Goethes Roman nicht von der
Mehrzahl der vorromantischen und romantischen Romane,
höchstens von dem eigenen, dezidiert bürgerlichen *Werther*.
Ein verspätet zueinander gekommenes Paar (beide nach
vorangegangener erster Ehe), Eduard und Charlotte, nehmen auf ihrem Gut, in dessen Ausstattung sie ihren eigentlichen Beruf sehen, einen Freund, den Hauptmann, und eine
Nichte Charlottes, Ottilie, die sie sich gradeswegs aus dem
Internat verschreiben, in ihre Hausgemeinschaft auf – gegen
ursprüngliche ungute Vorahnungen Charlottes. (Auch dies
letzte Motiv korrespondiert mit dem Fatalismus der Romantik.) Es kommt hier alles, wie es kommen *muß*. Und es
kommt sogar auf romantisch-mystische Weise, in enger
Berührung zu Magnetismus und Telepathie. Dabei hatte
damals diese Phase der Romantik gerade erst angefangen. Es
war auch dieses also eine fast augenblickliche Einstim-
mung.
Die Erzählhandlung hat dies natürlich auch psychologisch
zu stützen und wahrscheinlich zu machen, was angesichts
der Zuspitzungen, die Goethe ihr gibt, nicht gerade leicht
ist. [. . .]
Nun ist aber doch ein großer Unterschied zwischen den

beiden Wahlverwandtschaften. In das Verhältnis des Hauptmanns zu Charlotte und Charlottes zum Hauptmann tritt
zum Gesetz der Stoffe, die zueinander gehören, das Sittengesetz und behauptet sich auch. Daher ist auch die Tragik
beider Paare eine grundverschiedene. Die Charlottes und
des Hauptmanns besteht in selbstbeherrschter Resignation.
Das zeigt der Schluß. Sie werden einander nicht heiraten,
auch als durch den Tod Eduards und Ottilies der bürgerliche
Weg dazu frei wäre. Jeder von ihnen wird das Leben in
seinen Grenzen und Bestimmungen weiter bestehen. Das ist
die würdige Form, die die erlebten Schicksale ihrem Selbstgefühl vorschreiben. Ganz anders dagegen Ottilie und Eduard. Sie müssen sterben, weil sich in ihnen die ›Wahlverwandtschaft‹ ohne die Sittlichkeit realisiert.
Der spätgeborene Sohn Eduards und Charlottes [. . .] hat die
Augen Ottilies und die Züge des Hauptmanns. Das erkennt
schon erschrocken der Taufzeuge, der nicht in die Verhältnisse verstrickt ist.
Mit solchen der Normalität widerstreitenden, die Randge-
biete des Seelischen und das Äußerste des natürlich Mögli-
chen streifenden Motiven hat Goethe sich von der auf
Gesetz und Norm beruhenden Klassik entfernt und mit der
Nachtseite der Natur eingelassen. Hier liegt das eigentliche
Interesse, nicht bei der Diskussion der Eheproblematik, die
man früher gern in den Vordergrund stellte. Eduard und
Ottilie müssen vergebens ringen, da sie unter dem Gesetz
der Wahlverwandtschaften, also der Natur als Notwendigkeit, stehen. Doch sind sie ja nicht chemische Stoffe oder
Elemente, sondern lebendige Menschen innerhalb einer
menschlichen Welt, in der die Sittlichkeit die Institution der
Ehe unauflöslich fixiert hat. Der Konflikt ist daher sowohl
ein Konflikt der Herzen wie deren Konflikt mit der menschlichen Gesellschaft. Er kann nur ›gelöst‹ werden durch die
Selbstaufhebung der am stärksten vom Eros Getroffenen im
Tode. Gilt das Gesetz der Wahlverwandtschaften für Indivi-
dualfälle vom Ich zum Du, so müssen die Partner in ihrer
Form bleiben, der der Hingerissenheit zum andern, aber um

den Preis des Lebens, da Konventionalität und Institutionalität der Gesellschaft die Konsequenz der freien Liebe nicht zulassen. Täten sie das, so müßte die Ordnung dem Chaos weichen. So weit aber ist Goethe noch Klassiker, um die ästhetische Selbstzweckhaftigkeit der Frühromantiker Friedrich Schlegel und Novalis mit ihrer Theorie vom fruchtbaren Chaos nicht mitzumachen.«

Geschichte der deutschen Literatur von den Anfängen bis zur Gegenwart. Bd. 3. Stuttgart: Reclam, 1974. S. 638 f.

Der Roman »Die Wahlverwandtschaften« (Autorenkollektiv, 1978):

»Die christlich tradierte Motivik dient der Darstellung des ganz säkularisierten Gehalts vom tätigen, gemeinnützigen Leben, das sich für Ottilie paradoxerweise erst im Tode erfüllen kann und jenseits der Welt des Romans. In ihm verweist das Verhalten des Hauptmanns am deutlichsten auf die positiven Kennzeichen des Menschenbildes, das in der Novelle vorgeprägt ist und nach dem Ottilie strebt. Der Hauptmann setzt mit deutlichen Korrespondenzen die Eigenschaften des Jünglings der Novelle im Roman fort. Diese Kontinuität findet darin ihre Entsprechung, daß er als einzige Romanfigur zugleich einen Vornamen und einen Typusnamen hat, der zu der Namenlosigkeit in der Novelle führt. Er, der schließlich zum Major befördert wird, ist auch die einzige Romanfigur, die sich deutlich entwickelt und gesellschaftlich nützliche Tätigkeit zu entfalten sucht. Mit der geheimen Affinität zwischen dem Hauptmann und Ottilie besteht auch eine geheime Wahlverwandtschaft der anderen Figuren. Das entscheidende Kriterium, das sie voneinander trennt oder miteinander verbindet, ist das ihrer Tätigkeit. Der Grad ihrer Gemeinnützigkeit bestimmt ihren Stellenwert innerhalb einer Figuration, die in Ottilie gipfelt und die Welt der Bürgerlich-Tätigen von der der Landadligen scheidet. Jedoch fällt Ottilies Krönung mit der Vernichtung ihrer physischen Existenz, ihr Sieg mit einer Niederlage zusammen, so daß der Roman im Widerspruch endet. Einerseits ergibt sich dieser Widerspruch daraus, daß Goethe sozialkritische und -utopische Aspekte in ein und derselben Figurenkonstellation und Motivik darstellte.«

Geschichte der deutschen Literatur von den Anfängen bis zur Gegenwart. Bd. 7: 1789–1830. Von
Autorenkollektiven. DDR-Berlin: Volk und Wissen Volkseigener Verlag, 1978. S. 638.

»›Das Gedichtete behauptet sein Recht, wie das Geschehene.‹[21] Die ›Wahlverwandtschaften‹ sind – ein Jahrzehnt nach Jean Pauls ›Siebenkäs‹ – der zweite bedeutende Roman der deutschen Literatur, in dem sich in der Problematik der Ehe die Problematik ihrer gesellschaftlichen Verhältnisse verdeutlicht. Innerhalb des Goetheschen Romanschaffens stehen sie in der Mitte, in der die Klassenkonfrontation zwischen dem Adel und den Bürgerlich-Tätigen aufs äußerste zugespitzt und zugunsten der Bürgerlichen entschieden wird, die zuvor in ›Wilhelm Meisters Lehrjahren‹ aufstrebten, ohne den Adel zu gefährden, und die danach in den ›Wanderjahren‹ dominieren, ohne seiner noch ernsthaft zu bedürfen.«

Ebd. S. 640.

Reinhard Baumgart (geb. 1929): Johann Wolfgang Goethe. Die Wahlverwandtschaften (1980):

»Von Männer- und Frauenrollen, so könnte man heute sagen, handelt dieser Roman, von Männerphantasien, Frauenphantasien und ihrer mörderischen Unvereinbarkeit. Ein Chaos an Wunschproduktionen wird da inszeniert, doch so überlegen, so wunderbar ordentlich, daß es als Chaos kaum zu erkennen ist. Immerhin: Am Ende blickt der Leser auf vier Leichen zurück, staunend, so leise, so ohne Shakespearesches Gebrüll sind alle gestorben. Und die beiden Hauptfiguren, die ihre Leidensgenossen überlebt haben, sind auch kaum mehr als lebendige Tote. In tödlicher Stille endet, was in freundlicher begann.

21 Goethe an Reinhard (s. Kap. III,1, S. 134).

Denn windstill, wie in einem Gewächshaus, beginnt die
Erzählung, und erst allmählich wird klar, daß dieses
Gewächshaus dem Autor als riesige Retorte dient. Goethe,
der damals seine wissenschaftlichen Schriften gern für wichtiger hielt als seine poetischen, erzählt eine Versuchsanord-
nung, führt zwei mal zwei Personen zusammen, um an
ihnen das gesetzmäßige Wuchern der Wahlverwandtschafts-
gefühle zu beobachten, ruhig, experimentell, daher die idyl-
lische Ausgangslage.

[...]

Ein Planspiel voller Lust- und Erkenntnisschrecken läuft ab,
das Goethe (zum letztenmal) mit einem Personal besetzt,
das ihn seit dem ›Werther‹ immer wieder beschäftigt, beun-
ruhigt hat, und an dem wir heute die damals jäh einsetzende,
bis heute andauernde Auflösung der alten, starren Männer-
und Frauenrollen erkennen. Da ist Eduard, ein Mann, den
aktueller Jargon einen ›Softie‹ nennen könnte, launisch,
spontan, offen und kindlich, immer gefühlsbestimmt, also
im traditionellen Sinne eher ›weiblich‹, angewiesen auf den
Halt an seiner ungleich rationaleren Frau Charlotte, die
nicht nur die Emotionen, sondern sogar die gemeinsame
Kasse kontrolliert, also ›männliche‹ Funktionen ausübt.
Und diesen beiden sind als Gegenpaar zwei extreme Inkar-
nationen weiblicher und männlicher Identität zugeordnet:
der Hauptmann, trocken und zuverlässig, auch in Katastro-
phen, ein Pragmatiker, ein Macher, und schließlich Ottilie,
›das himmlische Kind‹, die herrlichste und schrecklichste
aller vorstellbaren Geliebten, nämlich die ewig unerreich-
bare. Daß sie in einem Weihnachtsspiel tatsächlich die Jung-
frau Maria darstellt, aber später als einzige einen Ausweg in
vernünftige Praxis sucht, ›Sozialarbeiterin‹ werden will, um
am Ende doch als eine wunderwirkende Heilige zu sterben,
dieses Spiel der Widersprüche gehört zu den traurigsten
Ironien des Romans. Einen Augenblick lang sieht es also
aus, als wollte Goethe mit dieser Figur in eine unsichtbare,
utopische Zukunft jenseits aller individualistischen Gefühls-
verwirrungen vorausweisen. Dann rettet er sich und Ottilie

wieder in alte, in mittelalterlich-christliche Bilder von über-
irdischer Heilsbringerei.

[...] Der Nutzen dieses Buchs wird also, je nach Leser,
entweder null sein oder unendlich. Ich jedenfalls halte diese
›Wahlverwandtschaften‹ für vorerst unerschöpflich. Vorerst, das heißt: solange sich die beiden Geschlechter so
fremd und süchtig begegnen, wie in diesem Musterfall
beschrieben, und solange unser Bewußtsein nur als eine
Eisbergspitze die Wasseroberfläche überragt.«

Die ZEIT-Bibliothek der 100 Bücher. Hrsg. von
Fritz J. Raddatz. Frankfurt a. M.: Suhrkamp,
1980. S. 154–156.

Zu Reinhard Baumgarts Dramatisierung der »Wahlverwandtschaften« schreibt C. Bernd Sucher nach der
Uraufführung in Kassel 1980:

»Daß Reinhard Baumgart die Idee faszinierte, Goethes
›Wahlverwandtschaften‹ zu dramatisieren, aus dem Roman
ein Theaterstück zu destillieren, wird jeder bereitwillig
nachempfinden wollen, der den Goetheschen Text kennt.
Aber gerade den mit dem Original Vertrauten kann bei
Baumgarts Version nicht entgehen, daß dieses ›Stück mit
zwei Gesichtern‹, wie der Autor sein in Kassel uraufgeführ-
tes Werk nennt, nahezu unverständlich ist. Nicht, weil
Baumgart eine Aktualisierung zu erreichen sucht, indem er
die Personen sich mit ihren Problemen gleich zweimal –
nämlich kurz nach 1800 und kurz vor 1980 – quälen läßt
(obwohl die Namens- und Kostümwechsel den Zuschauer
doch zunächst verwirren), sondern weil er die Fabel zu
kühn rafft, verkürzt. Baumgart zeigt nur noch Moment-
aufnahmen eines Konflikts, nur noch die Spitzen eines Eis-
berges. Sein Entstehen, sein Anwachsen sind nicht erkennbar. Und die todbringende Gefährlichkeit bleibt unfaß-
lich.
Baumgart macht es sich und dem Publikum schwer mit
den acht Doppelpersonen, die mal klassisch gewandet in
hohen Räumen, mal prêt-à-porter gekleidet im Grünen

leiden (Bühne und Kostüme: Thomas und Wanda Richter-Forgách). Sie geifern sich an, papieren und seltsam unecht lebensfern, sie lachen und heulen hysterisch, und diejenigen, die ihnen zusehen, können höchstens ahnen, warum.

Die destruktive Hauptperson in Baumgarts Szenenfolge ist die vierte im Bunde, das junge Mädchen. Sie weiß von allen Nichtwissern, die um ein akzeptables Zusammenleben ringen, am allerwenigsten, was sie will. Sie spinnt als Anna, halluziniert als Ottilie. Sie zerstört sich und die anderen – irgendwie. Weil sie schweigt oder nicht schweigt; weil sie aussteigt oder weitermacht. Auf eine nicht einsichtige Weise sind alle miteinander unzufrieden und aneinander gebunden. Niemand möge fragen: weshalb.

Alles ist bei Baumgart vage, denn er erklärt nicht, sondern steckt in dieses Stück, dem das Grundsätzliche fehlt, viel Unwichtigeres, Zusätzliches. Er will allgemeine Anmerkungen zu aktuellen Problemen loswerden. Zum Beispiel eine (seine?) Meinung zum Theater: ›Stadttheater! Dagegen ist der Zoo doch wirklich normal! Schaufelt lieber mal das Publikum auf die Bühne.‹ Oder zur Gesellschaft: ›Peinlich-peinlich! – Ein uralter, netter Nazi. – Der redet auch nur wie alle.‹ Die Polizei kommt vor und die Juden und Drogen und Fernsehen und Ökologie. [...]

Mit diesem Versuch, die Geschichte aufzufrischen, nicht genug, läßt Baumgart auch seiner Freude an hübschen Neologismen und versteckten Zitaten freien Lauf. Anna hat ein ›Liegestuhl-Gesicht‹ und ›schmeißt‹ anderen ›das Schicksal hinterher‹. Das Problem der vier ist ein ›verklemmtes Ringelschwanzspiel‹ und ›Midlife-Schlamassel‹. Jemand wird (›mit Hartgummisprache‹) ›runter bis aufs letzte Existenzminimum‹ vergessen; und wenn es regnet, wird man ›klitsch und klamm‹. Daß Richard Wagner dröhnen, Kafka verarbeitet, Brecht moduliert werden muß, versteht sich. Auch mit wörtlichen Zitaten aus den ›Wahlverwandtschaften‹ geizt der Autor nicht, ebensowenig mit Bild-Assoziationen. Dennoch ist seine ehrgeizige theatrale Variation über das Thema

mißglückt. Baumgarts Idee war groß, das Ergebnis ist küm-
merlich: ›Die Wahlverwandtschaften‹ – zerdacht und verfor-
muliert.

[. . .]«   Süddeutsche Zeitung v. 15. 12. 1980.

IV. Literaturhinweise

1. Ausgaben

a) Erstausgabe, Neudrucke zu Lebzeiten Goethes und Auswahl von Ausgaben und Übersetzungen im 19. Jahrhundert

Goethe: Die Wahlverwandtschaften. Ein Roman. Erster Teil. Zweiter Teil. Tübingen: Cotta, 1809. (Abbildung der Titelseite s. S. 108.)

Goethes Werke. Bd. 13. Tübingen: Cotta, 1810. (Ausgabe A.) Als Ergänzungsband der zwölfbändigen Ausgabe angefügt. Dieser Druck wurde auch als selbständiges Buch mit der Bezeichnung »Zweite Auflage« auf der Titelseite verkauft.

Les Affinités Electives. Roman de Goethe. Trad. de l'Allemand par Raymond, Serieys, Godailh, Manget et Depping. Paris: Lhuillier, 1810.

Ottilie, ou le Pouvoir de la Sympathie. Trad. de l'Allemand de Goethe, Auteur de Werther, par M. Breton. Paris: Lepetit, 1810.

Goethes Werke. Bd. 14. Stuttgart/Tübingen: Cotta, 1817. (Ausgabe B.)

Goethes Werke. Vollständige Ausgabe letzter Hand. Bd. 17. Stuttgart/Tübingen: Cotta, 1828.

Goethes Werke. Vollständige Ausgabe letzter Hand. Bd. 17. Stuttgart/Tübingen: Cotta, 1830. (Ausgabe C.)

Goethes Werke. Weimarer Ausgabe. Bd. 20. Hrsg. von Max Freiherr von Waldberg und Bernhard Seuffert. Weimar: Böhlau, 1892.

b) Auswahl von Ausgaben und Übersetzungen im 20. Jahrhundert

Goethe: Les Affinités Electives. Trad. et introd. de J.-F. Angelloz. Paris: Edition Montaigne, 1942.

Goethes Werke. Gedenkausgabe der Werke, Briefe und Gespräche. Hrsg. von Ernst Beutler. Bd. 9. Mit Anm. von Paul Stöcklein. Zürich: Artemis, 1949.

Goethe: Gesamtausgabe der Werke und Schriften. Bd. 6: Erzählende Dichtungen. T. 1. Stuttgart: Cotta, 1950.

Goethe, Johann Wolfgang von: Kindred by Choice. Transl. by H. M. Waidson. London: Calder, 1960.

Goethe: Die Wahlverwandtschaften. Hrsg. von Helmut Praschek. Berlin: Akademie-Verlag, 1963.

Goethe: Elective Affinities. Transl. by Elizabeth Mayer and Louise Bogan. Introd. by Victor Lange. Chicago: Regnery, 1963.

Goethes Werke. Hamburger Ausgabe in 14 Bänden. Hrsg. von Erich Trunz. Bd. 6. Mit Anm. vers. von Benno von Wiese. Hamburg: Wegner, 6.1965.

Goethe, Johann Wolfgang: Die Wahlverwandtschaften. Mit einem Nachw. von Ernst Beutler. Stuttgart: Reclam, 1956 [u. ö.]. (Reclams Universal-Bibliothek. Nr. 7835 [3].)

Weitere Textausgaben sind zu finden in: Werke Goethes. Hrsg. von der Deutschen Akademie der Wissenschaften zu Berlin unter der Leitung von

Ernst Grumach. Erg.-Bd. 1: Die Gesamt- und Einzeldrucke von Goethes
Werken. Bearb. von Waltraud Hagen. Berlin 1956.

2. *Forschungsliteratur*

Ammann, Peter: Schicksal und Liebe in Goethes Wahlverwandtschaften. Bern
    1962. (Basler Studien zur deutschen Sprache und Literatur. Bd. 25.)
Artikel »Roman« aus dem »Conversations-Lexicon« von Brockhaus 1817. In:
    Hartmut Steinecke: Romantheorie und Romankritik in Deutschland. Bd. 2:
    Quellen. Stuttgart 1976. S. 1–14.
Aulhorn, Edith: Der Aufbau von Goethes Wahlverwandtschaften. In: Zeit-
    schrift für den deutschen Unterricht 32 (1918) S. 337–355.
Barnes, Harry George: Goethe's »Die Wahlverwandtschaften«. A literary
    Interpretation. Oxford 1967.
Baumgart, Reinhard: Johann Wolfgang Goethe. Die Wahlverwandtschaften.
    In: Die ZEIT-Bibliothek der 100 Bücher. Hrsg. von Fritz J. Raddatz.
    Franfurt a. M. 1980. S. 153–156. (Suhrkamp-Taschenbuch. Nr. 645.)
Benjamin, Walter: Goethes Wahlverwandtschaften. In: W. B.: Gesammelte
    Schriften. Hrsg. von Rolf Tiedemann und Hermann Schweppenhäuser. Bd.
    I,1. Frankfurt a. M.: Suhrkamp, 1974. S. 123–201.
Beutler, Ernst: Nachwort. In: Johann Wolfgang Goethe: Die Wahlverwandt-
    schaften. Stuttgart 1956 [u. ö.]. (Reclams Universal-Bibliothek. Nr. 7835
    [3].) S. 263–269.
Binder, Wolfgang: Zum Ironie-Problem in den »Wahlverwandtschaften«. In:
    W. B.: Aufschlüsse. Zürich 1976. S. 131–145.
Böckmann, Paul: Naturgesetz und Symbolik in Goethes Wahlverwandtschaf-
    ten. In: Jahrbuch des Freien Deutschen Hochstifts 1968. S. 166–190.
Borcherdt, Hans Heinrich: Der Roman der Goethezeit. Urach/Stuttgart 1949.
Borchmeyer, Dieter: Höfische Gesellschaft und französische Revolution bei
    Goethe. Kronberg 1977.
Brahm, Otto: Eine Episode in Goethes Wahlverwandtschaften. In: Zeitschrift
    für deutsches Altertum 26 (1882) S. 194–197.
Brude-Firnau, G.: Lebende Bilder in den »Wahlverwandtschaften«. Goethes
    »Journal intime« vom Oktober 1806. In: Euphorion 74 (1980) H. 4. S.
    403–416.
Campe, J. H. / Villaume, Peter: Bildung und Brauchbarkeit. Texte zur Theorie
    utilitärer Erziehung. Hrsg. von Herwig Blankertz. Braunschweig 1965.
    (Westermann Taschenbuch.)
Dickson, Keith A.: Raumverdichtung in den »Wahlverwandtschaften«. In:
    Goethes Roman »Die Wahlverwandtschaften«. Hrsg. von Ewald Rösch.
    Darmstadt 1975. S. 325–349.
Eichendorff, Joseph von: Schriften zur Literatur. München 1976. (Werke.
    Bd. 3.)
Emmel, Hildegard: Geschichte des deutschen Romans. Bd. 1. Bern 1972.
Emmel, Hildegard: Weltklage und Bild der Welt in der Dichtung Goethes.
    Bern ²1979.

Fink, Gonthier-Louis: Goethes »Wahlverwandtschaften«. Romanstruktur und Zeitaspekte. In: Goethes Roman »Die Wahlverwandtschaften«. Hrsg. von Ewald Rösch. Darmstadt 1975. S. 438–483.

Fischer, Paul: Goethe-Wortschatz. Leipzig 1929.

Fontane, Theodor: Aufzeichnungen zur Literatur. Ungedrucktes und Unbekanntes. Berlin/Weimar 1969.

François-Poncet, André: Goethes Wahlverwandtschaften. Mainz 1951.

Geerdts, Hans Jürgen: Goethes Roman »Die Wahlverwandtschaften«. Weimar 1958.

Gerndt, Siegmar: Park und Garten in Goethes Roman »Die Wahlverwandtschaften«. In: S. G.: Idealisierte Natur. Die literarische Kontroverse um den Landschaftsgarten des 18. und frühen 19. Jahrhunderts in Deutschland. Stuttgart 1981.

Gervinus, Georg Gottfried: Neuere Geschichte der poetischen National-Literatur der Deutschen. T. 2: Von Goethes Jugend bis zur Zeit der Befreiungskriege. In: G. G. G.: Historische Schriften. Bd. 6. Leipzig 1842.

Geschichte der deutschen Literatur von den Anfängen bis zur Gegenwart. Von Autorenkollektiven. Bd. 7: 1789–1830. Berlin 1978. S. 638 und 640.

Goethes Roman »Die Wahlverwandtschaften«. Hrsg. von Ewald Rösch. Darmstadt 1975. (Wege der Forschung. Bd. 113.)

Goethes Wahlverwandtschaften. Kritische Modelle und Diskursanalysen zum Mythos Literatur. Hrsg. von Norbert W. Bolz. Hildesheim 1981.

Gräf, Hans Gerhard: Goethe über seine Dichtungen. Versuch einer Sammlung aller Äußerungen des Dichters über seine poetischen Werke. T. 1: Die epischen Dichtungen. Bd. 1. Repr. Darmstadt 1968. S. 362 bis 488.

Gutzkow, Karl: Vom deutschen Parnaß 1854. In: Hartmut Steinecke: Romantheorie und Romankritik in Deutschland. Bd. 2: Quellen. Stuttgart 1976. S. 241–245.

Hankamer, Paul: Spiel der Mächte. Ein Kapitel aus Goethes Leben und Goethes Welt. Stuttgart 1960.

Hatfield, Henry: Zur Interpretation der »Wahlverwandtschaften«. In: Goethes Roman »Die Wahlverwandtschaften«. Hrsg. von Ewald Rösch. Darmstadt 1975. S. 175–191.

Killy, Walther: Wirklichkeit und Kunstcharakter. Über die »Wahlverwandtschaften« Goethes. In: Die Neue Rundschau 72 (1961) S. 636–650. Auch in: W. K.: Wirklichkeit und Kunstcharakter. Neun Romane des 19. Jahrhunderts. München 1963. S. 19–35.

Kohlschmidt, Werner: Geschichte der deutschen Literatur von der Romantik bis zum späten Goethe. Stuttgart 1974. (Geschichte der deutschen Literatur von den Anfängen bis zur Gegenwart. Bd. 3.)

Kolbe, Jürgen: Goethes Wahlverwandtschaften und der Roman des 19. Jahrhunderts. Stuttgart 1968.

Korff, Hermann August: Geist der Goethezeit. Bd. 2. Leipzig 1930. S. 374–392.

Kreutzer, Leo: Attractio electiva oder der gewissenlose Verlauf. In: Merkur 3 (1980).

Kühnke, Ferdinand Gustav: Wie die Kunst bei den Deutschen nach Brot geht!

1835. Auszug in: Hartmut Steinecke: Romantheorie und Romankritik in Deutschland. Bd. 2: Quellen. Stuttgart 1976. S. 119 f.

Lockemann, Theodor: Der Tod in Goethes »Wahlverwandtschaften«. In: Jahrbuch der Goethe-Gesellschaft 19 (1933) S. 37–61. Auch in: Goethes Roman »Die Wahlverwandtschaften«. Hrsg. von Ewald Rösch. Darmstadt 1975. S. 161–174.

Loeb, Ernst: Liebe und Ehe in Goethes »Wahlverwandtschaften«. In: Weimarer Beiträge 16 (1970) H. 8. S. 163–180. Auch in: Goethes Roman »Die Wahlverwandtschaften«. Hrsg. von Ewald Rösch. Darmstadt 1975. S. 416–437.

Mann, Thomas: Zu Goethe's »Wahlverwandtschaften«. In: T. M.: Gesammelte Werke. Bd. 9: Reden und Aufsätze. Frankfurt a. M. 1960. S. 174–186.

May, Kurt: Goethes »Wahlverwandtschaften« als tragischer Roman. In: K. M.: Form und Bedeutung. Stuttgart ²1963. S. 107–115. Auch in: Goethes Roman »Die Wahlverwandtschaften«. Hrsg. von Ewald Rösch. Darmstadt 1975. S. 263–271.

Mayer, Gerhart: Eros und Agape im Spätwerk Goethes. In: Goethe. N. F. des Jahrbuchs der Goethe-Gesellschaft 28 (1966) S. 122–153.

Mundt, Theodor: Die Kunst der deutschen Prosa. Repr. Göttingen 1969. S. 350–352.

Nemec, Friedrich: Die Ökonomie der »Wahlverwandtschaften«. München 1973.

Nisbet, H. B.: Die Wahlverwandtschaften. Explanation and its Limits. In: Deutsche Vierteljahrsschrift 43 (1969) S. 458–486.

Reiss, Hans: Goethes Romane. Bern 1963. S. 143–205, 304–310.

Reitz, Gertrud: Die Gestalt des Mittlers in Goethes Dichtung. Repr. Hildesheim 1973.

Ritzenhoff, Ursula: »Die Wahlverwandtschaften«: ein neuer Ansatz zum Verständnis Eduards. Zur Kritik der Goethe-Kritik. In: Sprache und Kulturvermittlung. Festschr. für Maria Schmidt-Ihms. Durban 1977. S. 101–107.

Schaeder, Grete: Gott und Welt. Hameln 1947.

Schelling-Schär, Esther: Die Gestalt der Ottilie. Zu Goethes »Wahlverwandtschaften«. Zürich 1969.

Scherer, Wilhelm: Geschichte der deutschen Litteratur. Berlin ⁷1894.

Schlegel, Friedrich: Charakteristiken und Kritiken II. Hrsg. von Hans Eichner. München [usw.] / Zürich 1975. (Kritische Friedrich-Schlegel-Ausgabe. Abt. 1. Bd. 3.)

Schuchardt, Christian: Goethe's Kunstsammlungen. Bd. 1. Jena 1848.

Schulz, Gerhard: [Über eine Stelle in Ottilies Tagebuch.] In: Der Reiz der Wörter. Eine Anthologie zum 150jährigen Bestehen des Reclam-Verlags. Stuttgart 1978. (Reclams Universal-Bibliothek. Nr. 9999 [3].) S. 228–231.

Sieber, Carl: Rilkes äußerer Weg zu Goethe. In: Dichtung und Volkstum 37 (1936) S. 51–60.

Sommerfeld, Martin: Goethes Wahlverwandtschaften im 19. Jahrhundert. In: Jahrbuch des Freien Deutschen Hochstifts 1926. S. 203–250. Erw. Fassung in: M. S.: Goethe in Umwelt und Folgezeit. Gesammelte Studien. Leiden 1935. S. 209–257, 278–281.

Staiger, Emil: Goethe. Bd. 2. Zürich ³1962.

Stöcklein, Paul: Stil und Geist der »Wahlverwandtschaften«. In: Zeitschrift für deutsche Philologie 71 (1951) S. 47–63. Auch in: Goethes Roman »Die Wahlverwandtschaften«. Hrsg. von Ewald Rösch. Darmstadt 1975. S. 215–235.

Stöcklein, Paul: Stil und Sinn der »Wahlverwandtschaften«. In: P. S.: Wege zum späten Goethe. Hamburg ²1960. S. 7–55.

Stopp, F. J.: Ein wahrer Narziß. Reflections on the Eduard-Ottilie relationship in Goethe's »Wahlverwandtschaften«. In: Publications of the English Goethe Society N. S. 29 (1960) S. 52–85.

Walzel, Oskar: Goethes »Wahlverwandtschaften« im Rahmen ihrer Zeit. In: O. W.: Vom Geistesleben alter und neuer Zeit. Leipzig 1922. S. 390–439.

Wassermann, Jakob: Vorrede zu Goethes »Wahlverwandtschaften«. In: J. W.: Bekenntnisse und Begegnungen. Hrsg. von Paul Stöcklein. Bamberg 1950. S. 65–72. Auch in: Goethes Roman »Die Wahlverwandtschaften«. Hrsg. von Ewald Rösch. Darmstadt 1975. S. 90–96.

Wienbarg, Ludolf: Ästhetische Feldzüge. Berlin/Weimar 1964.

Wiese, Benno von: Anmerkungen des Herausgebers zu »Die Wahlverwandtschaften«. In: Goethes Werke. Hamburger Ausgabe. Hrsg. von Erich Trunz. Bd. 6. Hamburg ⁶1965. S. 653–713.

Wolff, Hans M.: Goethe in der Periode der Wahlverwandtschaften. München 1952.

Weitere Literaturhinweise sind u. a. zu finden in: Goethes Roman »Die Wahlverwandtschaften«. Hrsg. von Ewald Rösch. Darmstadt 1975. S. 485–501.

V. Verzeichnis der Abbildungen

Der Verlag Philipp Reclam jun. dankt für die Nachdruckgenehmigung den
Rechteinhabern, die durch den Quellennachweis oder einen folgenden Copy-
rightvermerk bezeichnet sind. Für einige Autoren waren die Rechtsnachfolger
nicht festzustellen. Hier ist der Verlag bereit, nach Anforderung rechtmäßige
Ansprüche abzugelten.

Erläuterungen und Dokumente

Philipp Reclam jun. Stuttgart